계획이란 미래에 관한 현재의 결정이다.

피터 드러커

나는 미래에 대해서는 결코 생각하지 않는다.

미래는 곧 오고 말 것이므로.

아인슈타인

초지능 초연결 시대의 거대 물결에 대비하라

빅데이터
빅마인드

초지능 초연결 시대의 거대 물결에 대비하라

빅데이터 빅마인드

펴낸날	2018년 7월 27일 1판 1쇄
지은이	박형준
펴낸이	강유균
기획·편집	김미현
교정·교열	이교숙 김아름
경영지원	이안순
디자인	송희정
마케팅	PAGE ONE 강용구
홍보	김범식
펴낸곳	리드리드출판(주)
출판등록	1978년 5월 15일(제 13-19호)
주소	경기도 고양시 일산서구 고양대로632번길 60, 207호(일산동, 대우이안)
전화	(02)719-1424
팩스	(02)719-1404
이메일	gangibook@naver.com
홈페이지	www.readlead.kr

ISBN 978-89-7277-322-1 (03320)

이 도서의 국립중앙도서관 출판예정도서목록(CIP)은 서지정보유통지원시스템 홈페이지(http://seoji.nl.go.kr)와 국가자료공동목록시스템(http://www.nl.go.kr/kolisnet)에서 이용하실 수 있습니다. (CIP제어번호 : CIP2018020269)

초지능 초연결 시대의 거대 물결에 대비하라

빅데이터 빅마인드

박형준 지음

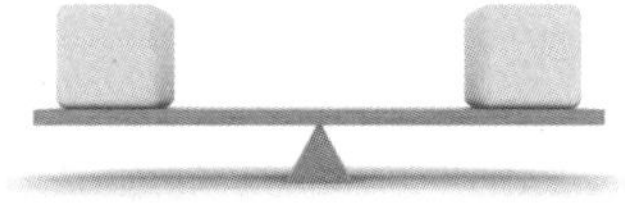

BIG DATA BIG MIND

리드리드출판

| 차 례 |

PART 3

우리는 어디로 가고 있는가

패러다임의 변화는 시작됐다

chapter 7 위기의 시대에 들어서다

chapter 8 행복능력의 비밀을 찾아라

chapter 9 타인을 이해하는 것과 공감능력은 같다

chapter 10 공감할수록 행복감은 높아진다

chapter 11 패러다임의 변화는 시작되었다

chapter 12 데이터 플랫폼의 변화, 어디까지 왔나

EPILOGUE

| PROLOGUE |

뛰지 마세요! 아무도 쫓아오지 않습니다

빅데이터, 블록체인, 실리콘밸리, AI, 3D프린터, 4차 산업혁명 등은 요즘 다양한 매체를 통해 자주 듣게 되는 용어들이다. 세상은 하루가 다르게 변하고 있다. 너무도 빨라진 변화의 속도에 오히려 무감각해질 정도이다. 국내 기술력이 하루가 다르게 성장하고 있다는 사실은 반가운 일이지만, 그렇지 않아도 스트레스 요소가 넘치는 세상에서 자고 일어나면 등장하는 새로운 용어들 때문에 피로도가 점점 높아진다.

어려운 기술용어, 잘나가는 스타트업 사례 등 소위 '요즘 트렌드'에 관한 이야기가 나올 때면 혼자만 뒤떨어지는 느낌을 받고 싶지 않아 태연하게 아는 척을 해본다. 하지만 더 이상 듣고 싶지 않은 것이 솔직한 심정이다. 이런 생각을 하는 사람이 비단 나뿐만은 아닐 것이다. 우리는 어쩌다 이렇게 시대의 흐름에 쩔쩔매며 살게 되었을까?

현대인은 한 마디로 '불안의 시대'에 살고 있다. 산업들이 빠르게 변화하고 있는 데 반해 대부분의 기업은 글로벌 저성장 기류로 인해 성장이 정체되어 있다. 또 회사가 발전하면 직원 수가 늘어나는 게 일반적이지만, 그나마 성장하고 있는 구글, 페이스북, 아마존과 같은 IT기업들은 지식집약 산업의 특성상 고용창출 효과가 매우 낮다. 오히려 일자리가 점점 줄어들고 있다.

그뿐인가. 머신러닝, 자동화 등의 첨단기술은 수십 년간 공부와 경험으로 쌓아 올린 지식을 하루아침에 무용지물로 만들고, 심지어 얼마 남지도 않은 사람들의 직업마저 로봇이 위협하니 현대인이 미래에 대해 막연한 두려움을 느끼는 것도 무리가 아니다. 미래에 대한 불안감을 호소하는 사람이 늘어나면서 급기야 램프증후군[1]이라는 용어까지 생겼다. 그렇다면 이러한 불안의 진짜 정체는 무엇일까? 과연 현대인은 불안의 늪에서 빠져나올 수 있을까?

뉴턴의 제 1법칙인 관성의 법칙은 인간의 의식에도 적용된다. 우리는 과거 산업혁명을 거치면서 고도의 물질적 성장기를 보냈다. 인

---

1) 실제로 일어날 가능성이 없는 일에 대해 마치 알라딘의 요술 램프 요정 지니를 불러내듯 수시로 꺼내 생각하면서 걱정하는 현상.

류는 20세기 한 세기 동안 인구는 4배, GDP는 14배나 증가시켰다. 이렇게 숨 가쁘게 달려왔으니 이제 헐떡거리는 것이 당연하다. 더불어 현대인의 의식에는 경험적, 문화적, 유전적으로 '성장강박증'이 자리 잡고 있다. 쉴 새 없이 무언가를 해야 하고, 눈에 보이는 성장을 이뤄야 한다. 성장하지 못하면 스트레스가 쌓인다. 그 부작용은 스트레스의 표출 또는 무언가에 대한 중독으로 이어진다. 실제로 과거에 고도성장을 경험했던 부류일수록 성장강박증으로 인한 부작용을 호소하는 경우가 많다. UCLA의 심리학자 마크 쉔은 오늘날 우리가 과도하게 불안해하는 것은 이런 성장강박증이 우리 뇌의 생존본능을 자극하기 때문이라고 말한다. 시대는 변했지만 우리 뇌는 아직 과거의 생존본능을 기억함으로써 일어나는 현상이라는 것이다.

현대는 생산시대를 지나 소비시대로 들어섰다. 물질과 정보가 과잉 생산되고 있으며, 이제는 생산보다 소비가 더 중요한 경제이슈로 떠오르고 있다. 물질의 부족으로 생존을 걱정할 필요도 많이 줄었다. 소유와 경쟁을 최고의 미덕으로 여기던 과거와 달리 공유와 공감을 중시하는 움직임이 일고 있으며, 생존이 아닌 행복을 추구하는 사회문화가 형성되고 있다. 그러나 이러한 급격한 변화를 접한 현대인은 아직 혼란스럽다. 자기만의 가치를 찾고, 휴식과 경험을 찾아 떠나고 싶은 마음은 간절하지만 오랜 성장기 동안 몸에 배인 물질문화와 경쟁문화에 따른 불안을 떨쳐버리기 결코 쉽지 않기 때문이다.

이 책의 고민은 이러한 현대인의 불안에서 출발한다. "우리가 느끼는 불안감의 근본 원인은 무엇일까?", "우리는 이 불안감에서 자유로워질 수 있을까?" 실마리는 데이터를 이용한 융합연구에서 찾을 수 있다. 요즘 화제가 되고 있는 이른바 4차 산업혁명에서는 모든 자산, 활동이 데이터화되는데 이러한 데이터의 강점은 서로 강력한 연결성을 지니며 각종 산업을 융합시킨다는 것이다.

'21세기의 석유'로 일컬어지는 이 데이터는 그 중요성이 산업에서의 위상에 그치지 않는다. 현대과학계에서는 빅데이터라는 거대 패러다임 아래 양자물리학, 뇌과학, 진화생물학, 인문사회과학의 융합연구가 활발히 진행되고 있다. 이러한 연구는 궁극적으로 인간의 생각과 행동을 규명한다는 점에서 최종 목적지가 '인간의 행복'과 귀결된다. 물리학자 존 아치볼드 휠러는 '비트(정보)에서 존재로It from Bit'라는 원칙을 설명하며 우주의 기본요소는 물질이나 에너지가 아니라 정보라고 주장했다. 여기서 정보란 단순히 통신망에 담겨 전송

되는 데이터를 의미하지 않는다. '정보 이론'에 따르면 정보는 우주가 존재하는 궁극적인 모습을 의미한다. 정보는 물질의 상태를 규정하고 생명체의 행동을 일으키는 근본원인이 된다.

이에 이 책에서는 데이터를 중심으로 한 포괄적 연구를 통해 인간의 감정과 행동의 근원을 파헤치고, 인간의 행복을 위해 과학기술이 나아갈 방향에 대한 통찰력을 제공한다. 더불어 이러한 통찰력을 바탕으로 데이터의 의미를 재조명하고 '데이터전체론' 관점에서 분석한 미래사회를 소개하고자 한다. '데이터전체론'은 아직 활발히 연구가 진행되고 있는 주제이니만큼 완벽한 이론을 전달하기는 어렵겠지만, 적어도 이를 통해 인간에 대한 이해의 깊이를 더하고 불안의 근본적 해결방법을 찾다 보면 막연한 미래에 대한 불안감을 해소할 수 있으리라 생각한다.

PART 1 '빅데이터와 인간'에서는 현대의 빅데이터 패러다임을 인문학적 측면에서 살펴봤다. 우리의 생각과 행동이 어떻게 결정되며 타인과 어떻게 교감하는지에 대한 답을 데이터론과 정신심리학, 양자역학, 생명공학 등의 현대과학을 통해 검증할 것이다.

PART 2 '우리는 어디에 서 있는가'에서는 현대인류에서 일어나는 혁명에 대해 알아본다. 진화생물학, 뇌과학, 그리고 현대인류학 분야의 최근 연구결과를 토대로 인간의 세계관과 인류 정신의 궁극적 방향에 대해 거시적 안목으로 탐구하도록 한다.

PART 3 '우리는 어디로 가고 있는가'에서는 초연결과 초지능의 4차 산업혁명 시대의 본질적 의미를 이해하고, 기술과 인간이 조화를 이루고 사는 미래사회의 모습을 살펴볼 것이다. 여기에서는 초연결 초지능 시대의 생존법칙을 파헤치고, 인류의 주체적인 행복 쟁취 능력과 사회적 공감능력을 개발하는 전 세계적 흐름에 대해 알아본다. 그리고 마지막으로 미래시대의 정신혁명과 사회시스템의 변화에 대한 연구를 소개한다.

아무쪼록 이 책이 어려운 기술 또는 일을 위한 도구로만 인식되어 있는 데이터관觀에 대한 인식을 새롭게 정립하고, 인간 행동의 메커니즘과 미래사회에 수행할 인간의 역할에 대한 통찰력을 얻는 데 도움이 되길 바란다.

지은이 박 형 준

PART 01

빅데이터와 인간

인간은 데이터로 만들어졌다

chapter 1

내가 보는 세계를 만든 사람은 바로 나다

"달은 아무도 쳐다보지 않을 때도 여전히 하늘에 걸려 있다."

이론물리학자 알버트 아인슈타인의 말이다. 그러나 그의 말은 틀렸다. 아무도 쳐다보지 않는다면 달은 하늘에 걸려 있지 않다. 더 정확하게 말하면 달이 하늘에 걸려있는지는 아무도 모른다.

현대과학에서 가장 중요한 '관찰자 효과'를 설명하기 위해 든 예시다. 현대과학에서 관찰자 없는 현상이란 없다. 아무도 하늘을 쳐다보지 않는다면 그곳에 달이 있는지 여부는 무의미하다.

그렇다면 사람들은 어떻게 달을 보는 걸까? '무슨 바보 같은 말이야. 하늘에 달이 있으니까 보는 거지.' 이렇게 생각하고 있다면 여러분의 생각도 틀렸다. 바로 다음과 같은 이유에서다. "사람들은 달이 걸려 있기 때문에 달이 걸려 있다고 믿는 것이 아니라, 달이 걸려 있다고 믿기 때문에 달이 걸려 있다." 무슨 궤변인가 싶을 수도 있겠지만, 이것은 인간의 감각기관이 시각 데이터를 처리하는 과정을 단적으로 보여준다. 인간은 학습을 통해 달의 이미지 정보를 뇌에 저장하고 있었고, 하늘을 볼 때 그 이미지 정보를 떠올리는 것뿐이다.

과거에는 자연현상이 사람마다 다르게 관찰된다는 생각을 거부했다. 하나의 자연현상에 대해 모든 관찰자가 똑같은 결과를 얻는 것이 과학의 기본으로 인식되었다. 하지만 이러한 인식은 현대과학이 들어서면서 무너졌다. 독일의 물리학자 베르너 하이젠베르크는 자연과학을 '단순히 자연을 설명하는 학문'이 아닌, '자연과 사람 사이에서 일어나는 상호작용을 다루는 학문'이라고 정의했다. 이러한 관점에서 볼 때 우리가 보는 자연현상은 그 자체로 절대적인 것이 아니라 나와 자연과의 만남(관찰행위)에 의해 창조된 것이다. 따라서 객관적 자연현상이란 없다. 자연현상은 사람마다 제각기 창조한 서로 다른 결과이기 때문이다.

내가 보는 세계도 마찬가지다. 내가 창조한 것이다. 내가 달을 보는 행위(자연현상)는 달과 나의 상호작용에 의해 창조된 결과다. 여기서 상호작용이란 '축적된 데이터를 불러오는 것'을 의미한다. 인간은 성장과 번영을 위해 사물 인식의 결과를 데이터로 보존해왔다. 내가 하늘을 바라볼 때 일어나는 뇌의 작용은 인간이 오랫동안 축적하고 가공한 데이터를 기반으로 프로그래밍 된 법칙을 따른 것이다. 실제로 우리 뇌는 달에서 오는 이미지 정보를 거의 쓰지 않는다. 과거의 데이터로 달 모양을 그려내고는 마치 우리가 실물을 본 것처럼 속이는 것이다.

그렇다면 지금부터 뇌가 우리를 어떻게 속이는 것인지 그 과정에 대해 구체적으로 알아보자.

당신은 뇌에 속고 있다

"하늘에서 내리는 눈은 무슨 색깔이죠?"

"흰색이요."

"이 종이는 무슨 색깔이죠?"

"흰색이요"

"그럼 젖소는 뭘 마시죠?"

베르나르 베르베르의 소설 『뇌』의 주인공 뤼크레스는 "우유요." 라고 답한다.

당연한 대답처럼 보이지만 곰곰이 생각해보면 틀린 답임을 알 수 있다. 이 현상은 뇌의 단기적 메커니즘의 하나인 '인출 유도 망각' 이다. 먼저 생각나는 것, 혹은 머리에 잘 떠오르는 것이 다른 것의 상기(또는 기억)를 방해하는 현상이다. 이러한 현상은 뇌의 기억 기간을 길게 적용해도 동일하게 나타난다. 장기기억으로 넘어간 기억이 단기 수신정보를 왜곡할 수 있다. 예를 들어 과거에 골목에서 고양이를 많이 봤다면 골목 구석에서 얼룩무늬만 보아도 우리 뇌는 그것을 고양이로 인식(착각)하게 된다. 우리 안에는 과거의 경험에 의한 습관과 오랜 진화의 결과로 인한 본능이 자리 잡고 있다. 이러한 습관과 본능에 따라 우리 뇌는 감각기관에서 받은 정보를 임의로 가공하여 새로운 정보를 만들어낸다.

예를 들어보자. 범죄 수사나 법정에서는 목격자 증언이 결정적인 역할을 하는 경우가 많다. 그런데 그 증언이 의도치 않게 왜곡된다면 어떤 일이 벌어질까? 실제 미국에서 1989년부터 2007년 사이에 유죄판결을 받았던 죄수들 중 201명이 DNA 판정 결과 무죄로 풀려났는데, 그중 77%가 잘못된 목격자 진술 때문에 죄인이 됐던 사람들이었다. 위증죄로 처벌될 위험성이 있음에도 불구하고 목격자들은 왜 자신의 잘못된 기억을 확신하며 무고한 사람을 죄인으로 지목했을까?

캘리포니아대학 심리학자 엘리자베스 로프터스가 실시한 위증에 대한 연구에 따르면, 잘못된 증언의 대부분은 증인 자신의 경험에서 나온 상상의 결과였다. 로프터스는 뇌의 기억에 대해서 다음과 같이 말했다.

"뇌의 기억을 맑은 물이라고 한다면, 새로운 기억은 그 물에 떨어뜨린 한 스푼의 우유라고 할 수 있다. 이처럼 수많은 기억으로 인해 뿌옇게 된 물 속에서 어떻게 물과 우유를 따로 구분해낼 수 있겠는가?"

즉 기존의 데이터(물)와 새로운 데이터(우유)는 구분할 수 없으며, 이로 인해 뇌가 제멋대로의 기억을 만들어낸다는 설명이다. 이와 같이 과거의 데이터는 현재의 관찰 데이터를 왜곡한다. 우리가 바라보는 세계는 모두 우리의 과거 데이터에 의해 재창조된 세계이다.

● 보는 것을 믿을까? 믿는 것을 볼까?

2015년 7월, 구글은 흑인 사진을 고릴라로 분류하는 오류를 저질렀다. 구글 포토Google Photos의 자동인식 서비스가 뉴욕의 한 프로그래머가 올린 사진에서 흑인여성을 고릴라로 인식한 것이다. 또한 구글 검색서비스는 '유대인'이라는 검색어에 '인종', '백인', '기독교인', '악마' 등의 연관어를 제공함으로써 인종 차별 논란에 휩싸였다. 이처럼 구글 알고리즘의 산출물에는 편견이 명백하게 자리 잡고 있는데, 이러한 결과는 모두 인공지능의 '머신러닝Machine Learning' 기술에서 비롯된 것임에 주목할 필요가 있다. 인공지능은 어째서 흑인을 고릴라로 인식한 것일까? 물론 인공지능 시스템이 의도적으로 편견을 갖고 학습한 것은 아니다. 수많은 과거의 결과 데이터에서 나타난 패턴에 의해 저절로 편견이 자리한 것이다.

이미지 인식 머신러닝은 수많은 과거 데이터를 이용해 특정 이미지에 대한 답(제목, 설명, 태그 등)을 미리 정해놓고 학습시킨다.[2] 기존의 답을 바탕으로 새로운 데이터를 판단하다 보면 무게 중심이 한쪽으로 기울게 되고, 이로 인해 학습이 진행될수록 편견은 점점 더 심해진다. 나중에는 결국, 사진을 보고 새로운 믿음이 생기는 게 아

---

2) 애초에 답이 없었다면 편견이 생길 일도 없었을 것이다.

니라 기존의 믿음대로 사진을 보게 된다.

인공지능에서 사용하는 신경망Neural Network은 인간의 두뇌를 본따 만든 알고리즘이다. 역설적으로 구글의 인공지능 실험은 인간이 자신이 받아들이는 정보에 대해 자연스럽게 편견이 생긴다는 것을 증명한 셈이 되었다. 즉 인간은 과거 경험에 의해 믿음(편견)이 생기고, 이 믿음이라는 색안경을 끼고 세상을 바라본다. 그리하여 인간의 두뇌는 과거 데이터를 토대로 새로 들어온 데이터를 재창조하고 왜곡한다.

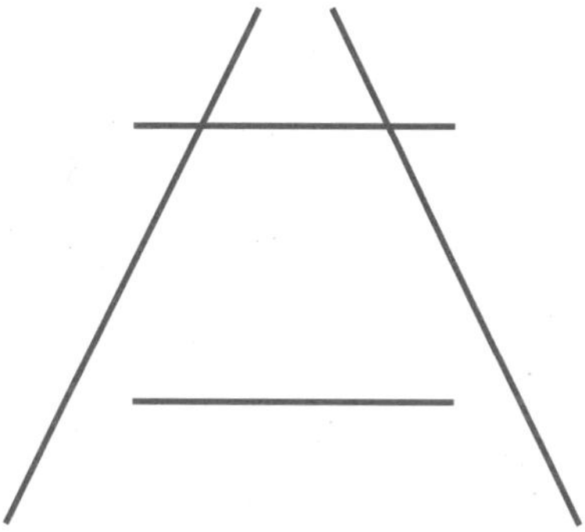

이 그림을 보자. 두 개의 가로 선분 중 어느 것이 더 길게 느껴지는가? 대부분의 사람들이 위쪽 선분이 더 길다고 대답할 것이다. 그러나 이는 폰조 착시Ponzo illusion 현상이다. 두 선분의 길이는 같다. 착시라는 말을 듣고 나면 많은 사람들은 두 선분을 같은 길이로 (객관적으로) 보려고 애를 쓴다. 그러나 이는 사실상 불필요한 노력이다. 착시 현상은 주변 상황에 따라 객관적 사실을 왜곡하여 바라보는 고도의 뇌 훈련 결과이며 진화 학습이 성공했다는 증거이다.

이 그림에서는 어떻게 왜곡이 일어날까? 사다리꼴 모양의 두 세로 선분은 우리 뇌에서 원근법을 따르는 많은 그림을 불러온다. 그리고 그러한 그림을 볼 때 (경험과 학습에 의해) 항상 원근법 초점에 가까운 선분의 길이를 길게 왜곡해서 인식하라는 지침을 내린다. 즉 우리 뇌는 원근법이라는 프레임으로 시각 정보를 처리하는 시스템을 장착하고 있는 것이다. 중요한 것은 이러한 왜곡 판단시스템이 인류가 지금까지 생존하고 번영하게 된 원동력이며, 수많은 시각 정보를 처리하는 기본원리라는 점이다.

일반적으로 객관적 판단 기능은 생존 및 번영에 그다지 도움이 되지 않는다. 심지어 '객관(타인, 제삼자의 시각)'이라는 정의에 대해서도 의견이 분분하다. 적어도 사회적 커뮤니케이션 용도로 사용하지 않는 이상 객관적 기준이나 수치는 뇌에 남아둘 필요가 없다.

● 위험한 것이 실제보다 가깝게 느껴지는 이유

지금 여러분이 있는 방에 거미가 보인다고 가정해보라. 저기 보이는 거미는 독이 있으며 빠르게 움직이는 위험한 거미이다. 그 거미와 여러분 사이의 거리는 어느 정도일까?

조지메이슨대학의 존 리스킨드가 실시한 실험 결과, 위 질문에서 거리를 정확하게 맞힌 피실험자는 매우 적었다. 대부분 실제 거리보다 가깝다고 대답했다. 반면, 사람에게 위험하지 않은 개체(ex. 토끼) 또는 물체(ex. 석고상) 등과의 거리를 물었을 때는 거의 정확히 답을 맞혔다. 거미가 위험하다는 것이 인간의 판단능력을 떨어뜨린 것일까?

실제로 거미의 행동 속성을 다양하게 변경하여 실험해본 결과, 피실험자들의 판단을 왜곡한 요인은 '거미가 불쑥 다가올 수 있는 속성이 가장 크기 때문(98%)'인 것으로 나타났다. 거미가 해를 끼칠 수 있다는 잠재적인 위험성 때문에 뇌가 왜곡된 정보를 전달한 것이다.

뉴욕대학의 섀너 콜도 이와 유사한 실험을 진행했다. 피실험자에게 자신이 싫어하는 사람 중 공격적인 성향의 사람을 A, 수동적인 성향의 사람을 B로 두고 거리를 각각 측정하게 했다. 그 결과, 대부분의 피실험자가 A와의 거리가 실제보다 더 가깝다고 인식했다. 사람은 위험하다고 느껴지는 것일수록 실제 거리보다 자신에게 더 가까이 있다고 왜곡하여 판단한다고 볼 수 있다.

그렇다면 왜 '위험한 것이 실제보다 가깝게 느껴지는' 왜곡 판단이 일어나는 것일까? 심리학자들은 그 원인을 과거 경험에서 찾는다. 거미가 위험하다는 사실을 경험을 통해 알게 된 인간의 뇌가 위급 상황에서 빨리 벗어나기 위해 이와 유사한 상황에서 일부러 실제 거리보다 가깝게 판단하도록 프로그래밍했다는 설명이다. 위험에 대한 이러한 왜곡 판단 능력은 오랜 진화과정을 거쳐 만들어진다. 다시 말하면, 왜곡된 판단을 하는 개체는 살아남을 확률이 높다. 따라서 인류는 계속 왜곡된 판단을 하도록 진화하여 온 것이다. 훌륭한 진화과정의 결과물이라 할 수 있다.

흥미로운 점은 위험 상황뿐만 아니라, 호의적 상황에서도 왜곡이 일어난다는 것이다. 이어진 섀너 콜의 실험에 의하면, 자신과 머핀 사이의 거리를 판단할 때 배고픈 사람일수록 머핀이 더 가까이 있다고 인식하는 것으로 나타났다. 부정적인 것(거미)와 긍정적인 것(머핀) 모두가 실제보다 더 가깝게 여겨지는 것이다. 머핀의 경우 음식이 가까이 있으므로 포기하지 말고 빨리 가서 음식을 차지하고 섭취하라는 본능적 의지가 우리 뇌에 프로그래밍 되어 있기 때문이다. 이러한 원리로 배부른 상태에서는 머핀이 더 멀리 있다고 판단한다.

이뿐만이 아니다. 일상생활에서 발생하는 편견과 오해 역시 모두 과거 경험(데이터)의 산물이다. 예를 들어 불필요하게 낯선 상대방을 오해하고 경계하는 것은 모르는 사람을 조심하라는 과거의 학습에 의한 것이며, 높은 곳에 올라갔을 때 느껴지는 공포감도 사고를 겪었거나 목격했던 경험 때문이다. 이처럼 모든 왜곡은 오랜 진화과정에서 합리적으로 얻어진다.

● 눈에서 벌어지는 합리적 왜곡 현상

주위를 한번 둘러보자. 모든 시각정보가 여러분의 눈을 통해 한 치의 오차 없이 생생하고 뚜렷하게 들어올 것이다. 그러나 이것은 여러분이 온전히 보고 있다고 믿도록 뇌가 프로그래밍한 결과다. 실제로 수신되는 시각 신호는 20% 미만에 불과하다. 나머지는 뇌가 과거 패턴을 토대로 지어낸 정보다. 그래서 지금껏 인간은 '보고 싶은 대로 보도록' 진화해왔으며, 우리가 접하는 정보는 인지되는 순간부터 변형이 일어난다.

2012년 코넬대학교의 생리학자 실리아 니렌버그는 눈의 망막이 시각정보를 어떻게 신경신호로 바꾸는지에 대해 연구했다. 연구 결과, 망막에 들어온 시각정보는 여러 층으로 이루어진 신경들을 통해 특정패턴으로 단순화되어 약 20%만이 전달됐다. 그리고 이러한 시각신경의 패턴을 이용하여 100%의 이미지를 완성, 대뇌에 전달하는데 그 순서는 다음과 같다.

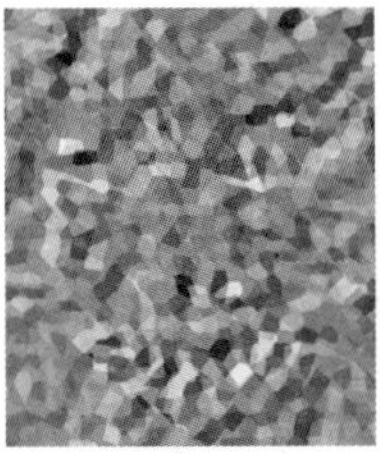

(1) 시각정보의 수신

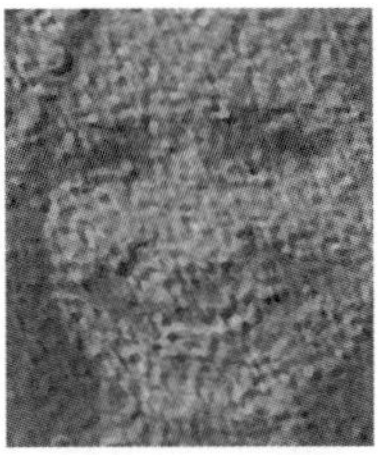

(2) 망막세포에서 처리

(3) 뇌에서의 가공

어떻게 우리 뇌는 20%의 정보로 100%의 이미지를 만들어낼 수 있을까? 실제 주인공에 대한 정보가 전무한 상태라면 (1)번의 시각정보만으로 여성을 분간할 수 있을까? 아마도 불가능할 것이다. 그러나 기존에 많은 정보와 이미징 패턴이 존재한다면 (1)번의 시각정보만 가지고도 온전히 전체 이미지를 그려낼 수 있다. 기존의 뇌에 저장된 정보를 (1)번에 결합시킴으로써 전체 이미지를 보는 것이 가능해지는 것이다.

시각정보를 조금만 수신하고도 모든 사물을 뚜렷이 본다고 느끼는 이유는 이러한 시각정보처리 시스템이 있기에 가능하다. 이러한 시각정보처리 시스템은 인간을 포함한 모든 생명체에 존재한다.

그렇다면 생명체는 왜 시각정보를 100% 전달받아 기억에 저장하지 않고 복잡한 패턴기반 가공처리 방식을 선택했을까?

패턴기반 가공처리 방식은 중요 데이터 패턴만 기억해둔다는 측면에서 현대의 데이터 압축기술, 필요한 시각정보만 감지하여 저장한다는 측면에서는 모션감지 CCTV기술과 유사하다. 데이터 압축기술의 기본원리는 고유한 기본 패턴을 저장해놓고 반복되는 패턴은 삭제하는 것이다. 따라서 생명체도 중요한 시각정보 패턴을 뇌에 저장해놓고 반복되는 데이터 패턴을 걸러낸다. 그리고 변화가 있는 새로운 정보만 받는데, 이를 위해서는 모션감지 CCTV기술과 유사한 방식이 사용된다. 이 기술은 정지된 화면에서는 작동하지 않다가 화면에 움직임(변화)이 있을 때만 기록하는 것이다. 이러한 원리로 생명체는 많은 시각정보 중 기존에 감지되지 않았던 시각정보만 골라 데이터를 수집한다. 위 두 가지 기술을 이용함으로써 시각정보처리 유지 및 작동에 필요한 시간과 에너지를 크게 줄일 수 있게 된 셈이다.

결론적으로 패턴기반 가공처리 방식은 생명체가 진화를 거듭하며 몸의 기능을 효율화한 '합리적 왜곡'의 결과라고 할 수 있다. 인간은 시각정보를 조금만 받아들임으로써 전체 시각세포 및 저장 공간의 규모와 이에 소비되는 에너지를 획기적으로 줄일 수 있게 됐으며, 여기서 남은 에너지를 생존에 필수적인 지능 또는 운동 근육으로 돌리면서 다른 개체와의 경쟁에서도 승리하게 되었다.

당신은 감각기관에 속고 있다

고등동물인 인간은 몇몇 동물에 비해 감각기관의 능력이 매우 낮다. 박쥐나 돌고래는 인간이 들을 수 없는 초음파를 사용한다. 개의 후각신경 개수는 인간보다 열 배 이상이며, 매는 사람보다 4~8배나 멀리 볼 수 있다. 그 이유가 무엇일까?

빙엄턴대학 롤프 쿠암 교수 연구팀은 200만 년 전에 살던 고대 남아프리카 인류 화석을 컴퓨터 단층 촬영과 가상 컴퓨터 복원기법을 이용해 살펴보았다. 화석의 귀 내부 구조를 분석한 결과, 고대인류가 현생인류보다 더 넓은 주파수 대역에 걸쳐 뛰어난 듣기 능력을 갖추고 있었음이 밝혀졌다. 아마도 고대인류가 열대초원에서 생존하는 데 강한 청력이 필요했기 때문인 것으로 분석된다. 이처럼 초기 인류의 청력은 타 동물과 비교해 결코 뒤떨어지지 않았으나, 진화과정 중 점차 그 능력이 축소되었다.

사례 하나를 더 들어보자. 2000년대, 한 휴대폰 회사는 젊은 사람만 들을 수 있는 전화벨을 만들었다. 이것이 가능한 일일까? 음향심리학Psychoacoustics에 따르면, 어린이는 성인이 듣지 못하는 높은 주파수대 영역을 들을 수 있다. 인간의 가청 영역은 20~20,000Hz로 젊고 감각이 예민한 사람일수록 가청 영역이 더 넓다. 반면 나이가 들수록 가청 영역은 점점 좁아진다. 따라서 젊은 사람에게만 들리는 벨소리가 존재할 수 있는 것이다. 위 두 사례를 종합해보면 원래 인간의 청각 범위는 매우 넓었지만 나이가 들어감에 따라, 또 진화를 거듭함에 따라 그 범위가 축소된 것을 알 수 있다. 이는 의도치 않게 생겨난 결과일까? 아니면 인간이 의도적으로 축소한 것일까?

진화적 관점에서 볼 때 감각기관의 능력은 각 생명체가 의도적으로 취사선택한 결과이다. 우리 몸이 슈퍼맨처럼 시력, 청력, 근력 등 모든 면에서 뛰어나면 좋겠지만, 생존경쟁이 치열한 자연에서 개체의 유지 및 활동에 쓸 수 있는 에너지에는 한계가 있다. 따라서 모든 개체는 전략적으로 에너지를 배분(선택과 집중)한다. 생존전략에 따라 감각기능은 최소한의 에너지로 생존 목적을 달성하도록 설정된다. 여기서 말하는 감각기능이란 시각을 예로 들면 가시광선 범위, 색 구분능력, 가시거리, 시야각도, 야간시력 등이다. 동일한 원리로 감각기관은 정보의 처리량도 최소화한다. 수신된 정보 중에서 꼭 필요한 정보만 골라 뇌의 기억장치로 보내는 것이다.

● 우리는 보고 싶은 대로 본다

1999년 유니언칼리지대학 크리스토퍼 차브리스 교수와 일리노이대학 대니얼 사이먼스 교수는 한 가지 흥미로운 실험을 했다. 6명의 학생들을 두 팀으로 나누어 한 팀은 검은색 셔츠를, 다른 한 팀은 흰색 셔츠를 입힌 뒤 두 팀이 뒤섞여 농구공을 주고받게 했다. 그리고 이 장면을 동영상으로 만들어 학생들에게 보여주고는 검은색 셔츠를 입은 팀은 무시하고 흰색 셔츠를 입은 팀이 공을 주고받은 횟수만 세도록 했다. 동영상의 중간에는 고릴라 의상을 입은 학생이 9

초에 걸쳐 중앙으로 걸어 나와 갖가지 동작을 취하고 들어가는 장면도 포함돼 있었다. 그런데 동영상을 마치고 횟수를 세던 학생들에게 고릴라를 봤는지 묻자 대부분의 학생이 고릴라를 보지 못했다고 답했다.

이것은 한 가지에 집중하면 다른 것을 보지 못하는 인지적 착각인 '부주의맹증Inattention blindness'을 보여준 실험이다. 학생들은 횟수를 세는 데 너무 집중한 나머지 눈앞에 있는 거대한 고릴라를 보지 못한 것이다. 반면 유타대학 심리학연구팀은 이와 같은 현상을 '작업 기억 용량Working memory capacity'이라는 용어를 통해 분석했다. 사람의 작업 기억 용량에는 한계가 있어 자신이 보고 싶은 것만 보게 된다는 것이 그들의 결론이다.

앞서 인간은 제한적인 범위의 감각정보만을 받아들이고, 그중에서도 제한된 양의 정보만 선택하여 기억에 담는다고 했다. 그렇다면 어떤 정보가 주로 선택될까? 기억저장 원리와 마찬가지로 정보 선택에는 두 가지 중요한 조건이 있는데, 바로 '현재의 새로운 정보'와 '생존에 중요한 정보'이다.

● 뇌는 무엇을 원하는가_현재의 새로운 정보

먼저 현재의 새로운 정보란 어떤 것인지 알아보자. 마술사에게 요구되는 기본 기술 중 하나는 '그릇된 방향Misdirection 기술'인데, 이는 관객의 주의를 엉뚱한 곳으로 돌리는 행위이다. 마술사가 관객의 주의를 끄는 방법은 다음과 같다. 몰래 왼손으로 소매에서 카드를 뽑

아내는 동안 오른손으로 지팡이를 흔들어 시선을 분산시키는 것이다. 이때 관객들은 자신이 마술사의 행동 전체를 보고 있다고 믿지만 사실은 흔들리는 지팡이만 보고 있다. 이는 실제와 환각을 잘 구분하지 못하는 우리 뇌가 일으킨 착각이다.

그렇다면 왜 지팡이에 시선이 가는 걸까? 지팡이가 흔들렸기 때문이다. 우리 뇌는 모션감지 CCTV기술처럼 '움직임이 있을 때' 정보를 집중적으로 받아들이고 저장(기억)한다. 다시 말해, 뇌의 입장에서 흔들리는 지팡이는 현재에 얻은 '새로운 정보'이다. 이뿐만이 아니다. 과거에 기억했지만 현재 기억에 남아있지 않은 정보(지워진 정보)들도 새로운 정보로 저장된다. 반면 작업 기억 용량의 한계로 인해 정지해 있거나 움직임이 비교적 작은 물체의 정보는 차단한다. 또 인간은 과거의 경험 및 데이터에 의해 움직임이 큰 물체일수록 위험하거나 이로운 것일 확률이 높으므로 이때의 정보를 저장하도록 프로그래밍 되어 있다. 갓난아이가 움직이는 모빌에 본능적으로 시선을 집중하는 것도 이러한 진화의 결과이다.

처음 가는 길이 더 멀고 힘들어 보이는 것도 동일한 원리에서다. 일반적인 상황에서 인간은 감각기관을 통해 들어오는 정보를 매우 제한된 양만 기억하지만 새로운 상황, 새로운 정보를 받게 되면 뇌는 많은 것을 기록하기 시작한다. 그러나 뇌는 그런 많은 양의 정보를 처리하는 데 익숙지 않기 때문에 많은 에너지를 필요로 한다. 에너지를 많이 소모하게 되면 우리 뇌는 그 사건이 천천히 일어난 것으로 판단하며, 길이 멀다고 인식한다. 이렇듯 인간의 감각기관은 신경세포를 통해 새로운 정보를 우선적으로 뇌로 전달하고 기억에 저장한다.

● 뇌는 무엇을 원하는가_생존에 중요한 정보

그렇다면 생존에 중요한 정보는 무엇일까? 다시 마술쇼를 예로 들어보자. 마술쇼를 보면 항상 늘씬하고 아름다운 조수가 등장한다. 아마 그 이유를 궁금해하는 사람은 거의 없을 것이다. 그런데 마술사는 왜 예쁜 조수를 쓸까? 그것은 조수가 예쁠수록 관객의 관심이 그쪽으로 분산되고, 그로 인해 마술사의 속임수를 알아채기 힘들어지기 때문이다. 그렇다면 인간은 왜 예쁜 사람에게 눈이 갈까? 이것 역시 우리 뇌에 프로그래밍 되어 있기 때문이다.

우리는 보고 싶은 대로만 본다. 젊은 남성이라면 마술쇼에 나오는 예쁜 조수에 쉽게 시선을 빼앗기겠지만, 그렇지 않은 경우도 있다. 실제로 자폐증 환자를 연구한 결과에 따르면 이들은 일반인들과 달리 마술사의 행동이나 주변 환경에 별로 시선을 주지 않는다고 한다. 따라서 주의를 분산시키고자 하는 마술사들의 노력이 자폐증 환자들에게 통하지 않아 종종 속임수가 발각되기도 한다. 요컨대 '중요한 정보'란 개개인에게 필요한 것, 즉 개체의 생존과 번영에 필요한 것이라고 할 수 있다. 이 중요한 정보의 기준은 과거의 경험과 데이터를 토대로 수립되고, 그 기준에 따라 감각기관이 데이터를 수집한다.

예를 하나 더 들어보자. 파블로 피카소의 작품 '사과를 든 어머니 Maternidad con manzana'를 보면 아이를 안고 있는 여성의 손이 비정상적으로 크고 그 품은 한없이 넓게 표현되어 있다. 객관적인 시각에서 보면 심하게 과장된 표현인데 이러한 기법을 사용한 이유가 무엇일까? 피카소는 한 상황에 존재하는 다양한 주관적 시각을 조화롭게 표현하는 화가이다. 이 작품의 경우 아이의 시각에서 본 엄마의 품은 한없이 거대하고, 그 손은 무엇이든 해줄 수 있을 것처럼 느껴진다는 것을 표현한 것으로 분석된다. 따라서 여기서 '중요한 정보'란 피카소의 그림에서 과장되게 표현된 부분과 같다. 절대적 또는 객관적으로 중요한 정보란 없다. 각 생명체가 처한 상황에 따라 중요한 정보가 다 다르다. 인간의 뇌는 과거의 경험 및 데이터에 의해 중요한 정보의 패턴이 미리 자리하고 있어, 그 기준에 해당하는 정보가 들어올 경우 집중적으로 그것을 수집해 기억에 저장한다.

이러한 뇌의 정보수집 방식을 이용해 글로벌 온라인 기업들이 인공지능 기술로 개발한 것이 FDS(Fraud Detection System, 이상금융거래 탐지 시스템)다. 이 시스템의 목적은 금융범죄를 사전에 예방하는 것인데, 사실상 전 세계 고객의 금융거래정보를 모두 처리하는 것은 현실적으로 불가능하다. 따라서 꼭 필요한 정보만 입수하는데, 그 방법은 과거의 범죄행태 데이터에 기반을 두고 정보를 도출하는 것이다. 이를 위해서는 먼저 금융 범죄자가 범죄행위를 일으키는 행동 패턴을 찾아낸다. 그리고 범죄 유형별로 선행하는 데이터 패턴을 분석하여 세팅해놓은 후, 이와 유사한 패턴이 감지되면 범죄 확률에 따라 위험신호를 내보내는 것이다. 이는 생명체의 정보수집 방식을 인공지능 기술에 적용한 사례이다.

우리가 기억을 믿으면 안 되는 이유

인간에겐 감각기관의 왜곡뿐만 아니라 기억의 왜곡(편견)도 존재한다. 그리고 기억(정보저장)의 왜곡도 감각기관의 왜곡과 마찬가지로 과거 데이터에 의해 결정된다.

● 현대 플랫폼에서 일어나는 데이터 전쟁

저장기관의 정보저장을 살펴보기 전에 잠깐 현대 플랫폼 기업의 정보 전쟁부터 살펴보자. 페이스북, 아마존, 우버, 구글 등 현대 플랫폼 기업들은 오랜 기간 영업 손해를 감수하면서까지 플랫폼 확장을 위해 전력을 다하고 있다. 그 이유는 고객을 자사 플랫폼에 종속시키기 위함이다. 고객의 눈과 귀를 사로잡으면 고객의 신뢰를 얻게 되고, 나중에는 기업이 의도하는 정보를 손쉽게 전달할 수 있기 때문이다. 대부분의 고객들은 신뢰가 쌓인 후에는 왜곡된 정보라 할지라도 비판 없이 받아들인다. 그러면 이러한 신뢰 형성 과정은 어떻게 진행되는 것일까?

"대중은 여러 정보매체를 통해 생각의 씨앗을 심어줄 수 있는 토양일 뿐!"

'PR의 아버지'라 불리는 에드워드 버네이스는 대표 저서인 『프로파간다』에서 이와 같이 말했다. 대중을 얼마든지 조종 가능한 존재로 보았던 버네이스는 저서에서 언론을 이용해 대중의 눈과 귀를 장악하는 방법을 소개했다. 그중 가장 효과적인 것이 '반복적 강조'와 '우월한 이미지'이다. '반복적 강조'는 각인시키고자 하는 내용을 여기저기 눈에 잘 띄게 배치하여 잊으려야 잊을 수 없게 반복적으로 보여주는 것이다. '우월한 이미지'는 지도자 또는 유명인을 이용[3]하는 방식인데, 이는 우월한 사람을 동경하는 인간의 심리를 이용한 것이다. 이 두 가지 개념은 뒤에 나오는 뇌의 기억원리인 '발생빈도' 및 '중요도'와도 일치한다.

이러한 PR(정보전달)을 위해서는 막대한 노력과 자원이 필요하다. 기업은 소비자에게 반복적으로 정보를 전달하기 위해 치열한 경쟁을 하고, 마침내 일정 시간 이상 사용자의 눈과 귀를 사로잡은 정보만이 살아남게 된다. 물론 여기서 끝이 아니다. 이렇게 간신히 사용자에게 접수된 정보도 뇌에서 치열한 경쟁을 거쳐야 한다. 구글이 수신 정보를 왜곡해서 이해하는 것과 마찬가지로 우리 뇌에서도 데이터 축적 과정에서 수신 정보의 왜곡이 일어나기 때문이다.

● 뇌에서 일어나는 데이터 전쟁

뇌의 기억력과 기억용량에는 한계가 있기 때문에 우리는 모든 수신정보를 기억할 수 없다. 따라서 감각기관을 통해 수집된 정보는 우리의 기억에 들어오기 위해 각축을 벌인다. 특히 요즘과 같이 정보가 범람하는 시대에 머릿속에 남게 되는 정보의 비중은 매우

3) 예를 들어 여성 소비자의 담배 구매를 유도할 때 유명 여배우가 담배 피우는 모습을 보여줌.

낮다. 그러면 어떤 정보가 어떤 과정을 거쳐 기억에 남게 될까?

여러분이 어느 결혼식의 촬영을 맡았다고 가정해보자. 촬영이 끝나면 거대한 동영상 파일 하나가 생기는데, 그 안에는 온갖 불필요한 내용이 섞여 있고 용량도 너무 커서 그 자체를 기념 영상으로 남기는 것은 비효율적이다. 따라서 적당히 편집을 해야 한다. 불필요한 부분은 지우고 중요한 부분은 강조하며, 나중에 찾아보기 쉽도록 내용을 테마별로 나눠 저장하는 작업도 필요하다.

이러한 과정은 뇌에서 일어나는 기억의 가공 및 저장 방법과 유사하다. 기억의 경쟁을 주관하는 기관은 뇌에 있는 해마Hippocampus인데, 외부에서 정보를 받은 뒤 대뇌피질에 기억을 저장할 때까지 단계적으로 일어나는 정보 가공 과정을 컨트롤한다.

새로운 감각정보가 뇌에 접수되면 해마는 그 정보를 여러 번 재생하면서 분석한다. 결혼식 동영상 파일을 계속 돌려보면서 어떻게 편집할지를 고민하듯, 해마는 접수된 정보를 수차례 재학습한다. 그리고 재학습 결과를 바탕으로 정보의 가치를 판단하여 우선순위를 정한 다음 그 순서대로 기억에 저장한다. 이러한 기억의 가공 및 저장은 대용량의 정보를 처리해야 하므로 뇌에서 많은 에너지를 필요로 한다. 따라서 뇌가 쉬는 상태, 즉 무의식(수면) 상태가 될 때 주로 작동한다.

현대 뇌과학 연구인 '경쟁적 자취이론Competitive Trace Theory'에 의하면 해마는 끊임없이 정보를 비교하고 생존에 필수적이라고 생각되는 중요한 정보를 선별하여 패턴을 만든다. 그리고 이 패턴은 우리의 머리와 행동에 남아 삶에 직접적으로 적용된다. 예를 들어 '고양이'를 연상할 때 색깔, 무늬, 움직임, 소리 등을 연결 지어 기억뭉치를 만드는 것이다.[4)]

기억의 패턴을 만드는 원리는 다음과 같다. 정보를 계속 재생하면서 기존의 기억저장 내용과 비교하는데, 기존의 기억과 자주 겹치는Overlapping 것은 중요하게 여기고 장기(중요) 기억으로 이동시킨다. 반대로 기존의 기억과 어긋나고 중요도가 떨어진다고 판단되면 기억을 폐기Decontextualize한다. 또한 꾸준히 기억 장소를 관리하는데, 오래 사용하지 않고 중요하지 않은 정보는 장기(중요) 기억에서 삭제하기도 한다.

해마가 정보의 가치를 판단하는 기준은 앞서 소개한 PR의 원리인 '반복적 강조'와 '우월한 이미지'가 그대로 적용된다. 첫 번째 기준은 '얼마나 자주, 그리고 최근에 발생했는지'를 측정하는 발생빈도이다. 두 번째는 '얼마나 개체 집단의 지향점과 일치하는지'를 묻는 중요도이다. 발생빈도의 경우, 우리 뇌는 자주 발생하고 최근에 접수된 정보를 본능적으로 중요한 정보로 인식하여 단기기억장치 최전선에 기록한다. 변화에 적응하고 학습을 유효하게 하는 진화의 산물이라고 볼 수 있다. 그렇다면 우리 뇌는 정보의 중요도를 어떻게 판단할까? 정보의 중요도를 결정하는 과거 데이터에는 단순히 태어나서 실제로 얻은 정보만 포함되는 것이 아니다. 인류의 오랜 진화과정에서 축적된 습관, 본능에 더하여 뒤에 소개할 사회적 공감대까지 포함된다.

● 데이터의 중요도가 각기 다른 이유

단적인 예를 하나 들어보자. 지난 2016년 바둑경기로 현역 최고수인 이세돌 9단을 꺾어 화제가 된 인공지능 알파고는 매일 스스로 3만여 대국을 하며 실력을 키웠던 것으로 알려졌다. 강화학습 Reinforcement Learning이라고 불리는 이 셀프 대국은 현대 머신러닝 기술의 한 영역으로, 특정 환경에서 한 개체가 현재의 상황에서 선택 가능한 행동 중 보상을 최대화하는 행동을 선택하는 방법이다. 보다 구체적으로 설명하자면, 강화학습은 인공지능에게 특정 작업을 시키고 그 결과(고득점, 승리 여부 등)에 대해 적절한 보상과 처벌을 주는 피드백을 통해 원하는 목표를 향해 나아가게 한다.

해마에서의 기억저장도 강화학습과 유사하다. 해마는 입수된 정보를 여러 번 재생할 때 뇌의 보상회로(변연계) 시스템으로 시뮬레이션을 한다. 뇌의 보상회로에서는 보상과 처벌이 주어지는데 이것으로 정보의 중요도를 테스트한다. 보상과 처벌에 큰 영향을 주는 정보는 중요한 정보이며, 그렇지 않으면 중요하지 않은 정보이다. 즉, 보상이 크거나(기쁘거나 행복했던 기억) 처벌이 큰(슬프거나 끔찍했던 기억) 경험은 뇌의 저장소에 깊이 자리 잡는다.[5]

그러면 보상회로의 보상 및 처벌 기준은 어떻게 만들어졌을까? 그것은 과거 오랜 기간의 데이터를 바탕으로 하여 행복과 공포, 또 짝짓기와 같은 사회적 기능의 결과로 정해진 것이다. 되풀이되는 애

4) 이것은 현대 인공지능의 딥러닝(deep learning) 기능에 활용된다.
5) 이것은 나중에 집착이나 콤플렉스로 나타난다.

기지만, 생명체의 궁극적 목표는 개체의 생존과 번영이다. 뇌의 보상회로의 작동원리 역시 거시적으로 생존과 번영을 지향한다. 여기에 개개인의 과거 특징적 경험, 예를 들어 거미에게 물렸다거나, 부모님께 혼났다거나, 맛있는 것을 먹고 즐거웠던 경험 등을 추가하여 최종적으로 보상회로가 작동한다.

결론적으로 개개인의 유전 정보, 자라온 경험, 문화적 공감대는 사람마다 다르므로 해마에서의 학습과정 상 뇌의 보상 기준 또한 사람마다 다르다. 따라서 동일한 정보가 여러 사람에게 전달되더라도 개개인의 뇌에 축적된 데이터에 의해 그 정보는 자의적으로(왜곡하여) 수용되고, 자의적으로 판단되어 저장된다.

인간은 정보왜곡의 반복으로 만들어졌다

현대 플랫폼 기업들의 주요 사업전략 중 가장 중요한 것은 '플라이휠Flywheel' 전략이다. 플라이휠 전략이란 자동차의 기계장치인 플라이휠처럼 동력 없이 관성만으로 회전운동을 하게 만드는 것이다. 아마존과 같은 플랫폼 기업이 추구하는 플라이휠 전략은 다음과 같다. 일단 비용을 들여 낮은 가격으로 고객을 모은다. 고객이 모이면 판매자가 늘어나고, 판매자가 늘어나면 고정비가 낮아져 효율이 높아진다. 그렇게 효율이 높아지면 다시 가격을 낮추는 선순환을 만드는 것이다.

인간에게 나타나는 정보의 왜곡도 이 같은 플라이휠 현상을 보인다. 먼저, 과거 데이터는 인간의 감각정보를 왜곡하고 저장 기억에 영향을 준다. 그렇게 왜곡되어 축적된 데이터는 인간의 감각기관과 가치관에도 영향을 준다. 그러면 우리는 이 가치관에 맞는 정보를 찾아 나선다. 이렇게 해서 과거의 정보를 바탕으로 현재의 정보를 선택하는 왜곡 현상은 계속해서 반복되고 강화된다. 이 과정에서 인류의 기호는 한 방향으로 견고해지고 하나의 종으로써 단일한 특징을 구축하게 된다.

● 데이터가 인간의 감각기관을 만든다

그렇다면 데이터가 감각기관에 어떠한 영향을 미치는지 좀 더 알아보자. 위 사례에서 결혼식 동영상의 편집이 끝나고 결과물을 전달하면 이에 대한 피드백을 받게 된다. 좋은 점, 아쉬운 점, 추가하고 싶은 의견 등이 있을 것이다. 이런 피드백은 앞으로의 촬영에 적용할 개선사항이 된다. 개선사항은 크게 '촬영기술'과 '편집기술' 두 가지로 나눌 수 있는데, 여기서 편집기술을 해마의 '기억 프로세스'라고 한다면 촬영기술은 감각정보의 '구조와 신경처리 프로세스'라고 할 수 있다. 누구에게 주로 초점을 맞춰야 하는지, 어떤 상황에 주목해서 찍어야 하는지, 시야각과 빛 조절은 어떻게 해야 하는지 등이 촬영기술에 관한 것이다.

오사카 바이오사이언스 연구소의 연구 결과에 따르면, 기억을 담당하는 해마와 시각의 입구인 망막은 서로 긴밀하게 협조하여 유입되는 감각정보를 가공한다. 망막은 시각정보를 기존 데이터 패턴에 의해 기초 분석하여 이미지를 완성하는 역할을 하고, 해마는 정보 가공의 중추로서 전달된 정보를 꾸준히 검토, 저장하며 주변기관과 협업한다. 이후 망막은 해마로부터 지속적으로 피드백을 전달받아 색의 구분, 가시광선의 파장, 해상도 등 시각기관의 기능을 개선한다. 생명체는 이러한 기관 간의 협업을 통해 감각기관의 이미지 인식 속도를 높이고 저장기관의 공간을 효율적으로 관리한다. 이 과정을 거쳐 오늘날과 같은 시각기관의 기능이 정해진 것이다.

정리해보면 인간의 감각기관의 기능을 좌우하는 것은 바로 데이터다. 데이터 기억 결과에 의해 기능상 축소가 필요하면 축소하고, 강화가 필요하면 강화한다. 앞서 유전 정보, 경험, 문화가 뇌의 기억 정보에 영향을 미치고, 그 정보가 현재의 수집 정보를 결정한다고 했다. 그리고 뇌의 기억 정보는 우리의 감각기관의 기능마저 바꾸어 왜곡을 가중시킨다.

● 데이터가 인간의 가치관을 결정한다

데이터는 인간의 가치관에도 영향을 준다. 2,500년 전 피타고라스는 대장간에서 우연히 망치 소리의 조화를 듣고 좋은 소리와 나쁜 소리의 원리에 대해 연구하기 시작했다. 그는 현악기 현의 길이 비율로 옥타브와 화음을 설명하고자 음향에 수리적, 물리적 원리를 접목했다.[6] 그 결과 현의 길이가 특정 비율이 될 때 듣기 좋은 소리가 난다는 이론을 정립하였고, 이를 새로운 악기와 곡에 적용했다. 그리스 철학자 플라톤 역시 좋은 음악이 인간을 윤리적으로 만든다며 특정 선법의 음악을 많이 들어야 한다고 주장했다. 이러한 노력은 중세와 현대까지 많은 음악사상가들에 의해 확실한 음악 법칙을 찾기 위한 연구로 이어졌고, 결과적으로 오늘날과 같은 장조와 단조에 기반한 조성음악 체계가 견고하게 구축되었다. 이뿐만이 아니다. 인류는 역사적으로 영원불멸한 절대적이고 완벽한 소리를 이론적으로 정립하기 위해 수많은 노력을 해왔다.

그렇다면 '완벽하게 좋은 소리'라는 것이 정말 있을까?

"나에게 젊은 시절 자랑할 만한 것이 있다면 그것은 쇤베르크의 발견이다. 쇤베르크는 단순한 음악가가 아니라 서양음악에서의 고질적 계급을 소멸시킨 전위 예술가이며 음악을 소리 개념으로 확장시킨 인물이다."

오스트리아 작곡가 아르놀트 쇤베르크에 대한 비디오아티스트 백남준의 평가이다. 그렇다면 쇤베르크의 음악은 과학적 음악 법칙에 기반한 완벽히 좋은 소리였을까? 20세기 초, 쇤베르크의 곡이 연주될 때 청중들은 고함을 지르며 야유를 퍼부었다. 난동이 벌어져 경찰을 불러야 할 정도였다. 그 이유는 그의 곡이 당시의 전통적 조성을 따르지 않았기 때문이었다. 청중들의 귀에 들린 것은 익숙하고 편안한 음악이 아니라 각종 불협화음과 소음뿐이었던 것이다.

6) 예를 들어 현의 길이가 반으로 줄어들 때마다 음이 한 옥타브씩 올라간다.

그러나 쇤베르크는 현재 20세기 가장 영향력 있는 작곡가 중 하나로 인정받고 있다. 그는 인간의 감정, 그중에서도 무의식적 충동이나 욕망의 주관적 표출을 중시하는 표현주의를 지향했으며, 극단적인 음역과 불협화음을 빈번히 사용하는 12음 기법을 창시함으로써 장조와 단조에 기반한 조성음악을 해체하였다. 오늘날 그의 기법은 작곡가들에게 상식이 되었으며 이제는 장조와 단조가 파괴되는 형태의 연주가 우리 귀에도 그리 낯설지 않다. 쇤베르크는 이렇게 기존의 '좋은 소리' 개념을 깨뜨렸다.

미국 메사추세츠공과대학교MIT에서 음악과 청각을 연구하는 조쉬 맥더못은 다양한 종류의 사람들을 대상으로 음악 선호도를 조사하기 위해 수도와 전기가 공급되지 않는 아마존 우림의 오지에 있는 치마네이 부족을 방문했다. 그곳에는 텔레비전도 라디오도 존재하지 않아 서구 음악을 거의 들을 수 없었다. 주민들에게 협화음과 불협화음을 들려주자 놀랍게도 치마네이 주민들에겐 협화음과 불협화음에 대한 호불호가 없었다. 그들은 두 화음을 듣고는 각각 같은 정도로 듣기 좋다고 평가했다.

이 연구 역시 '절대적으로 좋은 소리란 없음'을 증명한다. 사람들은 대부분 불협화음이 듣기 싫은 것이 당연하다고 여기며 거기에는 과학적 원리가 있다고 생각한다. 그러나 쇤베르크는 이러한 반응이 단순히 '학습의 결과'일 뿐이라고 말한다. 협화음과 불협화음의 구분은 우리가 음악을 들으면서 오랫동안 그 정보를 왜곡시켜 평가해 온 것이 중첩되면서 생겨난 결과일 뿐이다.

토론토대학의 산드라 트레허브는 "우리는 우리 문화권에서 사용되는 음악에 익숙해졌고, 그런 음악들을 더 '자연스러운' 음악으로 생각하는 것뿐이다."라고 설명한다. 서양에서는 고대부터 '정수비 이론'에 근거해 완벽한 음악을 만들고자 했고, 그렇게 만들어진 음악을 대대로 접하고 전수해온 우리는 그것이 좋은 소리라고 인식하게 된 것이다.

요컨대 '좋은 소리'란 오랜 시간 형성된 사회문화에 의해 결정된 것이다. 더불어 개개인이 선호하는 화음과 음악은 각 사람의 경험과 처한 환경이 다르기 때문에 다양하다. 불협화음이나 소음도 사람에 따라서는 좋은 소리로 느낄 수 있다. 이로써 알 수 있는 것은 과거 데이터가 개개인과 사회의 가치관('좋은 소리란 무엇인가'와 같은)을 결정한다는 사실이다.

● 우리가 바라보는 세계

무언가를 '좋아한다'는 개념은 어떻게 생겨났을까?

인간은 보고 싶은 대로 보고, 믿고 싶은 대로 믿는다. 그리고 좋아하고 싶은 대로 좋아한다. 인간은 학습과 진화의 과정에서 축적된 정보(데이터)를 이용해 감각기관과 기억저장 기능을 발달시키고 가치관을 형성하며, 장기적으로 인류의 특징을 갖추게 되었다. 우리가 바라보는 세계는 우리의 데이터로 창조된 세계이다.

오스트리아의 논리철학자 루트비히 비트겐슈타인은 세계는 사물의 총체가 아니라 사실(데이터)의 총체이며, 나의 언어의 한계는 나의 세계의 한계라고 주장하였다. 내가 보는 세계는 내가 알고 있는 데이터를 언어라는 도구를 통해서 구현된다. 이것은 내가 창조한 세계이며, 내가 창조하지 않은 (다른 사람의) 세계에는 침묵을 지켜야 한다.

아인슈타인의 푸념처럼 달은 언제나 하늘에 걸려 있을 것이다. 그러나 정보이론 관점에서 보면 우리가 하늘에 달이 걸려있다고 믿기 때문에 하늘에서 달을 보는 것이다. 이는 오랜 기간에 걸쳐 만들어진 법칙에 따른 것으로서, 이러한 법칙은 인간 행동에도 직접적으로 영향을 준다. 이 법칙에 대해서는 다음 chapter에서 자세히 다루기로 한다.

chapter 1 돌 아 보 기

- 우리가 바라보는 세계는 그 자체로 절대적인 것이 아니라, 우리와 자연과의 만남(관찰행위)에 의해 창조된 세계이다.
- 우리의 뇌는 관찰된(이미지) 정보를 거의 쓰지 않는다. 우리에게 축적된 과거의 데이터를 불러와 이미지를 완성한다.
- 과거의 데이터는 현재의 관찰 데이터를 왜곡한다. 우리는 과거 경험에 의해 믿음(편견)이 생기고, 이 믿음이라는 색안경을 끼고 세상을 바라본다. 즉, 우리는 보고 싶은 것만 본다.
- 우리가 보고 싶은(받아들이는) 정보란, 최근에 발생한 '새로운 정보'와 생존과 번영에 '중요한 정보'이다.
- 이러한 왜곡 현상은 오랜 진화과정에서 얻어진 합리적 현상이다. 모든 생명체는 전략적으로 에너지를 배분(선택과 집중)한다. 감각기능은 최소한의 에너지로 생존 목적을 달성하기 위해 최소한의 정보를 사용해 결과물을 재구성한다.
- 우리의 진화과정에서 축적된 과거 데이터는 정보왜곡의 반복과 강화를 통해 우리의 세포기관을 만들고 우리의 가치관('좋은 소리란 무엇인가'와 같은)을 결정하며 결국 인간을 온전히 만들어낸다.

chapter 2

우리에게 자유의지는 있는가

옛날 한 왕국의 왕에게 다음과 같은 신탁이 내려왔다.

"네가 낳는 아이는 너를 살해할 것이다."

신탁을 받은 왕은 아이가 태어나자마자 죽이라 명령했으나, 아이는 이웃나라 목동에 의해 간신히 목숨을 건졌고 무럭무럭 자라났다. 성인이 된 후 신전에 간 아이는 부친을 살해할 것이라는 자신의 신탁을 직접 듣게 되고, 무시무시한 운명을 피하기 위해 고국을 떠난다. 그런데 여행 중 시비가 붙은 일행과 싸우다 그들을 모두 살해하게 된다. 이후 공을 세워 영웅이 되고 왕이 되어 아름다운 아내를 맞이하지만, 결국에는 자신이 죽인 사람이 자신의 아버지고 아내는 자신을 낳은 어머니라는 것을 알게 된다.

그리스 신화에 나오는 '오이디푸스 왕'의 줄거리다. 신탁에 예언된 자신의 운명을 벗어나려 애쓰지만 결국 신탁 그대로의 운명을 맞이한다는 내용이다. 우리의 삶은 이 신화처럼 운명이라는 것이 있어서 행동과 결과를 좌우하는 것일까? 아니면 모든 것은 인간의 자유의지에 달려 있어 스스로 행동하고 결과를 내는 것일까?

자유의지에 관한 철학적 견해로는 '결정론'과 '자유론' 두 가지 입장이 있다. 결정론은 인간의 행동은 생리학적 또는 심리학적 법칙으로 설명될 수 있으며, 행동이 인과적으로 결정된다는 점에서 자유의지는 없다고 주장한다. 결정론의 대표적인 철학자로는 아리스토텔레스, 돌바흐 등으로 이들은 인간의 많은 행동들이 습관과 성격에 의해 결정되어 있으며 실제로 예측될 수 있다고 보았다. 반면 자유론은 인간의 의지가 그 어떤 외적인 요인에 의해서도 인과적으로 영향을 받을 수 없다는 입장이다. 펠라기우스, 보에티우스 등 중세 신학자들은 절대 선인 '신'을 져버리고 '악'을 선택한 인간에게는 자유의지가 있다고 주장했다.

과거엔 인간에게 자유의지가 있다는 생각이 당연하게 여겨졌지만, 현대에 들어와서는 이에 대한 찬반논쟁이 과열되고 있다. 이미 앞에서 우리의 기억과 가치관은 과거 데이터의 영향을 받는다는 것을 알아냈다. 그렇다면 우리의 행동은 어떨까? 마찬가지로 과거 데이터의 영향을 받을까? 또 인간의 행동은 과연 운명처럼 이미 결정되어 있을까 아니면 자유의지가 있어서 예측할 수 없는 것일까? 이에 대한 답을 정보이론의 도움을 받아 하나씩 찾아가 보자.

인간의 자유의지, 위기에 처하다

2000년대, 국내 법원은 여자 어린이를 잔혹하게 성폭행하여 기소된 범죄자에게 12년의 형량을 선고했다. 당시 판결문은 본래 무기징역이 합당하지만 심신미약 상태였음을 감안해 12년형으로 감형했다고 되어 있다. 범죄자가 범죄 당시 술에 취한 상태였기 때문에 심신미약으로 판단된다는 것이다. 이 소식을 접한 시민단체 등은 음주 성범죄자의 감형에 거세게 반대하고 나섰고, 법조계 안팎에서는 "법정이 술을 먹인다.", "미운 놈 때리고 싶으면 술 마시고 때려야 한다." 등의 우스갯소리가 나왔다. 범죄 당시 '심신미약'이었다는 사실이 감형으로 연결되는 이유는 무엇일까?

대한민국 형법 제 10조 2항에서는 "심신장애로 인하여 의사를 결정할 능력이 미약한 자의 행위는 형을 감경한다."고 규정하고 있다. 법은 의사를 결정할 능력에 의한 행동, 즉 자유의지에 의한 행동에만 책임을 묻는다. 자유의지가 아닌 행동에는 책임을 묻지 않는다. 술을 마신 상태는 심신미약 상태로서 의사결정 능력이 상당히 제한적이며, 이는 생리학적으로 설명이 가능하다고 한다. 그렇다면 다른 행동들은 생리학적으로 설명이 불가능하고 순전히 개인의 의사 결정, 즉 자유의지로 된 것이어서 감형 사유가 되지 않는 걸까?

"범죄자들은 일반인들과 다른 생리학적 결함을 갖고 있으며, 이 같은 결함에 의해 본인의 의지와 관계없이 범죄를 저지를 수 있다."

근대범죄학의 아버지라 불리는 체자레 롬브로조의 주장이다. 그런데 생리학적 원인은 과학이 발전할수록 더 많이 규명할 수 있다. 예를 들어 특정 범죄의 원인이 선천적인 유전병에 의한 것임이 규명되기만 한다면, 그 행동은 자유의지가 아니므로 더 이상 범죄가 아닌 질병으로 분류되어야 한다. 실제로 최근 미국에서는 뇌 손상의 증거를 통해 범인의 자유의지를 부정하는 변론으로 배심원들이 감형해주는 사례가 속출하고 있다.

사법학자들은 이렇게 말한다.

"모든 범죄에 대해 생리학적 원인을 찾으면 우리는 누구도 가둘 수 없게 될 것이다."

맞는 말이다. 만약 범죄의 모든 생리학적 원인이 규명되면 책임을 묻는 징벌적 구형은 사라지고 치료 및 교화 목적의 처방을 해야 한다. 범죄 행동이 본인의 의사와 무관한 생리학적 원인으로 발생한 것이기 때문이다. 과연 과학이 발전하면 행동에 대한 생리학적 원인을 모두 규명할 수 있을까? 즉 자유의지는 없다는 것을 증명해 낼 수 있을까?

● 현대판 라플라스의 악마

"어느 한 순간 모든 입자의 위치와 운동 상태를 알고 있는 악마가 있다면, 불확실한 것은 아무것도 없고 결정된 미래를 눈으로 보듯 생생히 예측할 수 있을 것이다."

고전 역학적 결정론의 최고봉인 '라플라스의 악마'에 대한 설명이다. 이것은 프랑스 수학자 피에르 라플라스가 1814년 고안한 가설로 초기 조건만 알면 뉴턴의 운동법칙을 이용해 모든 일을 예상할 수 있다는 사고 실험이다. 이러한 물리학 개념은 현대에 들어와 신경생물학과 접목되어 인간 행동에 대한 원인을 근본적으로 분석하고, 이를 통해 모든 행동을 예측하려는 시도가 이루어지고 있다.

2016년 워싱턴포스트에서 가장 혁신적인 과학기술 중 하나로 뽑힌 '신경예측기술'은 영화 '마이너리티 리포트'에서처럼 인간의 뇌 영상을 통해 그 사람이 앞으로 느낄 감정이나 그의 행동을 예측하는 기술이다. 이것은 인간의 생각과 행동이 뇌의 생물학적 대사과정의 결과라는 사실을 전제하고 있다. 일례로 조지타운대학의 아비게일 마쉬는 전측대상피질Anterior Cingulate Cortex의 활동을 측정함으로써 특정 행동을 보일지 여부를 예측할 수 있다는 연구 결과를 소개했다.

사람의 행동을 과학적으로 설명하려는 노력은 특히 범죄생리학을 중심으로 급속도로 진행되고 있다. 범죄생리학에 따르면 태어난 환경과 유전자 분석을 통해 어느 정도의 범죄가능성을 추정할 수 있으며, 범죄 유형별 원인과 발현 시나리오도 예측이 가능하다. 단순하게는 생애 초기 비타민D 부족으로 정서불안, 공포감 등의 부작용이 발생해 공격적 성향이 강화되는 현상, 유전병에서 기인한 안드로겐 호르몬의 이상으로 이성적, 합리적 사고가 불가능해지고 자신의 행동을 통제할 수 없는 상황에 처하게 되는 현상 등이 범죄생리학 사례에 들어간다. 더불어 생물정보학에서는 유전자 정보 기술의 발전에 힘입어 범죄 유전자나 폭력 유전자를 규명해 데이터베이스화하여 잠재적 범죄자의 행동을 예측하고 관리하려는 시도를 하고 있다.

이렇듯 인간의 행동에 대한 생리학적 원인들이 차츰차츰 드러나고 있다. 물론 생리학적 원인이 있다고 해서 자신의 행동에 책임을 지지 않아도 된다는 뜻은 아니다. 그러나 적어도 그 책임의 소재가 자유의지에 있지 않음은 분명하다. 사람의 행동 원인을 설명하는 현대과학은 점차 결정론을 주장하는 현대철학과 마주하게 되는데, 결과적으로 두 학문은 자유의지를 부정하는 결론에 다다르게 된다.

● 인간에게 자유의지는 있다? 없다?

1983년 캘리포니아대학의 신경과학자 벤저민 리벳은 다음과 같은 자유의지에 대한 실험을 진행했다. 실험에 참여한 사람들에게 시계를 보면서 손가락을 움직여야겠다는 마음이 들 때 버튼을 누르라고 하였다. 뇌전도EEG, electroencephalogram 검사 결과, 참가자들이 '마음을 먹었다'고 생각하고 버튼을 누르기 0.3~0.5초 전에 뇌파가 나타났다. 이는 뇌 반응이 인간의 의지보다 앞서며, 버튼을 누르는 행동은 인간의 의식적인 선택(자유의지)이 아니라 생리학적 현상(뇌의 지시)에서 비롯된 것임을 보여준다.

2008년 독일의 신경과학자 존-딜런 하네스는 기능성 자기공명영상fMRI을 활용하여 더욱 정교한 실험을 진행했다. 실험 참여자들이 마음먹은 시각에 왼쪽 또는 오른쪽 버튼을 누르도록 지시했는데, 최대 10초 전에 의사결정과 관련된 전전두엽과 두정엽 피질이 활성화되었다. 또한 2011년 캘리포니아대학의 이자크 프라이드와 동료들은 유사한 실험을 통해 버튼을 누르는 행동을 관찰했다. 이때는 환자들의 뇌에 전극을 직접 이식함으로써 뇌 활성화를 측정했는데 마찬가지로 환자가 버튼을 누르기 약 1초 전에 뇌 활성화가 확인되었다.

이 실험들은 인간이 어떤 행동을 하려는 마음이 의식에 떠오르는 것은 뇌가 그 행동을 결정한 뒤라는 것을 증명한다. 그리고 인간의 의식적인 선택(자유의지)이 뇌로부터 통보받는 것에 불과하다는 점에서 자유의지를 부정하는 결론에 도달하였다. 미국의 사회심리학자 대니얼 웨그너는 2002년 저서 『의식적 의지의 착각Illusion of Conscious Will』을 통해 인간의 의식과 의지는 마음과 뇌에 의해 만들어진 환상이라고 설명했다. 그렇다면 우리는 왜 행동을 자신이 직접 선택했다고 생각하는 것일까? 다시 말해 우리는 왜 자유의지가 있다고 믿게 된 것일까?

2016년 예일대학의 심리학자 아담 베어는 간단한 선택 실험을 했다. 실험 참가자는 컴퓨터 화면상 임의의 위치에서 흰 원 다섯 개를 보게 되는데, 일정 시간이 지나면 그중 한 원이 붉은색으로 바뀐다. 이때 참가자에게 원의 색이 바뀌기 전에 어느 원이 바뀔지 마음속으로 선택하게 했다. 그리고 참가자가 고른 원이 진짜로 색이 바뀌었는지 여부를 답하게 하였다.

사실 어느 원의 색이 바뀔지는 컴퓨터 프로그램에 의해 랜덤으로 결정됐기 때문에 정답 확률은 20% 이하였다. 그런데 예상 외로 참가자들의 정답률은 30%가 넘었다. 추가적인 조사 결과, 참가자들은 짧은 시간이지만 색이 바뀐 것을 관찰하고 자신의 선택이 행해졌음에도 불구하고 자신의 선택이 먼저였다고 판단하는 것으로 밝혀졌다. 이것은 사람의 뇌에 올라오는 정보의 순서가 때로 뒤바뀌기 때문이다. 실제로 여러 연구에 의하면 사람들은 '자신의 행동'이 먼저였음에도 불구하고 '자신의 의지에 의한 선택'이 먼저였다고 믿는다고 한다. 이러한 믿음은 과거 오랫동안 인간의 독립성과 이성적 의지를 중시하는 문화 때문에 나타나는 현상이다. 특히 모든 행동에는 의지가 선행한다는 관념이 이 같은 착각을 견고하게 했고, 이것이 자유의지가 있다고 믿게 되는 이유로 추정된다.

● 프로이트가 바라본 인간 행동의 근원

그렇다면 인간의 행동 원리를 정확히 설명하고 예측하는 것은 가능한 일일까?

2013년 존-딜런 하네스는 자기공명영상fMRI 장치 내의 실험 참여자에게 주어진 두 숫자를 더하거나 빼라고 지시했다. 연구자들은 참가자가 결정 내리기 4초 전, 뇌 영상 자료를 통해 그가 숫자를 더할 것인지 뺄 것인지를 예측할 수 있었다. 뇌 활성화를 통해 참가자의 행동을 추측한 것인데, 약 60%의 정확도를 보였다. 또한 캘리포니아 대학의 이자크 프라이드 실험에서는 참가자가 버튼을 누르기 1초 전에 그 결과를 약 80% 확률로 예측할 수 있었다.

행동예측은 극히 짧은 시간 범위 내에서는 정확도가 낮은데, 이는 표면적인 뇌파 신호로만 판단해야 하기 때문이다. 따라서 인간의 행동을 완벽히 예측하는 것은 불가능하다고 할 수 있다. 행동은 뇌에 온 신호가 중추신경을 거쳐 근육까지 도달함으로써 일어난다. 그렇다면 뇌에 신호가 오는 배경은 무엇일까? 적어도 자유의지가 아닌 다른 원동력이 있을 것으로 추정된다. 하지만 현대과학으로 행동이 일어나는 생리학적 메커니즘을 정확히 분석하는 것은 불가능하다. '라플라스의 악마'처럼 인간의 행동을 과학적으로 설명하지는 못했지만 역으로 자유의지가 존재하지 않는다는 점을 증명하여 결정론을 옹호한 현대철학은 행동의 원리에 대해 이론심리학적 접근을 취한다. 다음 내용을 살펴보자.

셰익스피어의 4대 비극 중 하나인 『햄릿』에서 햄릿의 숙부는 자신의 형인 햄릿의 아버지를 살해한다. 이에 아버지의 유령이 햄릿에게 나타나 숙부를 죽여 자신의 원수를 갚아 달라고 말한다. 복수를 하는 데 큰 어려움이 없는 상황임에도 햄릿은 끝까지 복수를 미루고 변명을 늘어놓는다. 어째서일까?

프로이트는 저서 『꿈의 해석』에서 햄릿이 보여준 행동을 통해 심리학적 원리를 설명한다. 햄릿은 자신이 어린 시절 갈망했던 억압된 소망을 실현시켜준 숙부에게 복수를 할 수 없었다. 그의 억압된 소망이란 어머니에 대한 사랑의 욕망에 눈이 멀어 아버지를 제거하는 것이었다. 햄릿이 어렸을 때 쌓인 본능적 욕구가 성인이 되어 아버지에 대한 살인을 충동질하고 복수를 주저하며 양심의 가책을 받는 모습으로 나타났던 것이다.

정신분석학에서는 과거에 내적 본능욕구와 외적 사회요구(욕구)가 적절히 조화되었는지 여부가 우리 행동을 결정한다고 주장한다. 특히 성장기 때의 경험이 중요한데 인간 발달 단계에서 본능적 충동을 어떻게 해결했는지, 당시 문제가 없었는지가 성인이 된 이후의 행동에 영향을 준다고 본다. 만약 발달 단계별로 필요한 본능적 욕구가 충분히 충족되지 않으면, 그 정보가 인간의 무의식 속에 자리하여 성인이 된 후 특정 행동으로 발현된다. 이는 인간의 행동이 자유의지가 아닌, 영유아기 때부터 축적된 데이터에 의해 자연스럽게 나타난다고 주장하는 점에서 '결정론'을 뒷받침한다.

데이터가 인간을 움직인다

이번에는 정신분석학에서 다루는 심리분석 방법을 살펴보자. 먼저 사람의 기분과 행동을 설명하기 위해 최면, 자유연상, 꿈 해석 등을 통해 무의식을 들여다보고 과거의 정보를 수집한다. 그 다음 과거 데이터와 현재의 결과를 유형화한 후 패턴을 찾아내어 논리적 설명이 가능한 프레임을 만든다. 프로이트를 예로 들면 그는 많은 임상 경험을 토대로 방대한 양의 데이터를 구축하고 패턴을 발견했다. 그리고 이러한 패턴을 논리적으로 설명하기 위해 주로 성장기의 본능적 욕구라는 프레임을 사용했다.

무의식에서 얻은 과거의 정보는 불완전할 수 있다. 그리고 귀납적 방법론의 특성상 정신분석이론은 완벽할 수 없다. 그러나 정신분석학은 인간 행동의 원인을 이성이 아닌 무의식, 즉 과거 정보(데이터)에 의한 것으로 보고 인간 행동양식 분석의 과학적 접근을 시도했다는 데 그 의의가 있다. 현대심리학은 행동예측을 위해 빅데이터에 기반한 연구를 진행 중이며 이로써 오차 범위를 꾸준히 낮추고 있다. 더불어 이러한 데이터 행동분석을 이용한 심리학은 진화생물학과의 융합을 통해 논리적 타당성을 획득해가고 있다.

● 사기꾼 탐지 기작의 진화

여러분이 오랜만에 만나는 친구와의 약속을 위해 커피숍에 들어갔다고 가정해보자. 다행히 커피숍은 한산했으며 많은 자리가 비어 있었다. 먼저 도착한 당신은 친구가 쉽게 발견할 수 있는 가운데 자리를 선택할까, 아니면 벽을 등진 구석 자리를 선택할까? 아마도 구석 자리를 선호할 가능성이 높다. 그 이유가 무엇일까?

UCLA대학의 셸리 테일러는 이것이 과거의 습관 때문이라고 설명한다. 인간의 뇌에는 원시시대 동굴 속에서 생활하던 습성이 새겨져 있다. 우리가 구석진 자리를 선호하는 이유는 벽을 등지고 남을 보아야 적으로부터 나를 숨기고 보호할 수 있기 때문이다. 우리 뇌에 각인된 진화 메커니즘은 커피숍을 경쟁적 공간, 즉 생존경쟁의 장으로 인식하는 것이다.

진화심리학에서는 인간 행동의 원천이 자연선택natural selection에 대한 적응의 결과라고 주장한다. 자연선택에 부합하기 위해 행동했던 습관들이 뇌에 그대로 남아있어서, 이것이 본능적으로 생존에 유리하게 행동을 결정한다는 것이다. 이러한 진화적 행동 습관은 앞서 예로 든 경쟁적 공간 지각처럼 수세기가 지나도 쉽게 바뀌지 않는다.

그러나 또 한편으로 우리 뇌는 경험이 축적될수록 최근의 중요한 행동을 꾸준히 업데이트한다. 그 예로 '사기꾼 탐지 기작(매커니즘, cheater–detection mechanism)'이 있다. 이는 인간이 소규모 가족공동체인 수렵채집 생활을 마치고 집단농경 생활로 넘어가면서 (비교적 최근인) 사회활동이 중요해지는 과정에서 얻어진 진화적 산물인데, 구체적인 설명은 다음과 같다.

네 장의 카드가 있다. 모든 카드는 한 면에 숫자, 다른 면에는 글자가 인쇄되어 있다. 아래의 규칙이 참인지 확인하려면 어떤 카드들을 뒤집어봐야 할까?

(규칙 : 한 면에 짝수가 인쇄되어 있으면, 다른 면에는 반드시 자음이 인쇄되어 있어야 한다.)

정답은 '8'이 쓰인 카드와 'A'가 쓰인 카드이다. '8'카드 뒤에 모음이 있거나 모음인 'A'카드 뒤에 짝수가 있다면 위 규칙은 거짓이다. 규칙의 진위를 가리는 데 '3', 'B'카드 뒤에 무엇이 인쇄되어 있는지는 중요하지 않다.

25세	16세	콜라	맥주

그러면 다른 문제를 풀어보자. 역시 네 장의 카드가 있다. 모든 카드는 술집에 있는 네 사람에 대한 정보를 담고 있는데 한 면에는 그 사람의 나이가, 다른 면에는 그 사람이 무얼 마시고 있는지가 적혀 있다. 아래의 규칙이 참인지 확인하려면 어떤 카드들을 뒤집어 봐야 할까?

(규칙 : 맥주를 마시고 있는 사람은 반드시 20세가 넘어야 한다.)

정답은 '16세'가 쓰인 카드와 '맥주'가 쓰인 카드이다. 심리학자 피터 웨이슨이 고안하여 '웨이슨 선택 과제'로 알려진 위 두 문제는 동일한 논리 구조(대우 명제의 증명)를 갖는다. 그러나 두 번째 문제는 첫 번째 문제보다 훨씬 쉽게 느껴진다. 실제로 첫 번째 문제의 정답률은 20% 정도에 불과한 반면 두 번째 문제의 정답률은 80%를 넘는다.

그 이유가 무엇일까? 내용이 친숙하기 때문은 아니다. 친숙한 내용이라도 '사기꾼 탐지'가 없는 문제에서는 정답률이 낮았으며, 낯선 내용이라도 '사기꾼을 탐지'하는 문제에서는 정답률이 높았다. 위 과제는 인간이 진화적으로 사기꾼을 탐지하는 본능을 내재해왔음을 증명한다.

유사한 사례로 2009년 심리학자 뷔히너의 실험이 있다. 실험 참여자에게 72명의 얼굴 사진을 보여주고 각각의 사진에는 협력적이거나 중립적이거나 아니면 사기꾼임을 보여주는 설명을 적어 놓았다. 일주일 후 불시에 참가자들에게 이미 본 사진 중 36장과 처음 보는 사진 36장을 섞어서 보여주고는 지난주에 본 사진을 찾아내라고 지시했다. 그 결과, 참가자들은 사기꾼으로 인식한 사람의 얼굴을 더 잘 기억하고 찾아냈다.

진화학자 리다 커스미디즈는 이것이 진화의 결과가 몸에 밴 행동이라고 설명했다. 가족단위로 자급자족하던 시대를 지나 사회구성원이 각각 전문 직업을 갖춘 사회적 교환의 시대가 되면서 협력, 특히 서로 동등하게 주고받는 조건적 협력은 매우 중요해졌다. 실제로 게임이론학자들이 컴퓨터 시뮬레이션을 충분히 실행한 결과, 조건적 협력 전략이 배신 전략을 이기는 것으로 나타났는데, 조건적 협력 전략에서는 '적극 협력하되 배신자, 사기꾼을 색출해 응징'하는 것이 가장 중요하다. 이처럼 인간은 다른 사람의 속임수를 파악하는 자가 생존 및 번영을 한다는 것을 오랜 기간 직간접 경험을 통해 알게 되었고, 이것이 본능으로 자리 잡아 행동으로 나타나게 되었다.

정리해보면 '사기꾼 탐지 기작'은 사회적 관계가 중요해지는 비교적 최근 시대에 일어난 진화과정에서 데이터가 축적되고, 그 결과가 인간 행동에 영향을 미친 사례이다.

● 집단 무의식의 힘

북유럽 신화 중 하나인 '대장장이 뵐룬트'는 세 명의 형제가 호수에서 목욕하고 있던 발퀴레(전투여신)들을 발견하고 날개옷을 훔쳐서 그녀들과 결혼한다는 내용으로 시작한다. 부리야트족[7] 설화에서는 새를 잡으러 갔던 사냥꾼이 호수에서 백조 세 마리가 날개옷을 벗고 여자가 되어 헤엄치고 있는 것을 보고 날개옷 하나를 감추어 그 옷 주인과 함께 산다. 우리나라 설화인 '선녀와 나무꾼'에서는 나무꾼이 선녀들이 멱 감는 틈을 타서 그중 한 선녀의 날개옷을 감추고 선녀를 집으로 데려와 아내로 삼는다.

이 사례는 서로 동떨어진 세 지역에 동일한 모티브의 설화가 존재한다는 사실을 보여준다. 한 총각이 여자의 날개옷을 훔친 뒤 그 여자와 살면서 아이를 낳는다. 여자는 남자가 숨겨놓은 날개옷을 찾아내어 살던 곳으로 돌아가는데, 남자가 여자를 다시 만나러 가는 것은 힘든 여정이거나 거의 불가능하다. 이러한 모티브의 설화는 문물 교류가 없던 시대임에도 유럽, 아시아, 아프리카 등 거의 전 세계에서 나타난다.

---

7) 러시아와 몽골, 중국 등 가장 북단에 거주하고 있는 몽골어계 민족.

1858년 6월 18일 알프레드 월리스는 '적자생존을 통해 하나의 종이 새로운 종으로 진화한다.'는 가설을 담은 연구 결과를 찰스 다윈에게 보냈다. 다윈은 이 편지를 받고 충격에 빠졌는데 그 이유는 다윈이 20년이나 공들여온 이론이 한 논문에 너무도 간결하게 요약되어 있었기 때문이었다. 또한 동시대 사람인 토마스 맬서스는 '인구론'을 통해 다음과 같은 주장을 펼쳤다.

"모든 종은 대단한 생식력을 갖고 있어서, 그 수가 기하급수적으로 증가하는 경향이 있다. 그러나 태어난 개체 중에서 소수만이 생존하므로 개체 수는 결국 평형 상태에 이른다."

멜서스의 이 주장은 자연선택이라는 진화론의 핵심을 인구 관점에서 설명한 것이다. 이렇듯 월리스, 다윈, 맬서스는 독립적인 연구 끝에 '적자생존에 의한 진화'라는 생각을 거의 동시에 주장한 과학자들이었다.

'날개옷'이라는 공통된 모티브와 '자연선택'이라는 공통된 발상이 동시에 여러 사람에게서 나오는 현상은 모두 우연일까? 이에 대해 현대심리학은 '공통된 무의식'이라는 개념을 제시한다. 즉 사회적으로 공통된 기후, 환경, 분위기에 따라 공동의 사회적 문제가 있으며, 그것을 고민하는 가운데 공동의 의식이 생겨나게 된다는 것이다.

스위스의 분석심리학자 칼 융은 인간의 행동 성향을 설명하는데 개인이 속한 '집단에 의한 효과'에 주목하였다. 그는 서로 다른 배경의 환자들을 대상으로 무의식 실험을 진행했다. 환자들은 한 번도 본 적이 없는 이미지를 무의식으로 떠올렸는데, 거기에는 공통적 주제가 있으며 고대 설화·신화와 놀랍도록 비슷하다는 점이 발견되었다. 이에 융은 개인적 경험이 아니라 개인이 속한 집단의 역사와 문화를 공유하는 정신적 자료의 저장소가 있다고 가정했다. 그는 이 저장소를 '집단 무의식'이라고 명명하고, 개인에 내재되어 세계를 바라보고 행동하는 원천이라고 추측했다.

영국의 생물학자인 루퍼트 쉘드레이크는 1992년 동물의 집단 무의식에 대해 실험했다. 병아리를 두 그룹으로 나누어 각 그룹을 격리시켜 놓고 첫 번째 그룹의 병아리에게 먼저 학습을 시켰다. 병아리들이 노란색 먹이를 쪼는 경우에는 고통을 주고, 다른 색 먹이를 먹을 때는 아무런 조치를 하지 않았다. 병아리들은 여러 번의 경험을 통해 노란색 빛깔이 고통을 준다는 것을 깨닫고 더 이상 노란색 먹이를 쪼지 않았다. 그 다음, 두 번째 그룹의 병아리에게도 이와 똑같은 방법으로 실험을 했다. 그런데 두 번째 그룹의 병아리들은 첫 번째 그룹 병아리들처럼 시행착오를 겪지 않았다. 두 번째 그룹 병아리들은 노란색 먹이에 대한 거부감이 이미 학습되어 있었던 것이다.

이 실험은 동물 개체 간의 집단 기억저장소가 있어서 정보를 공유(소통)하고, 그것이 행동으로 드러남을 증명한 실험이다. 이렇듯 개체들은 집단적 기억을 토대로 본능적 행동을 수행하는데, 사람도 마찬가지일 것으로 추정된다. 결국, 앞서 설명한 개인의 과거 경험과 집단(종)의 과거 진화 데이터가 결합하여 개체의 의지를 형성하고, 그 결과물이 행동으로 나타난다고 볼 수 있다.

'기억의 공유'라는 개념은 각각의 독립된 생명체가 텔레파시처럼 정보를 주고받는다는 점에서 물리적 법칙을 위배하는 것처럼 보인다. 과연 '집단 무의식 형성 과정'은 과학적으로 증명될 수 있을까? 아니면 집단 무의식은 여전히 가설에 그치는 것일까? 그 해답을 밝히기 위해 현대과학에서는 양자물리학, 후성유전학, 그리고 데이터 처리 기술을 동원해 융합연구를 진행하고 있는데, 이러한 노력을 다음 chapter에서 설명하도록 한다.

chapter 2 돌 아 보 기

- 인간의 행동에는 자유의지가 아닌 생리학적 원인이 존재한다.
- 인간은 과거 오랫동안 독립성과 이성적 의지를 중시하였다. 따라서 모든 행동에는 의지가 선행한다는 관념이 생겨났고, 자유의지가 있다고 믿게 되었다.
- 정신분석학에서는 과거의 본능적 욕구 충족 여부가 우리 행동을 결정한다고 주장한다. 과거 축적된 데이터가 인간의 무의식 속에 자리하여 특정 행동으로 발현된다.
- 우리 몸의 보상기제는 과거 데이터에 기반을 두고 생존과 번영에 유리한 행동은 보상하고, 경쟁에서 뒤처지게 한 행동은 고통을 주는 식으로 작동한다. 그 결과 행동은 유전자와 무의식에 새겨지고 자연스러운(본능적인) 행동이 된다.
- 분석심리학과 집단 무의식 실험을 통해 생명체는 집단적으로 기억을 공유하고 그것을 토대로 본능적 행동을 수행함을 알 수 있다.
- 결과적으로 인간은 개인의 과거경험과 집단(종)의 과거 진화데이터가 결합하여 개체의 의지를 형성하고 그 결과물이 행동으로 나타난다.

chapter 3

데이터로 공감하다

'전 세계 여행자들의 메카'라 불리는 인도를 여행하다 보면 많은 낯선 풍경을 접하게 된다. 인도 여행의 중요 매력 포인트 중 하나는 완벽에 가깝게 구현된 생태계 평등 문화이다. 소위 선진국에서는 사람과 동물의 구분이 철저하고 동물들 간에도 보이지 않는 계급이 있는 것처럼 보일 정도인데, 인도에서는 사람이 동물을 존중하며 때로는 신성시하기까지 한다. 특히 인도 중소도시에 가면 다양한 종류의 동물들이 거리로 나와 자유롭게 어울리며 사는 풍경을 목격할 수 있다.

처음 여행 온 사람들은 이러한 광경에 당황하기 일쑤인데, 여기서 파생되는 어려움 중 하나가 도로 위에서의 이동이다. 인도 시내에는 도로선이 없거나 교통신호가 제대로 작동하지 않는 곳이 많다. 여기에 사람, 자동차, 자전거, 오토바이, 릭샤(소형 운송수단)뿐만 아니라 소, 말, 개, 원숭이, 낙타, 코끼리까지 도로 위에 뒤엉켜서 다닌다. 반듯한 도로에서 일사불란한 신호체계에 의해 운전하던 서구권 여행자들이 무법천지처럼 보이는 인도의 도로에 혀를 내두르는 것도 무리가 아니다.

그런데 신기한 사실은 이러한 혼돈 속에서도 교통사고가 일어나는 일이 극히 드물다는 것이다. 인도의 교통 흐름을 주의 깊게 살펴보면 거대한 무질서 속에서 질서를 발견할 수 있다. 도로의 모든 구성원들은 전체 교통 흐름을 파악하고 자신의 상황에서 가장 빠르고 효율적인 경로를 선택하여 이동한다. 그리고 해당 경로로 가는 동안 마주하는 구성원들과 본능적이고 암묵적인 신호를 교환한다. 얼핏 보기에는 운전자(또는 보행자)가 무작정 빈 공간을 비집고 들어가는 것처럼 보이지만, 이는 주변 상황과 상대방에 대한 이해와 관습을 바탕으로 하고 있다. 즉 이러한 패턴은 오랫동안 학습되어 온 결과다. 사람들만 그런 것이 아니라, 동물들 간에도 마찬가지로 암묵적인 규칙이 존재한다. 조금 과장하면 소가 알아서 유턴도 한다.

이러한 교통 시스템이 꼭 바람직하다는 말은 아니다. 그러나 단언하건대 이러한 '교통정보 공유 체계'야말로 미래시대의 핵심기술이다. 도로를 이용하는 구성원들은 각각의 역량(속도, 크기 등)과 목적(최소 시간 도착, 시내 구경 등)이 서로 다르다. 이 데이터는 본인만 아는 정보다. 그러나 이 데이터를 도로 구성원들과 공유하는 순간, 생태계의 일정한 흐름에 따라 최적의 동선이 나오며 이때 전체 구성원이 최대 만족감을 얻을 수 있다. 인도 도로의 경우는 아직 데이터 공유 범위에 한계가 있을 뿐이다.

구성원 전체가 데이터를 공유하게 되면 인도처럼 도로선이나 교통체계는 더 이상 필요하지 않다. 도로 이용의 목적은 원하는 대로 이동하는 것이지, 교통규칙을 잘 지키는 것이 아니기 때문이다. 교통정보 공유 체계에서 교통규칙은 이동하는 자의 역량을 옥죄고 목적을 불필요하게 표준화시키는 굴레일 뿐이다.

현대의 우버, 구글을 비롯한 많은 하이테크 기업들은 머지않아 다가올 자율주행 자동차 시장을 선점하기 위해 플랫폼 확장에 주력하고 있다. 자율주행기술은 사람 대신 기계가 운전해 줌으로써 사람이 편해지는 단순한 센싱 기술이 아니다. 자동차주행기술은 선행先行기술[8)]이며, 자율주행에서 보다 중요한 것은 '집단 데이터' 처리 능력이다. 이것을 가능케 하는 것은 집단 데이터를 기초로 구성원들의 이동 만족감을 극대화하는 보상·처벌 알고리즘을 통해 최적의 동선을 찾아주는 인공지능 시스템이다.

어느 정도 자율주행기술이 발달하고 인간이 자동차를 운전하지 않는 시기가 오면 도로의 선, 표지판, 신호등은 모두 사라지게 될 것이다. 중앙 집중적 자율주행 플랫폼이 알파고가 묘수를 찾듯이

8) 자동차 하드웨어 기술은 자율주행에 필수적으로 선결과제이다.

도로를 최적으로 사용하는 방법을 직접 찾아서 각각의 차들을 컨트롤할 것이기 때문이다.

현대 IT기술은 생명체의 구조와 원리에서 영감을 얻는 경우가 많은데, 위에 언급한 집단 데이터 관리기술은 개미나 꿀벌처럼 집단생활을 하는 생명체에서 흔히 볼 수 있는 것이다. 따라서 자율주행기술을 개발하는 인공지능 연구소에서는 생명체에 나타난 집단의식 시스템을 연구한다. 그렇다면 생물체가 집단 데이터를 관리하는 방식은 어떤 형태인지 살펴보도록 하자.

후천적 노력은 정말 유전될 수 없을까

"백인 엄마가 선탠을 해서 피부가 까맣게 되면, 아이도 까만 피부로 태어난다는 말인가?"

1809년 프랑스 생물학자 장 바티스크 라마르크가 획득형질이 유전된다고 주장했을 때, 주변 사람들은 이와 같이 반응하며 그의 주장을 비웃었다. 기린이 목이 긴 이유는 기린이 목을 지속적으로 사용한 결과라고 설명했지만 그의 말에 귀 기울이는 사람은 아무도 없었다. 집안 형편이 어려웠던 라마르크는 결국 빛을 보지 못하고 쓸쓸하게 눈을 감았다. 1829년 라마르크의 장례식에서 그의 딸은 "세월이 아버지의 원수를 갚아줄 것이다!"라고 외쳤다.

라마르크가 주장한 용불용설은 오랫동안 멸시를 받았다. 용불용설은 “동물이 특정 기관을 다른 기관보다 많이 사용하면 해당 기관은 다른 기관에 비해 강화되고 크기도 커지지만, 반대로 별로 사용하지 않는 기관은 퇴화되어 사라지게 된다.”는 주장인데, 기독교적 창조론이 견고하게 자리 잡은 당시 과학계에서는 받아들이기 힘든 내용이었다. 신의 창조물은 그 자체로 영원불변하다고 믿었기 때문이다. 이에 더하여 20세기 초에 유전자와 DNA가 발견되고 획득형질이 유전자에는 영향을 주지 않는다는 것이 밝혀지면서 용불용설은 완전히 역사의 뒤안길로 사라진 것처럼 보였다.

그런데 획득형질은 정말로 유전되지 않을까? 많은 과학적 결과들에 의해 부정되었지만 라마르크의 주장은 오랫동안 사람들의 머릿속을 떠나지 않고 괴롭혔다. 경험적으로나 직관적으로 획득형질이 유전되는 것처럼 보이는 현상들이 있었기 때문이다. 이러한 가설은 현대의 획득형질 실험에 의해 점차 그 진위여부가 밝혀지기 시작했다.

1930년대에 하버드대학 심리학자 윌리엄 맥더걸은 획득형질 유전에 관한 다양한 실험을 진행했다. 우선, 쥐에게 물에 잠긴 꼬불꼬불한 미로에서 빠져 나오는 법을 가르치고 실수할 때마다 전기쇼크로 체벌했다. 이러한 학습은 수백 번 계속되었고, 학습과 동시에 맥더걸은 쥐들을 교배시켰다. 생존자편향의 왜곡을 방지하기 위해 모든 쥐를 교배시킨 뒤, 다음 세대 쥐들도 마찬가지로 학습을 되풀이하게 했다. 이렇게 하여 32세대에 걸쳐 쥐를 학습시킨 결과, 뒤 세대 쥐들은 앞 세대 쥐들보다 길 찾는 방법을 빨리 습득하는 것을 발견할 수 있었다. 첫 세대부터 4등분하여 순서대로 그룹을 나누었을 때 미로에서 실수하는 횟수는 각각 평균 56회, 41회, 29회, 20회로 점차 줄어들었다.

획득형질 유전에 관한 연구들은 현재까지 계속 진행되어왔다. 2009년 학술지 『바이올로지 리뷰』에 따르면 초파리를 특정 화학물질에 노출시킨 결과, 이후 13세대에 걸쳐 눈에서 뻣뻣한 털이 자라는 것이 확인됐다. 2014년 학술지 『네이처 뉴로사이언스』에 실린 논문에 의하면 쥐를 아세토페논이라는 화학물질에 노출시키고 발에 충격을 주는 실험을 반복하면 쥐는 아세토페논 냄새만 맡아도 스트레스를 받는 반응을 보인다. 이 쥐를 교배를 시킨 뒤 태어난 새끼의 대다수도 아세토페논에 민감한 반응을 보였으며 이런 현상은 다음 세대에도 지속적으로 관찰되었다. 위 실험들은 획득형질도 후대에 유전됨을 보여주는 증거이다. 백인이 선탠해서 피부색이 까맣게 되면 바로 다음 세대가 피부색이 까맣게 되지 않더라도 여러 세대를 거듭하면서 점차 까맣게 되리라는 결론을 얻을 수 있다.

그러나 이 같은 결론은 많은 학자들의 의구심을 자아냈다. 모든 정보는 DNA로만 전달된다고 설명하는 고전생물학 관점에서 보면 DNA가 그대로인데 새로운 형질이 나타난다는 것은 불가능하기 때문이다. 맥더걸의 쥐 실험에서는 심지어 학습을 받기 전에 교배시킨 경우에도 학습이 유전되었다. 즉, 학습 정보는 명백하게 DNA로 전달되지 않은 것이다.

어떻게 DNA에 정보를 저장하지 않고도 유전이 될 수 있을까? 공상과학영화에 나오는 텔레파시 같은 것일까? 과거 유물론적 관점에서 정보란 코드를 물질에 기록하여 전달하고 그것을 꺼내어 읽는 것으로 여겨졌다. 그러나 현대에는 양자물리학의 발전으로 생명체의 정보가 '양자적 동시성'에 의해 공유되는 것이 드러났다. 생명체의 집단정보 및 주변 환경 정보는 물리적 DNA로 전달되지 않고 양자 공유를 통해 뇌가 인지한다는 것이다. 양자통신에서 정보는 '전달'이 아니라 '공유'다. 생명체 집단은 획득 정보를 공유한다.

DNA는 생명체의 종합설계도이며 DNA를 기록하는 일은 기업의 설비 투자처럼 중대한 작업이다. 장기적으로 보존이 필요한 경우에만 DNA를 기록하거나 삭제하며, 단기적 환경변화를 대응할 때에는 DNA는 건드리지 않는 것을 원칙으로 한다. 대신 개체에 단기적으로 필요한 정보는 집단 플랫폼을 통해 공유(양자 공유)하여 유전자 정보 발현을 작동시킨다. 각 개체가 가진 DNA를 상황에 맞게 발현시키는 RNA는 끊임없이 변화한다. 이렇게 RNA의 행동 기작을 변화시키는 것이 바로 공유 정보이다. 결국 이러한 정보공유의 근본적인 목적 역시 생명체 집단의 생존과 번영이다.

● 텔레파시로 소통하는 생명

메뚜기는 '지킬 박사와 하이드'처럼 두 얼굴을 가지고 있다. 평상시의 메뚜기는 긴 다리와 긴 날개를 가지고 여유롭게 먹이를 먹고 느리게 움직인다. 그러나 가뭄과 건조한 날이 지속되면 다리를 짧고 굽은 형태로 변화시키고 떼를 지어 빠르게 날아다니면서 닥치는 대로 먹어 치우기 시작한다. 메뚜기에게 이렇게 완전히 다른 형태와 행동이 나타나는 데는 그리 긴 시간이 걸리지 않는다. 먹이가 부족할 낌새가 보이면 단 며칠, 또는 몇 시간 만에 사나운 메뚜기로 변신한다. 메뚜기의 유전자, 즉 몸에 있는 DNA는 그대로지만 유전자를 해석하는 방식 곧 유전자의 발현이 바뀜으로써 완전히 다른 생명체로 변하는 것이다.

신기한 점은 메뚜기들이 동시에 특정 표현형을 발현한다는 사실이다. 미국의 신경과학자인 스티브 로저스는 이 현상을 '집단적 유전자 발현'이라고 설명한다. 이것은 메뚜기 각각의 판단하에 이뤄진 현상이라기보다는 메뚜기 떼가 집단으로 정보를 공유하고 있으며, 이 집단정보에 의해 한꺼번에 형태가 발현되고 행동양식이 나타나는 것으로 판단된다. 마치 텔레파시로 의사소통을 하는 것처럼 보인다. 이 사례를 통해 우리는 집단정보가 칼 융이 주장한 단순한 '정보의 저장고'가 아닌, '실시간으로 정보가 유출입하는 서버' 내지는 '의사소통 플랫폼'임을 짐작할 수 있다.

생물학자 베르트 휠도블러와 E.O. 윌슨은 이러한 집단정보 공유과정이 진화의 결과라고 말한다. 예를 들어 벌이나 개미 같은 사회적 곤충은 생존하기 위해 집단을 이룬다. 집단을 이루는 목적은 노동의 분업이다. 일부는 자식을 낳고 이를 돌보는 번식 업무를 한다. 또 일부는 농사를 짓고, 먹이를 채집하고, 사냥을 하고, 쓰레기를 청소하는 등 다양한 사회적 역할을 한다. 분업과 전문화를 통해 집단은 일의 효율을 높이고 자연환경에서 높은 경쟁력을 갖추게 되었다. 결국 집단의 생존 확률이 개별로 생존할 확률보다 월등히 높았기 때문에 집단으로 모이는 것을 선택한 것이다.

그러나 집단에는 치명적 아킬레스건이 있다. 각각의 개체가 독립적으로 행동해버리면 집단이 와해된다는 점이다. 따라서 집단은 개별행동 및 정보소유를 엄격하게 금하고 집단 차원에서의 정보공유와 행동만을 허락한다. 예를 들어, 벌이나 개미를 비롯한 동물 집단에서는 비록 우리가 여왕이라는 단어를 사용하긴 하지만 여왕은 물론 어떠한 지배 계급도 없다. 여왕은 그저 집단 전체가 유전적 동일성을 갖도록 번식 역할에 충실할 뿐이며 모두가 평등하다. 마치 클라우드 시스템과 같은 집단지성으로 정보를 모두가 공유하고 집단의식을 가지며, 마침내 하나의 유기체처럼 행동한다.

이뿐만이 아니다. 2015년 네덜란드의 바게닝겐대학 연구진은 집단이 감정을 공유하는지에 대한 실험을 수행했다. 돼지를 여러 그룹으로 나누고 각 그룹에서 한 마리씩 뽑아 특정 음악이 나오면 뭔가 좋은 일이 있을 거라고 예상하도록 훈련시켰다. 훈련 방법은 음악을 들려준 뒤 곧바로 먹을 것을 준 것이었는데, 훈련된 돼지는 음악이 나오면 모두 꼬리를 흔들고 꿀꿀거리는 행복한 반응을 보였다. 얼마 뒤 연구진은 훈련된 돼지들을 원래 속했던 그룹에 돌려보냈다. 이번엔 모든 돼지들에게 음악을 들려주었는데, 훈련된 돼지뿐만 아니라 훈련받지 않은 돼지들도 음악이 들려오면 꼬리를 흔들고 꿀꿀거리는 행복한 반응을 나타냈다. 동일한 방법으로 불쾌한 반응에 대한 실험도 진행했는데 이때도 마찬가지로 훈련된 돼지들의 감정이 다른 모두에게 전파되었다.

1990년대 이탈리아의 신경생리학자 자코모 리촐라티는 생명체의 뇌에서 어떻게 공감이 일어나는지 실험하였다. 리촐라티는 원숭이가 땅콩을 손으로 집으려 할 때 뇌의 앞운동피질의 신경세포가 활성화됨을 발견했다. 이 신경세포는 원숭이의 뇌에서 행동, 즉 "접시에 있는 땅콩을 집어라."는 명령을 내리는 세포이다. 그런데 특이하게도 원숭이 자신은 가만히 있는데 누군가가 접시에 있는 땅콩을 손으로 집으려는 모습을 봤을 때도 이 세포가 활성화되는 것이 관찰되었다. 마치 원숭이 자신이 직접 집을 때처럼 신경세포가 움직인 것이다.

이것은 신경이 거울처럼 반응한다고 해서 '거울신경세포'라고 명명되었다. 거울신경세포는 신경과학계에서 개체들 간의 공감을 가능하게 하는 세포로 연구되어왔다. 사람도 마찬가지다. 타인의 행동을 보고 있기만 해도 자신이 그 행동을 하는 것처럼 뇌의 신경세포가 작동한다. 거울신경세포에서 일어나는 과정은 관찰자의 의지나 생각과는 상관없이 자동적으로 생긴다. 신경과학자들은 하품이 전염되는 현상이나 맹시(Blindsight, 시각이 손상된 사람·동물이 사물의 형태나 색깔을 맞추는 현상) 등도 거울신경세포에 의한 감정공유의 영향으로 본다.

위에서 언급한 다양한 실험들을 통해 우리는 생명체에 공감능력이 있음을, 즉 생명체가 감정을 공유한다는 사실을 확인할 수 있다.

많은 동물들은 인간이 가진 언어 의사소통 능력은 없지만, 집단 기억 정보뿐만 아니라 감정까지도 공유하는 가상의 데이터 플랫폼을 가지고 있다. 인간에게도 이와 유사하게 집단 데이터 공유가 일어날 것으로 예상된다.

그렇다면 기억과 감정을 공유하는 플랫폼은 어떻게 가능한 것일까? 오늘날 현대물리학과 생물학에서 깊이 있게 연구하고 있는 집단 데이터 공유 메커니즘에 대해 좀 더 알아보자.

● 정보의 양자역학

"어떻게 하면 내 뒷모습을 볼 수 있을까?"

유치원 선생님이 어린 학생들에게 질문을 던졌다. 그러자 아이들은 모두 하나같이 거울을 뒤쪽에 두었다가 재빨리 고개를 돌려서 뒷모습을 보려 했다. 그러나 보이는 것은 앞모습뿐이다. 저마다 경쟁하듯 고개를 빠르게 돌려봤지만, 뒷모습을 보는 데 성공한 아이는 아무도 없었다.

아이들의 행동은 순진하고 어리숙해보인다. 그러나 현대물리학에서 난제를 다루는 방식도 이와 다르지 않다. 오랫동안 물리학자들이 측정하려고 했지만 아무도 성공하지 못했던 '전자의 파동성'이야기다.

전자는 파동성을 가지고 있어서 두 개의 작은 구멍(이중슬릿)을 지나게 하면 스크린에 복잡한 간섭무늬를 보인다. 하지만 전자가 어느 구멍을 지나는지 측정하면서 스크린을 보면, 보통 입자와 같이 두 개의 줄만 보인다. 즉, 측정하면 입자성, 측정하지 않으면 파동성이 나타난다. 측정하는 행동이 결과에 영향을 주는데, 이는 고전물리 법칙을 위배하는 것이다.

과거 물리학자들은 관찰하는 행동이 전자궤도에 교란을 일으켰다고 주장했다. 그러나 독일 물리학자인 게르하드 렘페의 증명에 의해 교란을 주지 않고 전자를 관찰한 결과도 입자로 나타났다.

미국 물리학자 존 휠러는 특별한 실험 장치를 사용해서 전자가 구멍을 지난 다음에 어느 구멍을 지나갔는지를 측정했다. 동시에 두 구멍을 지나면 파동이고 아니면 입자다. 하지만 이때도 마찬가지로 측정하면 결과가 입자로 나오고 측정하지 않으면 파동으로 나왔다. 전자가 구멍을 지날 때 이미 파동이나 입자로서의 성격을 결정했을 것이라는 생각이 오판이었다. 전자의 성격은 측정할 때 결정되는 것이었다.

이는 '슈뢰딩거의 고양이'로 알려진 양자물리학의 기본개념인 '측정 행동이 결과를 결정한다'라는 명제를 실제로 증명하고 있다. 과거 코펜하겐의 해석[9]에서는 관찰자와 관찰대상이 서로 별개이며 정보가 물리적으로 이동한다고 믿었지만, 현대 정보론은 '얽힘entanglement' 현상에 의해 정보가 공유'된다는 개념으로 해석한다. 전자의 상태에 대한 정보는 이미 관찰자와 관찰대상이 공유하고 있다. 이것을 양자역학적으로 '얽혀 있다'고 표현한다. 우편배달부가

9) 1927년에 열린 제5차 솔베이 회의에서 코펜하겐에서 온 닐스 보어가 설명한 양자물리학에 대한 새로운 해석

편지를 부치듯이 정보가 이동하는 것이 아니라, 두 위치에 있는 정보는 하나이며 동시에 같은 방향으로 움직이는 것이다.

본래 전자의 상태는 결정되어 있지 않다. 전자가 어느 구멍을 지나는지, 즉 파동인지 입자인지는 확률적으로 분포하고 있을 뿐이다. 더불어 관찰자의 측정이라는 행동을 통해 전자의 상태는 뇌에서 전기적 신호로 바뀌게 되며, 그때 우리가 입자로 인지하게 되는 것이다. 앞서 유치원 아이들이 거울로 뒷모습을 보려고 한 이유 역시 관찰행동과 관찰대상이 별개라고 생각하기 때문이다. 그러나 관찰행동 정보와 관찰대상 정보는 하나로 움직인다. 관찰행동과 관찰대상을 같다고 생각하면 관찰행동이 곧 대상이기 때문에 의미(관찰할 이유)가 없다는 것을 깨닫게 된다.

우리가 사는 세계는 결국 원자, 소립자 등의 입자로 이루어져 있으며, 이것은 파동의 상태로 환원될 수 있다. 또한 각 파동은 그 상태에 따라 양자정보로 읽을 수 있으며, 얽힘 상태를 이용해 정보를 주고받고 공유할 수 있다. 이러한 양자 얽힘을 이용한 정보 전달 방식은 리처드 파인만이 구상한 양자컴퓨터의 작동 방식과 동일하다.

양자컴퓨터는 '양자결맞음Quantum Coherence'이라는 정보 전달 방식을 사용하는데, 이는 절대온도 0도 근처에서 일어나는 현상으로 생명체의 온도인 절대온도 300도 내외에서는 불가능한 것으로 여겨졌었다. 그러나 최근 일련의 양자물리학 실험을 통해 일반적 자연환경에서는 불가능한 양자결맞음 현상이 생명체 내의 고립된 환경에서는 가능한 것으로 확인되고 있다. 생명체에 '바이오중력장'이라 불리는 정보공유 공간이 존재하고 있다는 것이다.

● 우리의 뇌에서 일어나는 양자통신

영화 '코어(2003)'를 보면 지구의 자기장이 약해지자 새들이 방향을 잃고 벽이나 창문에 부딪혀 떨어지는 장면이 나온다. 새가 목적지로 가는 방향을 찾는 데 있어 그 기준이 되는 자기장이 사라지면서 발생하는 현상이다. 이렇듯 새는 지구 자기장을 이용해서 날아다니는데, 이러한 생명체의 '자기장 통신Magnetic Field Communication'의 원리는 무엇일까?

2015년 취리히 연방공과대학 아타크 이마모글루와 UC버클리대학 버지타 웨일리는 유럽산 울새의 자기장 항해 메커니즘을 연구했다. 먼저 울새는 눈에 있는 자기장 수용체로 특정한 에너지를 가진 빛을 흡수한다. 그 빛에서 얻어진 지구 자기장의 방향 정보는 시각세포에 있는 단백질의 전자 상태를 바꾸고, 이것이 신경시스템을 통해 뇌로 전달된다. 이렇게 뇌로 전달된 정보를 통해 울새는 방향을 감지하고 이동한다. 여기서 주목할 점은 빛에 있는 자기장의 양자와 울새의 양자가 앞서 언급한 '얽힘 현상'을 통해 공유된다는 점이다. 즉 울새가 이용하는 자기장 통신은 빛이라는 매개체를 통한 지구와의 '양자통신'이라고 할 수 있다.

이러한 양자통신(양자정보 공유현상)은 식물의 광합성 과정에서도 찾아볼 수 있다. 태양으로부터 오는 광자는 식물세포에 흡수된 뒤

식물단백질 내부의 특정 원자단에서 전자 요동 과정을 거쳐 정보를 전달한다. 이 과정에서 조직이 순간적으로 상온 초전도체가 되면 저항이 제로에 가깝게 떨어짐과 동시에 '양자결맞음'이라는 양자정보 공유현상이 나타난다. 생명체의 양자결맞음이란 생명조직에 분포하는 양자정보들이 동일한 위상으로 하나 되어 움직이며 에너지를 전달하는 것이다.[10)]

그렇다면 이러한 양자정보 공유현상은 사람에게도 나타날까? 1971년 영국의 물리학자 브라이언 조지프슨은 명상하는 사람의 뇌에서도 물질의 전기 저항이 제로가 되는 초전도상태[11)]가 나타남을 지적한 바 있다. 초전도상태는 양자 얽힘과 양자결맞음 현상이 일어나기 좋은 환경으로, 이것이 사람에게서도 양자정보 공유가 일어나는 간접적 근거라는 주장이다. 과연 조지프슨의 이론처럼 인체에도 새나 식물에서 발견되는 양자정보 공유 프로세스가 존재할까?

1990년대 애리조나대학의 스튜어트 해머로프는 신경생리학 연구를 통해 세포 골격을 만드는 튜불린 단백질에서 양자결맞음 현상이 일어남을 보여주었다. 우리 몸의 미세소관을 구성하는 단백질인 튜불린은 양자적 특성을 지니고 있어서 두 가지 상이한 상태(확장/수축)를 취할 수 있다. 개별적인 튜불린 단백질은 이웃에 있

10) 광합성이 95%의 높은 효율로 작동하는 비결은 바로 양자역학에 의한 저항 감소에 있다.
11) 일부 금속에서 절대 영도에 가까운 온도를 경계로 하여 그 이하의 온도에서 전기저항의 값이 영이 되는 상태.

는 단백질들의 양자 상태에 영향을 끼치게 되고, 양자결맞음 현상을 이용해 이웃과 이웃에 연쇄적으로 양자정보 전달(공유)이 가능하다.

이러한 양자생물학은 현대에 이르러 보다 활발하게 연구되고 있다. 2015년 노바 사우스이스턴대학의 트래비타 크래독 교수는 컴퓨터 시뮬레이션과 양자생물학 이론으로 튜불린 내부의 양자정보 공유현상을 확인한 바 있다. 양자 얽힘이 튜불린 내에서 발생했고, 광합성과 같은 방식으로 양자결맞음이 기계적으로 확장되어 진동이 일어났다. 인체에서도 양자를 이용한 정보전달이 일어나는 것이다.

● 블록체인은 생명체에서 시작되었다

앞서 본 새, 식물 그리고 사람의 연구결과는 모두 생체 내 특정 단백질이라는 고립된 환경에서의 양자정보 전달현상을 보여준다. 그렇다면 이러한 양자정보 전달이 개체 간에도 가능할까? 만약 가능하다면 개체 간의 데이터 공유 플랫폼은 어떻게 작동하는 것일까?

2017년과 2018년, 전 세계에 열풍을 몰고 온 암호화폐 Cryptocurrency는 눈부신 규모의 성장과 함께 세계 모든 투자자와 정보기술기업의 관심을 끌었다. 비트코인, 이더리움, 리플 등 수천 가지의 암호화폐가 시장에 나왔으며, 이러한 열기를 가라앉히려 각국 정부에서 나서기도 했다.

암호화폐는 단어 그대로 '암호를 사용하여 코인을 생성하거나 거래를 할 수 있도록 하는 화폐'이다. 그리고 이러한 암호화폐를 발행하고 관리하는 데 기반이 되는 기술이 블록체인block chain 기술이다. 블록체인은 블록이라고 하는 소규모 데이터를 체인 형태로 연결해서 여러 저장소에 분산 저장하는 기술이다. 예를 들어 화폐의 경우 달러나 유로와 같은 실물화폐는 중앙은행에서 발행되지만, 암호화폐는 발행주체가 없고 전 세계 인터넷 네트워크에 P2Ppeer to peer 방식으로 분산 저장된다. 아무나 내용을 들여다볼 수 있지만, 누구도 마음대로 수정할 수 없다.

이러한 블록체인 기술의 개념은 1991년 스튜어트 하버의 논문 '디지털 문서의 기록'에서 처음으로 제안되었는데, 원래의 목적은 화폐가 아니라 인과기록의 공유였다. 하나의 공동 목표를 가진 불특정 다수가 사실과 의견 정보를 공평하고 투명하게 공유하기 위해 블록체인 기술을 제안한 것이다. 이러한 블록체인 기술은 공교롭게도 양자통신과 유사한 점이 많다.

양자통신은 두 양자의 상호작용인 '얽힘'과 '중첩'현상을 이용하는 통신 방식으로, 거리가 멀리 떨어진 두 양자에 동시에 암호코드를 기록하면서 서로 통신하는 것이다. 이는 다수의 저장 공간에 동시에 정보를 기록한다는 측면에서 블록체인과 유사하다. 즉 블록체인이 인터넷 네트워크상의 모든 구성원에게 암호코드를 물리적으로 기록하는 기술이라면, 양자통신은 얽힘 관계에 있는 모든 양자에게 암호코드를 양자파동으로 기록하는 기술이다. 이러한 두 기술의 유사성으로 인해 블록체인 시스템에 양자통신기술을 접목하여 기록하려는 연구도 활발히 진행되고 있다.

2017년 러시아 퀀텀센터의 이브제니 키텐코는 양자블록체인 시스템을 개발했다. 이것은 기존의 블록체인 시스템에 양자통신기술을 사용하여 신원인증기능을 추가한 일종의 하이브리드 방식이다. 블록체인 구성원은 고유의 양자 키를 분배받고, 각 블록체인 트랜잭션마다 신원인증을 수행한다. 양자입자의 특성상 외부에서는 양자 키를 파괴하지 않고는 읽을 수 없기 때문에 완전한 보안이 가능하다. 현재 양자블록체인은 인증 및 보안 목적에 한정적으로 사용했다는 측면에서 완전한 양자통신은 아니지만, 머지않아 블록체인의 기록을 모두 양자통신으로 기록함으로써 보다 정확하고 안전한 정보공유가 가능할 것으로 보인다.

양자블록체인은 집단에서 나타나는 궁극적인 정보공유 수단이다. 어느 한 권력에 얽매이지 않고 집단의 구성원들이 평등하게 있는 그대로의 정보를 얻는 기술인 블록체인과, 실시간으로 안전하고 효율적으로 정보를 공유하는 기술인 양자통신이 동시에 사용된 진보된 정보 모델이다. 양자블록체인 방식은 생물체의 정보공유 프로세스에서도 똑같이 나타난다. 앞서 하나의 개체 내의 여러 신경조직은 양자얽힘으로 인해 하나처럼 움직인다고 설명했는데 여러 의식, 여러 개체 간 정보공유도 블록체인처럼 (양자얽힘 현상을 이용하여) 각 개체의 뇌에 동시에 감정을 기록하는 것으로 추정된다.

한편, 미국 국립정신의학연구기관의 디에트마 플렌즈는 실험을 통해 개체 간의 정보공유가 뇌에서 양자통신을 이용하여 블록체인처럼 작동한다는 것을 밝혀냈다. 플렌즈는 두 마리의 원숭이 뇌에 전극을 꽂고 신경세포의 전압을 측정하는 실험을 했다. 그러자 두 원숭이 사이에서 이종 개체끼리는 볼 수 없는 뇌파 일치 현상이 드문드문 나타났다. 거울신경세포 또는 양자결맞음 때 나타나는 현상과 똑같은 전압의 패턴이 동시에 나타난 것이다. 이것은 평소의 단순한 위상의 고정 진동보다 훨씬 더 복잡했으며 진폭과 주파수가 항상 일치했다. 이로 보아 같은 종의 집단 구성원끼리는 블록체인처럼 양자적 정보공유가 일어난다는 것을 유추할 수 있다.

이러한 발견에 힘입어 사람의 뇌에서 양자블록체인 정보공유 기술을 개발하려는 시도가 일어나고 있다. 2014년 하버드대학 뇌신경연구팀은 6,400킬로미터 떨어진 파리와 인도에 사는 4명의 사람들을 대상으로 한 정보공유 실험에 성공했다. 인도에 있는 한 사람이 특정 단어를 뇌에 떠올리자, 프랑스에 있는 세 사람의 뇌에 그 정보가 공유된 것이다. 이 실험은 중간매개체 방식(송신자의 뇌파기록장치 EEG) 정보를 인터넷으로 보내고 수신자는 경두개자기자극술(TMS로 받아 해석)을 사용한 것으로, 직접 양자통신을 한 것은 아니다. 그러나 연구논문 공동저자인 알바로 파스쿠알-리언은 뇌파의 양자중첩 현상을 이용한 직접적 양자통신을 연구하고 있다.

요컨대 생명체 집단의 정보는 양자통신 기술을 이용해 공유된다. 칼 융이 주장한 집단 무의식은 특정 물리적 공간이 따로 있는 것이 아니라 개개인의 뇌에 자리 잡고 있다. 블록체인 기술의 개발로 예전에 중앙에서 관리하던 데이터를 이젠 구성원 모두가 공유하는 것처럼, 생명체에서 공유플랫폼은 별도의 공간에 있는 것이 아니라 집단에 속한 개체 각각이 공유 플랫폼으로서의 역할을 한다. 그렇다면 정보는 가족, 같은 종, 모든 생명체 중 누구와 공유할까? 또, 그 정보는 어느 수준까지 공유될 수 있을까? 시시콜콜한 모든 정보가 공유된다면 뇌에 과부하가 걸려 터져버릴지도 모르지 않는가.

chapter 3 돌 아 보 기

- 현대에 들어와 획득형질(학습된 데이터)이 물리적 DNA가 아닌 다른 방식으로 후대 및 집단개체에 전달(유전)됨을 보여주는 많은 연구들이 있다.
- 많은 생물들이 인간이 가진 언어 의사소통 능력은 없지만 다양하게 집단적인 방식으로 소통하는 가상의 정보공유 시스템을 가지고 있다.
- 인간에게도 마치 '집단지능'이 존재하는 것으로 보인다.
- 양자결맞음(양자통신) 현상은 일반적인 자연환경에서는 불가능하지만 생명체 내의 '바이오중력장'이라 불리는 고립된 환경에서는 가능하다.
- 개체 간의 정보는 '양자적 동시성'에 의해 공유되며, 양자 공유를 통해 각 개체의 뇌가 인지하는 것으로 추정된다.
- 개체 간 정보공유는 양자얽힘 현상을 이용한 블록체인처럼 각 개체의 뇌에 동시에 감정을 기록하는 것으로 추정된다. 생명체에서 공유 플랫폼은 별도의 공간에 있는 것이 아니라 집단에 속한 개체 각각이 플랫폼으로서의 역할을 한다.

PART 02

우리는 어디에 서 있는가

인간은 누구나 경쟁본능을 가지고 있다

chapter 4

생명이란 무엇인가

머리가 둘, 몸은 하나인 샴쌍둥이 자녀를 둔 여성이 랍비를 찾아갔다.

엄마 : 랍비여, 머리는 둘이고 몸은 하나인 이 자식은 한 몸입니까, 아니면 두 몸입니까?

랍비 : 알겠습니다. 당장 알 수 있는 방법을 알려드리지요.

엄마 : 그게 무엇입니까?

랍비 : 화상을 입지 않을 정도의 뜨거운 물을 끓여서 한쪽 머리에 쏟아 부으십시오.

엄마 : 예?

랍비 : 만약 옆의 머리가 함께 아파한다면 한 몸이고, 아무런 반응

이 없다면 두 몸인 것입니다.

탈무드에 나오는 일화이다. 생명체의 구분 기준은 무엇일까? 나아가 민족이나 집단의 경계는 무엇일까?

'생명'이라는 단어는 의식의 존재 여부, 성장의 유무, 번식가능성 등 생의학적 기준으로 정의할 수 있다. 그러나 이것은 학문적 편의에 의한 정의이지 생명체의 경계를 설명하는 말은 아니다. 사실상 생명체 간의 구분은 없다고 봐야 한다. 어디에 선을 긋느냐에 따라 경계가 달라진다는 뜻이다. 한 예로, 인문학적 관점에서 '생명'이라는 테두리에 포함된 구성원들이 기쁨과 슬픔을 공유한다면, 그것 역시 진정한 하나의 생명 아닐까. '집단'의 정의도 마찬가지다. 같은 집단 구성원의 아픔에 동일하게 아픔을 느낀다면 집단이고, 그것이 아니라면 한 집단이 아니라고 할 수 있다.

누구와 감정을 공유하는가

생태계에서 '너'와 '나', '너희'와 '우리'의 구분은 모호할 수밖에 없다. 유일한 구분 기준이 있다면 그것은 위의 이야기에서 나오는 '감정적 동질성'이다. 그리고 이러한 감정적 동질성을 기준으로 집단정보의 공유 범위와 수준이 결정된다.

생물학자 알프레드 윌리스는 다음과 같이 말했다.

"집단의 생명체는 놀라울 정도로 이타적이며 신사적으로 행동할 뿐 아니라, 공동체의 이익을 위해 성실하게 일하고 성자와 같은 자기희생을 한다."

개별 생명체는 끊임없이 투쟁하면서 자신의 이익만을 추구하지만, 집단 차원에서는 이타적으로 행동한다는 것이다. 예를 들어 벌, 개미와 같은 곤충은 집단의 안전을 위해 자신을 희생한다. 사람도 가족 또는 타인을 위해 자신의 목숨을 내던지기도 한다.

과거 생물학자들은 집단의 개념을 유전자 중심으로 생각했다. 같은 유전자를 공유한 개체들은 서로를 위해 희생할 수 있다는 시각이다. 그러나 장기적으로 보면 유전자를 공유하더라도 얼마든지 멀어지거나 다른 종으로 진화할 수 있다. 그러므로 모호한 관점이긴 하지만 감정적 동질성이 집단을 구분 짓는 유일한 개념이 될 수 있다. 데이터 공유도 이 같은 맥락에서 이해할 수 있다. 하나의 몸이더라도 제각각 작동하는 기관이 있는가 하면, 서로 다른 몸이더라도 한 마음으로 감각을 공유하며 호흡을 맞추는 개체들도 있다. 따라서 데이터 공유의 깊이와 범위는 집단 내에서 얼마나 감정적 동질성이 있느냐에 따라 달라진다.

철새들은 V자 대열을 형성하며 일사불란하게 장시간 비행을 한다. 이때 대열을 이루던 새 중 한 마리가 아프거나 사고가 나면 두 마리가 대열에서 빠져 나와 뒤처진 철새를 돕는 협동 행동을 보인다. 고래는 팀을 구성하여 사냥을 하는데, 무리가 돌아가면서 사냥감을 물속으로 밀어 넣어 질식시키거나 한 고래가 파도를 일으켜서 사냥감을 밀어내면 다른 고래가 뒤에서 잡는 등 협동 사냥을 한다. 이처럼 같은 종은 서로 돕고 집단행동을 하는 경우가 많다. 그래서 같은 종 집단은 감정적 동질성이 높고 많은 정보를 공유한다고 여겨진다.

같은 종임에도 불구하고 그다지 동질성이 높지 않은 경우도 있다. 고양이과 동물이나 거미 같은 곤충은 독립적인 사냥을 선호하며 서로의 영역을 침범하지 않는 경우가 많으므로 같은 종끼리도 많은 데이터를 공유하지 않을 것으로 분석된다. 또 갈라파고스의 핀치 새처럼 같은 종이지만 환경과 먹이에 따라 다른 개체로 진화하면서 공통점을 잃어버리고, 동질성이 낮아지는 경우도 있다.

그러면 다른 종끼리는 정보공유를 하지 않을까? 이탈리아의 신경심리학자 리촐라티의 거울신경세포 실험에 의하면, 원숭이는 동일 집단 원숭이의 행동은 물론 사람의 특정 행동에도 거울신경세포가 똑같이 반응하는 것으로 나타났다. 이것으로 원숭이와 사람 사이에 공감이 일어나는 것을 알 수 있으며, 다른 종끼리도 동질성이 형성될 수 있음을 짐작할 수 있다.

결국 개체 간 동질성은 생명체 종류와 환경에 따라 그 깊이의 편차가 크다고 말할 수 있다. 이는 곧 데이터를 공유하는 범위가 다양할 수 있다는 뜻이기도 하다. 그렇다면 사람의 데이터 공유의 범위와 기준은 무엇일까?

● 내 몸은 내 것이 아니다

영화 '인사이드아웃(2015)'을 보면 주인공인 라일리의 머릿속에는 다섯 가지 감정 주체들이 함께 모여 산다. 기쁨, 슬픔, 분노, 소심함, 까칠함이라는 감정들인데, 이들은 서로 활발하게 상호작용하면서 외부로 감정을 표출한다. 라일리가 낯선 환경에 접하자 '슬픔'이 기억을 만져 주인공의 기분을 가라앉게 하는가 하면, 슬픈 라일리가 부모님에게 따뜻한 말 한 마디를 듣는 순간, '기쁨'이 '슬픔'을 막아서며 주인공의 기분을 다시 즐겁게 하는 등 영화 내내 복잡한 상황이 수시로 연출된다.

한 사람의 몸에 여러 개의 개체가 있어서 각자의 입장에서 의견을 내고 의사소통하며 지낸다는 것이 이 영화의 설정이다. 이처럼 겉으로는 하나의 생명체이지만 속으로는 여러 생명체가 협동하며 살아간다는 것이 실제로 가능할까?

임페리얼 칼리지의 생물학자 앨러나 콜렌은 "우리는 우리 몸의 10%도 차지하지 않는다."고 말한다. 우리는 보통 우리 몸의 살, 뼈, 근육 등이 모두 자신의 세포로 이루어졌다고 생각한다. 하지만 우리 몸속에는 우리 몸을 구성하는 세포의 수보다 대략 10배 정도 많은 미생물들이 살고 있다. 이들은 단순히 우리 몸의 부속품이 아니다. 박테리아, 곰팡이 종류의 미생물은 어엿한 독립 생명체로서 수백, 수천 종에 달하며 각각 인간 유전체의 수백 배에 이르는 유전 정보를 가지고 있다.

즉 엄밀히 말하면 '내 몸'이 곧 '나'를 의미하는 것은 아니다. 수많은 생명체가 인간의 몸속에서 공생하고 있다. 수많은 해양 생물이 서식하는 산호초처럼[12] 사람은 수많은 미생물이 살아가는 하나의 서식환경인 셈이다.

그렇다면 내 몸을 구성하는 세포조직은 내 것일까? 우리 몸의 각 조직을 독립적인 생명체라고는 볼 수 없다. 하지만 내 의지대로 움직일 수도 없으니 내 것이라고 하기도 애매하다. 심장근, 소화기관 또는 혈관 벽의 근육 등은 내 의지와 무관한 불수의근이며, 내 몸이 사용하는 대부분의 에너지활동 모두 내가 의식적으로 조절할 수 없기 때문이다. 우리 스스로 조절할 수 있는 근육은 극히 한정적이며 인간의 몸 대부분의 조직은 각각의 생명체처럼 자율적으로 움직인다. 인간의 의식(뇌)은 내 몸을 내 것이라고 주장하겠지만, 만약 불수의 기관들에게 의식이 있다면 절대 이에 동의하지 않을 것이다.

결국 사람은 다양한 생명체의 집단으로 볼 수 있다. 그렇다면 집단 구성원 간에는 하나임을 인식하는 동질성이 있을까? 기본적으로 하나의 집단을 유지하는 구성원들은 서로 강하게 연결되어 있는데, 이 연결이 사라지는 경우 문제가 생기게 된다. 이를테면 우리 몸의 세포들과 미생물은 상황에 따라 적이 될 수도, 동지가 될 수도 있다. 특히 조직세포와 미생물 간의 균형이 깨지면 서로를 적으로 보고 공격하게 되어 질병이 발생한다.

예를 들어 위 내 미생물인 헬리코박터 파일로리 균은 인간에게만 존재하며 성인의 60% 이상이 갖고 있다. 이 균을 보유한 사람

12) 산호초는 무척추동물이다.

중 대다수는 건강에 큰 이상이 없다. 그 이유는 헬리코박터 파일로리 균이 극단적인 변형이 가능하고 서식처인 인간의 위 환경 변화에 능동적으로 적응하기 때문이다. 하지만 환경이 악화되고 생존에 위협을 느끼면 이 균이 위벽을 허물어 위염이라는 질병을 초래한다.

서로 이해관계가 맞지 않으면 동질감이 낮아지고 남남으로 인식하는 반면 서로 조화를 이루어 행복하게 공생하면 하나로서의 동질감을 갖기도 한다. 미토콘드리아는 세포에서 에너지 대사를 담당하는 세포 내 소기구로 원래는 세포와 독립적으로 살아가던 박테리아였다. 미토콘드리아는 에너지 대사에 뛰어난 기능을 가진 박테리아로서 오랫동안 세포와 공생관계를 유지하다가 결국 세포 내 소기구로 합류하게 되었다. 이는 생명체 진화에 혁명적인 사건이다. 미토콘드리아가 세포 속에 들어와 세포 호흡을 담당함으로써 세포의 에너지 효율이 약 2%에서 40%까지 비약적으로 도약했기 때문이다.

세포 호흡에 필요한 단백질 설계도인 DNA는 그중 일부를 세포핵 내부의 유전체에, 나머지를 미토콘드리아 유전체에 각각 보관함으로써 세포와 미토콘드리아 어느 쪽도 독자적으로 세포 호흡을 작동시킬 수 없는 끈끈한 계약관계를 맺게 되었다. 이는 엄연한 남남으로 동등한 동업자이자 협력적 관계를 유지하던 사이가 강한 동질감을 갖고 일심동체로 발전하게 된 케이스이다. 생명체 구성원 간의 관계(동질성)는 강해질 수도 있고 약해질 수도 있다. 또 생명체의 범위가 확장될 수도 있고 축소될 수도 있다. 생명체의 범위는 꾸준히 변하지만 오랜 시간이 걸리므로 변화를 실감하기 어려울 뿐이다.

생명체 집단의 구성원 간 동질감의 세기(정보공유의 속도)도 각각 다르다. 1960년대 생리학자 벤자민 리벳은 핀에 손이 찔리는 것을 뇌가 인지하는 데 시간이 얼마나 걸리는지 실험해보았다. 그 결과 뇌는 핀에 찔리는 것과 거의 동시에 정보를 처리했지만, 이성적으로 그 사실을 인지하는 데는 0.5초의 시간이 걸렸다. 즉, 피부감각과 신경중추에서의 정보전달보다 피부감각과 뇌 사이의 양자적 정보공유가 먼저 일어난 것이다. 이로써 생명체 내부에서도 각 구성원들 간 동질감의 세기 차이가 존재함을 알 수 있다.

정리하자면 사람은 다양한 생명체의 집합이며, 하나의 집합임을 구분 짓는 동질감의 범위도 구성원마다 다르다. 앞서 언급했던 데이터 존재론과 결부시켜 보면, '나'라는 존재는 여러 생명체 정보의 집합체이고, 집단의식은 이러한 개인의 정보 집합을 공유하는(동질감을 느끼는) 범위이다. 뇌는 이러한 정보들로 재구성된 세계를 바라보는 창구라고 할 수 있다.

● 누구나 자신 안에 다양한 정체성을 가지고 있다

1960년대 미국에서는 다양한 상황에서 자신의 신분을 속여 가며 사기행각을 벌인 한 젊은 청년이 큰 화제가 됐었다. 대학에서는 교수인 척 학생들을 속이고, 비행기 기장들을 쫓아다니며 습득한 지식으로 파일럿을 사칭하는가 하면, 경매로 나온 수표발매기로 위조수표를 만들어 다니며 재력가 행세도 했다. 심지어 이 청년은 FBI

의 추적을 받으면서도 의사, 보안요원, 변호사 등으로 위장해 사기 행각을 계속 벌였다. 결국 프랑스에서 체포됐는데, 수감생활 중 자신의 재능을 활용해 수사를 돕기로 하고 FBI와 일했다.

'캐치미 이프유캔(2002)'이라는 영화의 실존 인물로 알려진 프랭크 애버그네일에 관한 이야기다. 수많은 상황에서 태연히 다른 사람인 것처럼 행동하는 그의 사기행각에 사람들은 경악했으며, 이를 계기로 사기를 근절하기 위한 대책들이 쏟아졌다. 그런데 사람이 다른 모습으로 가장하는 행위가 놀랄 정도로 드문 일일까?

미국의 심리학자 로버트 펠드먼에 의하면 사람들은 평균적으로 10분에 세 번 거짓말한다고 한다. 이런 거짓말에는 남을 속이기 위한 거짓말도 있지만 원만한 대인관계를 위한 선한 거짓말 또는 잘 보이기 위해 과장하는 거짓말도 상당 부분을 차지한다. 어쩌면 사회생활을 하는 인간에게 대인관계를 위한 거짓말은 숙명인 듯하다. 그렇다면 인간이 진실만 이야기하지 못하고 때때로 거짓말을 하는 근본 이유는 무엇일까?

칼 융은 '무의식의 자기실현 과정'으로 사람이 사회가 원하는 모습이 되기 위해 가면(페르소나)을 쓴다고 주장했다. 현대인은 살아가면서 가족관계, 친구관계, 지인관계 등 다양한 사회관계를 맺는다. 여기에 더하여 카페, 블로그 등 다양한 온라인 커뮤니티와 각종 오프라인 모임에서도 많은 관계를 형성한다. 한 사람이 적어도 수십 개의 관계 그룹에 속하게 되는 것인데, 여기서 (본의든 본의 아니든) 관계마다 각각 다른 가면을 쓰고 행동한다. 그리고 관계마다 다른 가

면을 쓰기 때문에 그 사람의 본 모습은 결코 볼 수 없다.[13)]

사람은 자신이 맺는 사회관계마다 추구하는 목적이 있고 그 목적에 맞게 가면을 쓴다. 예를 들어 사무실에서는 카리스마 있고 추진력 있는 유능한 팀장으로 보이고 싶은 반면, 소개팅에서는 상대방에게 생기 있으면서 배려하는 사람으로 보이기를 바라며, 부모님께는 언제나 건강하고 행복한 모습으로 비춰지고 싶을 수 있다. 각각의 관계마다 목적하는 바가 다르기 때문이다.

여기서 가면은 자신에 대한 정보다. 더 정확히 말해 자신이 상대방과 공유하는 데이터라고 할 수 있다. 각각의 사회관계마다 동질감을 느끼는 깊이가 다르므로 공개하는 정보의 범위와 종류도 각각 다르다. 더불어 의식적인 정보가 각 관계마다 공유 수준이 달라지는 것처럼 생물체의 무의식적 양자정보 공유도 비슷한 형태를 보일 것으로 추정된다.

기원전 373년 그리스 헬리스에서는 지진이 일어나기 전에 쥐와 족제비가 먼저 도시를 탈출했다고 전해진다. 이렇듯 일부 동물들은 큰 자연재해가 일어나기 직전에 그것을 감지하여 집단으로 대피한다. 이 경우에도 집단 구성원 간에 의사소통과 정보공유가 있는데, 그 범위와 깊이는 다양하게 나타난다. 1989년 샌프란시스코 대지진 때, 일부 고양이들은 지진을 감지하고 대피했지만 다른 일부 고양이와 동물들은 전혀 반응이 없었다. 또 2004년 남아시아에서 발생한

---

13) 사실 본 모습이란 원래 없으며, 그의 모습도 관찰자가 볼 때만 의미가 있다.

지진 해일의 경우에는 발생 전 인도 남부의 영양 떼가 무리 지어 언덕으로 대피했다는 기록이 있다. 즉, 같은 종이라도 정보를 공유하지 않는 경우가 있는 반면 다른 종이라도 정보를 공유하는 경우가 있다. 그 범위는 상호 간의 관계의 깊이(동질성)에 의해 결정된다.

앞서 살펴본 바와 같이 사람의 몸은 다양한 생명체들의 집합이므로 생명체들 간에 여러 관계가 형성된다. 이것을 사회로 확장시키면 사회는 다양한 사람들의 집합이며, 사람들 간에 여러 사회적 관계가 생긴다. 즉, 사람은 내부와 외부 모두에 다양한 '동질감 범위'가 있다.

● 사람은 경계boundary의 집합이다

유럽의 주요 진보 정당들은 2025년까지 유럽헌법을 만들어 유럽연합EU에 속한 회원국들의 주권을 유럽연방정부에 넘기고 이에 동의하지 않는 국가는 배제하는 유럽합중국United States of Europe 창설을 구상하고 있다. 경제적으로는 유럽연합으로 통합되었지만 정치적으로 통합되지 않아 국제정책 문제, 이민자 문제, 환경 문제 등 전 유럽의 통일된 결정이 필요한 정치 문제해결이 어렵다는 이유 때문이다.

국가란 나뉘기도 하고 합쳐지기도 한다. 그 동인動因은 구성원의 동질감이다. 즉 국가란 공통의식의 범위라고 할 수 있다. 국가를 하나의 생명체로 본다면, 국가 연합은 공생 관계였던 각 국가들이 한 발 더 나아가 하나의 생명체 안에 각각 기관으로 뭉쳐서 결속을 강화한 것으로 이해할 수 있다.

결론적으로 생명체 및 집단의 정의를 내리는 것은 무의미하다. 인간이 안으로는 다양한 세포기관과 관계를 맺고 밖으로는 다양한 사회관계를 맺는 것처럼 안과 밖에 복수의 '동질감 범위'가 존재하는 생명체는 다층구조의 테두리로 이루어졌다고 볼 수 있다. 그 범위도 수시로 변화하는데 인간의 경우 범위가 안으로 넓어질수록, 규칙적 운동을 통해 혈액순환이 좋아지고 관절운동이 원활해지면서 체내 기관들이 조화롭게 잘 기능을 하게 된다. 반면 범위가 밖으로 넓어질수록 인간관계, 공감의 증대 등 공동체의식이 확대되고 원만한 사회관계가 이루어진다.

데이터 관점으로 환원해보면, 데이터를 공유하는 범위는 구성원 또는 구성물이 얼마나 강한 동질감을 갖느냐에 달려있다. 이는 내 데이터베이스로의 접근 권한을 프로젝트 팀원에게 각각 차등적으로 부여하는 것과 같다. 마찬가지로 다른 팀원들도 나에게 접근 권한을 부여하며, 결과적으로 나와 팀원들이 이루는 관계망은 블록체인이 거미줄처럼 얽혀 있는 모습이 된다. 그리고 이 블록체인은 사용자 기반이 넓으면 넓을수록 강력한 위력을 발휘한다.

chapter 4 돌 아 보 기

- 생명체 간의 구분은 정의하기 어렵다. 인문학적 관점에서 '생명'이라는 테두리는 그 구성원들이 기쁨과 슬픔을 공유하는지 여부로 구분 지을 수 있다.
- 같은 원리로 생태계에서 집단을 구분 짓는 기준은 '감정적 동질성'이다. 감정의 공유 정도에 따라 집단의 결집력 정도가 결정된다.
- 데이터론 관점에서 이러한 감정적 동질성의 세기는 집단정보의 공유 범위와 수준을 결정한다. 같은 종이라도 정보를 공유하지 않는 경우가 있는 반면 다른 종이라도 정보를 공유하는 경우가 있다. 정보공유 범위는 상호 간의 관계의 깊이(동질성)에 의해 결정된다.
- 사람은 다양한 생명체의 집합이며, '나'라는 존재는 여러 생명체 정보의 집합체이다.
- 사회는 다양한 사람들의 집합이며, 사람들 간에 여러 사회적 목적이 있고 관계가 생긴다. 사람 관점에서, 그 사회관계 별로 공개하는 정보의 범위와 종류가 각각 다르며 결과적으로 복수의 정체성이 형성된다.
- 즉, 사람을 포함한 모든 생명체는 내부와 외부 모두에 복수의 '동질감 범위'가 있다. 생명체란 다층구조의 경계의 집합이라고 할 수 있다.

chapter 5

이기적 유전자에서 이타적 유전자로

성경 창세기에 나오는 인류의 시조인 아담과 하와는 두 아들을 두었다. 첫째 아들 카인은 농부가 되었고, 둘째 아들 아벨은 양치기가 되었다. 카인은 하나님께 제물로 곡식을 바치고, 아벨은 가축을 바쳤다. 하나님은 아벨과 그의 제물은 반겼으나 카인과 그의 제물은 반기지 않았다. 이에 카인은 분노한 나머지 아우를 몰래 꾀어내어 돌로 쳐서 죽였다.

인류 최초의 살인사건은 이렇게 발생한다. 이후 인류는 기나긴 역사 속에 무수한 살인을 저지른다. 인류 문명은 인간과 인간의 전쟁의 역사라 해도 과언이 아니다. 인류가 출현한 이래 전쟁이 없던 시기는 단 한 번도 없을 정도로 인류는 수많은 전쟁을 하고 살인을 저질렀다. 프랑스의 생화학자 자크 모노는 저서 『우연과 필연』에서 동일 종 내에서 서로를 죽이는 유일한 동물이 인간이라고 했다. 왜 인간은 때때로 타인을 싫어하고 미워하는 것일까? 인간은 종종 서로를 동족이라기보다는 남으로 인식한다. 때때로 다른 인간을 야생의 여느 포식자와 다를 바 없는 경쟁자로 여기기도 한다.

이처럼 우리는 다른 사람과 무의식적으로 데이터를 공유한다는 것을 믿기 어려울 정도로 자기중심적이다. 인간은 왜 자기중심적이며, 왜 다른 동물과 확연한 차이를 보일 정도로 인간끼리 데이터를 공유하지 않을까? 이에 대한 답을 얻기 위해서는 오늘날 우리 사고의 바탕이 되는 유물론 철학을 살펴볼 필요가 있다. "나는 생각한다. 고로 존재한다."라는 명제를 제시한 프랑스 철학자 데카르트는, 이 세상에 확실한 것이 아무것도 없다 해도 의심할 수 없는 사실 단 한 가지가 있다고 했다. 그것은 그렇게 의심하고 있는 '나'의 존재이다. 사유의 내용은 의심할 수 있어도 사유한다는 사실과 사유하는 주체로서의 '나'라는 존재는 틀림없이 있어야 한다는 것이다. 이렇듯 '나(물리적으로 분리된 개체이자 그의 독립 의식)'의 존재는 과거 유물론의 발전에 힘입어 독보적으로 중요한 개념으로 자리 잡았다.

이는 2000년 코넬대학의 심리학자 토마스 길로비치가 실행한 자의식에 관한 실험으로 증명된다. 실험 참가자들에게 그들이 원치 않는 티셔츠를 입게 하고는 다른 학생들과 일정 시간을 보내도록 했다. 그 후 연구진은 얼마나 많은 이들이 그 티셔츠를 눈여겨봤을지 물었다. 참가자들은 실제보다 훨씬 더 많은 이들이 자신의 티셔츠를 본 것으로 생각했다. 실험 결과가 알려주듯 사람들은 과도하게 자기 자신을 의식하는 반면 상대적으로 다른 사람에겐 신경 쓰지 못한다. 결국 '나'라는 존재에 대한 집착이 '우리'라는 집단 개념을 퇴색시킨 것이다. 더불어 인간이 다른 동물과는 다르게 '나'라는 존재에 집착하게 된 배경에는 오랜 진화 속에 인간이 겪어온 과정이 있다.

인간의 대뇌가 발달한 이유

인간의 뇌 무게는 1,350g 정도로 고래의 뇌(약 8,000g)나 코끼리의 뇌(약 5,000g)에 비하면 매우 가볍다. 하지만 체중 대비 뇌의 비중을 고려해보면, 고래와 코끼리의 뇌는 전체 체중의 약 1/2000 인데 비해 인간은 약 1/40로, 모든 포유류 중에 체중 대비 뇌의 무게가 가장 많이 나간다.

어째서 인간은 진화과정에서 뇌를 발전시켰을까? 뇌는 상당히 부담스러운 기관이다. 인간의 뇌는 체중의 2%에 불과하지만 몸 전체에 필요한 에너지의 25%를 소모한다. 따라서 뇌를 크게 만드는 결정은 진화상 대단한 모험이었다. 거친 자연환경에서 인간이 다른 동물들과 싸워 나갈 근육과 감각에의 투자를 중단하고 장기적으로 뇌에 투자한 것이기 때문이다.

사실, 인간의 진화가 운 좋게 한 번에 성공한 것은 아니다. 지금의 뇌가 되기까지 많은 시행착오를 거쳤다. 기원전 약 4만 년 전쯤 출현한, 현생인류의 선조라고 할 수 있는 네안데르탈인이나 크로마뇽인의 뇌는 현대인보다 컸다. 이후 불필요한 부분을 줄이고 필요한 부분을 보강하며 현대인의 뇌로 발전했다.

뇌 중에서도 특히 대뇌가 크게 발달했다. 대뇌는 인간의 고유한 특징을 가장 잘 나타내는 기관이다. 전체 뇌 무게의 4/5 이상을 차지하는 가장 큰 부분으로서 감각, 운동의 최고 중추이자 고등 정신기능을 주관하고 있다. 인간의 대뇌는 진화과정에서 꾸준히 크고 수준 높게 발달하였으며, 특히 호모에렉투스[14] 때부터 대뇌의 크기가 비약적으로 커지게 됐다.

그러면 이렇게 대뇌가 발달하게 된 배경은 무엇일까?

"원숭이가 무작위로 타자기를 친다면 우주의 시간이 주어진다 해도 셰익스피어의 작품 한 구절조차 칠 수 없다. 하지만 우연히 옳은 글자를 쳤을 때 그 글자는 그대로 두고(학습), 다른 글자를 다시 시도(시행착오)하는 식으로 쳐 나간다면 완성하는 데 반나절이면 충분하다."

영국의 진화생물학자 리처드 도킨스에 의하면 기본적으로 진화는 시행착오에 의한 학습으로 이뤄진다. 사람은 유전자를 일사천리로 변형시켜 한 번에 진화에 성공한 것이 아니고, 많은 시행착오를 거치는 동안 성공과 실패에 따른 보상체계로 학습하며 서서히 진화

14) 신생대 제4기 홍적세에 살던 멸종된 화석인류로 160만 년 전부터 25만 년 전까지 전 세계적으로 분포하였으며, 일반적으로 호모사피엔스(Homo Sapiens)의 직계조상으로 간주된다.

했다는 것이다. 인간의 대뇌가 발전하게 된 계기도 이 시행착오를 겪기 위함이었다. 밸류매니지먼트그룹의 연구에 의하면 현생인류의 대뇌에는 운동지시, 감각처리, 기억, 언어기능이 있는데 이것은 하루아침에 생성된 게 아니라 오랜 기간에 거쳐 필연적인 과정을 거친 것으로 나타났다.

고대인류는 경쟁 환경에서 다른 동물보다 강해지기 위한 방법을 고민했다. 다른 동물에 비해 인간은 양손을 쓰고 도구를 사용할 수 있다는 특징이 있었다. 이러한 점은 응용 잠재력은 매우 높지만 활용 원리를 터득하기 위해서는 많은 시행착오와 학습이 필요했다. 이를 위해서는 집단으로 행동하기보다는 개개인이 독립적으로 다양한 행동을 시도해보는 것이 유리했다. 따라서 인간의 대뇌는 학습에 필요한 운동지시와 감각정보처리를 '독립적'으로 의사 결정하는 기능과 권한을 갖게 되었다.

다른 동물들이 일종의 집단의식을 통해 본능적이고 감정적인 행동을 할 때, 인간은 개개인이 독립행동을 하기 시작했다. 수많은 인간이 독립행동을 통해 시행착오 데이터를 축적해갔다. 하지만 개개인이 독립적으로 수집한 데이터를 다른 동물처럼 집단의식(본능)에 기록하기에는 소유한 용량이 턱없이 부족했다. 따라서 독립된 저장소가 필요했던 인간은 대뇌에 기억 기능을 추가로 개발했다.

이로써 인간은 '학습'과 '기억'이라는 독자적인 주무기를 대뇌에 장착하게 되었고 이를 바탕으로 점차 다른 동물과의 경쟁에서 승리할 수 있었다. 그러나 오래지 않아 이러한 독립행동은 문제를 드러냈다. 바로 정보공유의 문제이다. 독립성을 증대시킬수록 다른 사람들과 공유되지 않는 정보들이 많아졌으며 사람들 간에 일체감이 떨어졌다. 따라서 집단행동을 하지 못하고 사냥에 실패하는 등 시련을 겪게 된다. 결국 인간은 집단의식(본능)을 포기하고 언어기능(이성)을 개발했다. 이성적 능력을 바탕으로 언어를 개발하고 발성기관을 정교하게 가다듬었다. 운동기관인 입으로 말하고 감각기관인 귀로 들으며 논리적인 의사소통을 함으로써 마침내 인간은 정보공유에 성공한다. 그리고 대뇌는 운동지시, 감각처리, 기억, 언어기능을 모두 떠안게 되었는데, 여기서 중요한 점은 개개인의 독립적인 행동이 강화되었다는 것이다.

인간의 독립성 증대로 종족 내의 집단의식은 상대적으로 낮아졌다. 비록 언어를 가짐으로써 이성적 의사소통은 가능해졌지만, 이성적 사고보다 본능적 감정을 우선하는 감정적 공감능력은 다른 동물들의 공감능력보다 떨어질 수밖에 없었다. 여기서부터 '나'라는 존재에 대한 집착이 시작되었다. 공감능력의 약화는 '나'를 우선하는 자기중심적 행동으로 나타난다. 이성적 사고를 확대하고 눈부신 문명을 쌓아 올릴수록, 공동체의식은 옅어지고 전쟁과 폭력은 증가했다. 그러나 이러한 현상은 진화과정에서 필연적이었으며 결과적으로 인류의 눈부신 외형 확대를 가져온다.

● 인간의 의식은 컴퓨터와 같다

2018년 동계올림픽을 성공적으로 개최한 평창은 효율적인 경기

운영과 기록물 관리시스템을 위해 '하이브리드 클라우드' 환경을 구축했다. 덕분에 대규모 통합 데이터의 처리 효율을 높이는 동시에 개별 부서의 유연성과 민첩성도 확보할 수 있었다. '하이브리드 클라우드'란 무엇일까?

일반적으로 클라우드 방식은 모든 사용자가 기억장치와 연산장치를 서버에 두고 공유하는 것을 말한다. 사용자는 키보드와 모니터로 명령을 내리고 입출력 결과를 볼 수 있지만, 정보저장과 계산수행은 모두 서버에서 도맡아 한다. 즉, 개인은 독립적으로 정보저장이나 계산 업무를 수행할 수 없다. 반면 하이브리드 클라우드 방식은 공식 스케줄, 기록처럼 개인의 독자성이 요구되지 않는 일은 클라우드 서버에서 수행하되, 개인의 지적 자산이나 개인 인증 정보처럼 보안이 필요한 정보는 개인 PC에 저장하고 처리하는 방식이다. 클라우드 방식과 달리 이 방식은 개인의 독립적 업무수행이 가능하다.

동물에서 발견되는 집단의식은 클라우드 방식, 곧 모든 정보를 공유하는 방식에 가깝다. 런던 퀸메리대학의 라스 치트카는 동물, 특히 곤충의 경우 매우 복잡한 협동 작업을 하지만 뇌 크기는 극히 작다고 말한다. 협동 작업에 필요한 운동 능력, 인식 능력 등을 찾기 위해 곤충의 뇌를 열어 보아도 그런 능력을 설명해주는 어떤 것도 발견할 수 없었다. 이는 곤충 집단의 정보공유와 처리가 클라우드 서버인 '집단의식'을 통해 이루어지고 있음을 알 수 있다.

반면 인간은 하이브리드 클라우드, 즉 서버가 있고 개인용 컴퓨터를 따로 두는 방식에 가깝다.[15] 앞서 진화과정에서 봤듯이 인간은 독립성을 강화하면서 대뇌, 즉 PC(개인용 컴퓨터)의 성능을 증대시켰다. 그러나 인간이라는 종족은 여전히 집단의식을 갖고 있으며 유전자를 공유하고 진화를 거듭한다. 즉, 인간의 의식은 '개인의식(PC)'과 '집단의식(서버)'으로 이루어졌다고 할 수 있다.

미국의 이론생물학자 웨스트-에버하트는 생명체의 유전적 순응 과정을 다음 세 단계로 설명했다.

1단계, 소수의 개체가 유전자는 그대로 두고 발현 방식을 바꿈으로써 새로운 기능을 시도한다. 2단계, 기능이 효과적이라고 판단되면 유전자를 개발하고 기능을 정교하게 개선한다. 3단계, 개발된 유전자가 집단 내로 퍼져간다.

인간의 정보공유도 마찬가지다. 개인적이고 단편적인 정보는 일단 PC에만 보관하지만 이 정보가 인간 집단 전체에게 중요하다고 판단되면 그 정보는 서버에 기록된다. 개별 생명체에서 개발된 유전자가 집단으로 퍼져 나가는 과정은 인간의 소프트웨어 개발 업무와 유사하다. 보통 팀으로 소프트웨어를 개발하는 프로젝트의 경우, 개발자는 자신이 개발한 소스코드를 일단 PC에 저장하지만, 주기적으로 자신의 코드를 서버에 업로드하고 다른 팀원이 개발한 코드를 다운로드하며 동기화synchronize한다. 이러한 방식으로 서버에 집단지성을 쌓아 간다.

만약 서버와의 통신에 문제가 생기면 어떻게 될까? 거대한 집단지성을 이용할 수 없는 상황을 겪을 수 있을 것이다. 이는 현대심리학에서 인간 행동의 원천이라는 '리비도'[16]와 '콤플렉스[17]'의 원인을 설명하는 데도 활용된다. 성장기에 겪었던 욕구불만이나 두려움은 원래 집단지성을 통해 이해할 수 있는 현상들이다. 그러나 개인의 독립성이 강화되고 집단 내 동질감이 떨어지면서 (즉 서버와의 연결이 끊기면서) 오해가 축적되어 나타난 결과라는 것이다.

독립성을 증대시킨 결과 인간은 자기중심적인 모습을 보이지만, 집단의식은 여전히 몸에 남아있다. PC(개인의식)와 서버(집단의식)는 양자적 얽힘 현상으로 꾸준히 동기화하는 것으로 보이는데, 이것은 기억의 저장에 관한 실험에서 그 근거를 찾아볼 수 있다.

● 인간의 집단의식은 어디서 오는가

깜깜한 어둠이 내려앉은 밤, 외마디 비명이 들렸다. 아무도 없는 방에서 일곱 살 제니퍼가 식은땀을 흘리며 꿈에서 깬 것이다. 제니퍼는 근래 심장이식수술을 받은 후부터 계속해서 살해당하는 악몽을 꾸었다. 꿈속의 살인자는 제니퍼를 끈질기게 쫓아왔고, 제니퍼는 늘 살해당하는 순간 비명을 지르며 깨어났다. 매일 이러한 상황이 반복되자, 제니퍼는 입버릇처럼 "그 사람을 잡아야 해요!"라는 말을 되뇌며 불안 증세를 보였다. 제니퍼의 부모는 딸을 데리고 정

15) 서버가 물리적으로 존재하는 것이 아니고 블록체인처럼 집단이 공유한다는 의미로 봤을 때 PC-블록체인 구조로 이해할 수도 있다.
16) 사람이 내재적으로 갖고 있는 성욕. 또는 성적 충동. 프로이트 정신분석학의 기초 개념이다.
17) 현실적인 행동이나 지각에 영향을 미치는 무의식의 감정적 관념. '강박 관념', '열등감', '욕구 불만'으로 번역할 수 있다.

신과 치료도 받아봤지만 소용이 없자 지푸라기라도 잡는 심정으로 경찰서에 데려갔다. 그곳에서 제니퍼는 꿈속 살인자의 몽타주를 그렸고, 경찰은 반신반의하며 수배를 시작했다. 그 결과 놀랍게도 경찰은 랄프라는 소년을 죽인 살인범을 잡아낼 수 있었다. 더욱 놀라운 것은 랄프는 바로 제니퍼에게 심장을 이식해준 소년이었다.

이 사건은 실제로 미국에서 발생한 사건으로 미국의 신경심리학자 폴 페어솔 박사의 연구를 통해 알려졌다. 과거에는 사람의 모든 기억이 대뇌에서 이루어진다고 믿었다. 그러나 최근에 얻은 일련의 실험 결과들은 기억저장소에 대해 이견을 제기하고 있다. 물론 인간의 뇌에도 기억에 대한 실험적 증거들이 존재하지만, 뇌 이외 기관(심장, 간, 신장 등)에서도 기억의 증거들이 발견되고 있기 때문이다.

애리조나 주립대학교의 심리학 교수 게리 슈왈츠는 20여 년간 장기이식 받은 사람을 연구하여 제니퍼와 같은 사례 70여 건을 발견했다. 그는 이런 현상을 '세포기억설'이라고 명명했다. 인체 기관에 있는 세포는 기억을 기록하는 기능이 있어, 인체 기관을 이식받으면 기억도 함께 전이될 수 있다는 이론이다.

실제로 기억은 생활습관, 식성, 관심분야, 단편기억 등이 뇌뿐만 아니라 세포 속에도 저장되는 것으로 알려져 있다. 그리고 몸 전체 세포에서 기억이 이뤄지는 특성은 집단의식(본능)이 강한 동물에서 더 자주 관찰된다. 미국 신경심리학자인 칼 래쉴리는 동물의 뇌에서 기억의 저장부위를 찾아내기 위해 무려 30년 넘게 다음과 같은 실험을 했다. 먼저 쥐에게 미로를 통과해 먹이에 도착하는 법을 가르쳤다. 학습이 끝나면 두개골을 열어 뇌의 특정 부위를 인두로 지진 다음 다시 봉합했다. 그러나 뇌의 일부가 파괴된 상태에서도 쥐들은 배운 것을 정확히 기억해냈다. 점점 더 많은 뇌 부위가 파괴됐지만, 쥐들은 학습한 기술을 성공적으로 수행했다. 원숭이, 침팬지, 문어를 대상으로 한 실험도 모두 마찬가지 결과가 나타났다. 래쉴리는 마침내 뇌가 아닌 다른 부위에 기억이 저장된다고 결론지었다.

영국의 생물학자 스티븐 로즈도 비슷한 시도를 했다. 병아리들에게 특정 색깔의 빛을 피하도록 학습시켰다. 학습을 마친 병아리들의 두개골을 열어보니 왼쪽 뇌의 특정지역 세포들이 훈련받지 않은 병아리들보다 성장한 것이 관찰됐다. 그와 동료들은 마침내 기억 저장소를 찾아냈다고 환호했지만, 뇌에서 그 부분을 도려낸 뒤에도 병아리들은 학습한 대로 행동했다.

이뿐만이 아니다. 인디애나대학 생물학자 폴 피치는 기억이 뇌의 부분적 영역이 아닌 연결망으로 저장될 것이라는 가설을 세우고 도롱뇽을 대상으로 기억의 연결망 찾는 실험을 700회 이상 진행했다. 그러나 도롱뇽 뇌의 일부를 제거해도 도롱뇽은 정상적으로 행동했으며, 도롱뇽의 뇌를 꺼내 토막 내어 뒤섞고 다시 넣어 놓아도 도롱뇽은 의식을 회복하면 정상적으로 행동했다.

이 실험들은 동물이 뇌 이외의 부분에도 기억을 저장한다는 것을 증명한다. 현대의 뇌 과학자들은 세포기억설을 일정 부분 수용하면서, 기억 정보는 뉴런이나 시냅스에 부분적으로 저장되는 것이 아니라 마치 홀로그램처럼 인체에 분포된 모든 신경세포에 전체적으로 저장된다는 가설을 수립했다. 이는 동물이 정보를 몸 전체에 양자적 중첩현상을 이용해 저장한다는 양자생물학의 입장과 일치한다.

동물뿐 아니라 인간도 뇌 이외의 부분에 기억을 저장한다. 뇌는 이성적 기능을 하는 대뇌의 비중이 높아 개인의식과 관련이 깊으며, 뇌 이외의 부분은 본능적 행동을 가능케 하는 집단의식과 관련이 있을 것으로 예상된다. 따라서 인간은 비록 자기중심적이지만, 동물과 마찬가지로 집단의식이 있으며 데이터를 공유하는 능력을 내재하고 있으리라는 추측이 가능해진다.

인간은 개인주의 의식이 강하지만 집단의식도 남아있다. 그렇다면 인류에게는 개인주의와 집단주의 중 어느 것이 더 좋은 것일까? 이에 대한 정답은 없을 것이다. 개인주의는 고도의 지능을 발달시키고 인류가 만물의 영장으로 올라서는 데 크게 기여했다. 반면, 집단주의는 공동체의식을 느끼게 해준다. 그렇다면 행복의 관점에서는 어느 쪽의 성향을 갖는 것이 더 좋을까? 이에 대한 해답을 찾기 위해 잠깐 인간의 관점에서 벗어나 자연 생태계 관점에서 행복을 추구하는 활동에 대해 살펴보자.

chapter 5 돌 아 보 기

- 인간은 종종 서로를 경쟁자로 인식하며 폭력과 전쟁을 벌여왔다. 인간이 '나'라는 존재에 집착하면서 '우리'라는 집단 개념을 점차 퇴색시켰기 때문이다.
- 고대인류는 경쟁 환경에서 다른 동물보다 강해지기 위해 많은 시행착오와 학습이 필요했으며, 이를 위해 개개인이 독립적으로 다양한 행동을 시도해야 했다. 그래서 인간은 독립성을 강화하기 위해 대뇌를 발달시켰으며, 본능적 의사소통이 아닌 이성적 의사소통을 위해 언어능력까지 개발하였다.
- 독립성과 이성의 증대는 인류의 눈부신 발전을 가져왔으나 집단의식 및 공감능력이 떨어질 수밖에 없었다. 이로 인해 '나'라는 존재에 대한 집착이 시작되었다.
- 일반적으로 집단을 이루는 동물의 대부분은 정보를 공유하고 집단의식(본능)으로 행동하지만, 인간은 개개인이 정보를 독립적으로 보관하

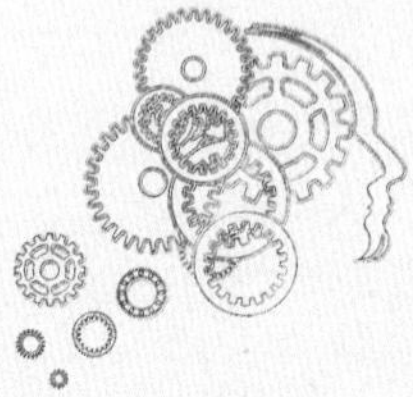

고 개별로 행동한다.

- 모든 동물은 뇌 이외의 부분에도 기억을 저장한다. 이성적 기능을 하는 대뇌는 개인기억을 독립적으로 보관하며, 뇌 이외의 부분은 집단정보를 보관하며 본능적 행동을 가능케 한다. 인간도 뇌 이외의 부분에 기억을 저장하고 있으며, 이를 통해 인간에게도 다른 동물과 마찬가지로 집단의식이 있으며 데이터를 공유할 것으로 추측된다.

chapter 6

데이터전체론

1889년 독일의 진화생물학자 아우구스트 바이스만은 획득형질의 유전에 관한 실험을 했다. 그는 여러 세대에 걸쳐서 쥐의 꼬리를 잘라냈다. 하지만 아무리 잘라내도 자식 세대의 꼬리는 짧아지지 않았다. 이를 근거로 바이스만은 획득형질, 즉 '태어난 이후에 발생한 경험'들은 후대에 영향을 미치지 않는다고 주장했다.

하지만 앞서 언급한 맥더걸의 쥐 학습 실험에서 쥐에게 보상과 처벌의 방식으로 미로 찾는 학습을 시키자, 뒤 세대의 쥐들은 앞 세대의 쥐들보다 길 찾는 방법을 빨리 습득했다. 또 그 밖의 많은 실험에서 학습된 형질도 분명히 유전된다는 것이 증명되었다. 그렇다면 왜 바이스만의 실험과 맥더걸의 실험은 서로 상반된 결과를 보인 것일까? 쥐의 꼬리가 짧아지는 것은 유전되지 않고, 미로 찾기 능력이 유전된 이유는 무엇일까? 이번 챕터에서는 이러한 생명 활동의 거시적 방향을 결정하는 기본원리에 대해 알아보자.

생존과 번영의
근원적 힘은 무엇인가

진화생물학자 리처드 도킨스의 저서 『눈먼 시계공』을 보면 앞을 보지 못하는 시계공이 나름대로 시계를 고쳐보려 애쓰지만 번번이 실패하는 장면이 나온다. 하지만 정말 가끔 운 좋게 부속을 건드리자마자 시계가 재깍기리며 작동할 때가 있나. 그는 이렇게 한 번의 우연을 위해 오랫동안 시계의 부속을 만지작거린다. 정말 시계공은 아무런 생각 없이 부속을 건드리는 걸까? 아니다. 그는 눈은 멀었지만 자신의 목표를 정확히 알고 있다. 그가 쉴 새 없이 부속을 만지는 이유는 오로지 '시계를 작동'시키기 위함이다.

이 사례에서 우리는 생명 활동의 방향성을 유추할 수 있다. 생물학 관점을 적용하면 시계 부속은 유전자를, 시계공의 노력은 환경에 적응하기 위한 시행착오를 의미한다. 모든 생명체는 여러 가지 유전자를 꾸준히 발현시키며 테스트를 하는데 그 이유는 오직 생존하기 위함이다. 생명체 활동의 최종목표는 '진화', 즉 자연선택에서 살아남는 것이다. 그리고 우연히 시계가 작동하는 것처럼 생명체는 우연히 생존에 성공하게 된다.

바이스만의 실험과 맥더걸의 실험에서 보듯이 생명체의 여러 활동 경험으로 얻어진 형질 중에는 유전되는 형질과 유전되지 않는 형질이 존재하는데, 그것을 구분하는 기준은 바로 '생존'이다. 생존에 도움이 되는 형질은 유전되고, 그렇지 않으면 유전되지 않는다.

다시 말해, 쥐의 꼬리가 짧아지는 것은 후대에 유전될 필요가 없다. 꼬리가 짧아지는 것이 생존에 도움되는 것은 아니기 때문이다. 반면 미로 찾기 능력은 유전되는 게 유리하다. 전기충격에 의한 스트레스와 신체 손상이 생존과 번영에 영향을 미치기 때문이다. 이렇듯 집단의 생존에 중요한 정보는 집단의식으로 공유하고 후대에도 유전되는 것으로 보인다. 라마르크는 '기린의 긴 목이 유전된 이유는 높은 곳의 나뭇잎을 먹을 수 있기 때문'이라고 주장했다. 여기서도 마찬가지로 기린이 먹이를 먹을 수 있는 방법은 생존에 도움이 되기 때문에 집단의 동료들과 공유했고 후대에도 나타났다.

유전될지 어부는 동일 개체 간 데이터 공유 필요성(중요도)에 의해 결정된다. 개별적이고 단기적인 형질인 경우 중요도가 낮으며, 생존에 직접적이고 장기적으로 이득을 가져다주는 형질은 중요도가 높다. 이러한 중요도는 개체의 과거 진화 데이터에 의해 본능적으로 측정되는 것으로 추정된다. 앞서 살펴본 플렌즈의 실험[18]은 집단이

18) 동종의 두 마리 원숭이의 뇌에서 가끔 뇌파 일치 현상이 일어남.

정보를 공유할 때 정보의 중요도에 따른 차이를 보여준다. 두 마리의 원숭이에게 자극을 유도했을 때 나타나는 신호강도가, 특정 임계점 이상일 때만 양자적 얽힘(뇌파 일치) 현상이 일어나고, 강도가 낮은 경우에는 얽힘 현상 없이 각각의 신경활동을 보인 것이다. 즉 집단에 중요한 정보는 공유되지만 그렇지 않으면 공유되지 않고, 이러한 정보를 토대로 유전 여부가 결정된다.

개체 변화와 새로운 종의 출현 등 모든 생명 활동의 방향성은 자연환경이 정한다. 그리고 그 자연환경에 적응하기 위해 생명체는 끊임없이 노력하고 집단끼리 정보를 공유하며 협력한다. 모든 개체는 자연선택이라는 게임의 룰 안에서 생존과 번영을 도모하고자 노력한다.

하지만 보다 근본적인 질문이 남아있나. 생명제는 왜 진화할까? 왜 개체를 많이 퍼뜨리고 번성하고 싶어 할까? 지구가 생겨난 이래 단세포 생물부터 수중식물, 육상식물, 초식동물, 육식동물 등 수많은 개체들이 경쟁을 거듭하고 번성하며 지구 전체를 뒤덮어왔다. 모든 생명 활동의 원천이 되는 힘은 자연선택에 의한 생존과 번영이라고 했는데, 그렇다면 생존과 번영은 그 자체로 완전한 답인 것일까? 아니면 보다 근원적인 힘이 있는 걸까? 이에 대한 답을 찾기 위해 먼저 전체론에 대해 살펴보기로 하자.

● 지금은 나무가 아니라 숲을 봐야 할 때

1830년 뉴질랜드에 정착한 영국인들은 사냥용 놀잇감으로 유럽

토끼를 데려왔다. 그런데 뉴질랜드에는 토끼의 천적이 없어 그 수가 급격하게 늘어났다. 수많은 토끼 굴이 생겼고 농지가 황폐해졌다. 점점 더 늘어나는 피해를 막기 위해 사람들은 토끼의 천적인 여우를 데려오기로 결정했다. 예상대로 여우는 토끼를 닥치는 대로 잡아먹었다. 그런데 더 큰 문제가 발생했다. 여우가 키위, 웨카, 카카포 등 멸종 위기 새까지 잡아먹는 등 생태계의 균형을 파괴했기 때문이다.

이 사례는 전체적 상호의존성을 가진 세계에서 일시적이고 지엽적인 처방을 내렸을 경우의 부작용을 잘 보여준다. 천적인 여우를 이용하여 지엽적인 토끼 문제는 해결했지만, 생태계 전체의 시각에서 봤을 때는 더 큰 문제를 일으킨 것이다. 이 현상은 고도로 세분화된 오늘날의 현대의학이 처한 딜레마와 유사하다. 지엽적인 약의 처방이 더 큰 부작용을 야기하기 때문이다.

메사추세츠 종합병원의 의학자 클레이튼 달턴은 우리가 사용하는 약들이 장기적으로 더 큰 문제를 초래할 수 있다고 말한다. 병원에서는 고혈압에 히드로클로로티아지드를, 2형 당뇨병에는 설포닐루리아를, 심장질환에는 스타틴을 처방한다. 이 약들은 분명히 효과가 있다. 그러나 인간의 신체는 반도체 회로처럼 매우 복잡하고 섬세한 데 반해 이들 약은 마치 큰 망치처럼 작용하여 당장은 문제를 해결한 듯 보이지만 결국 더 큰 질환을 야기한다. 좀 더 자세히 설명하면, 히드로클로로티아지드는 포도당 내성을 약하게 만들어 당뇨, 비만, 치매의 원인이 되며, 설포닐루리아는 심혈관 질환의 확률을 키우고, 스타틴은 당뇨의 위험을 높인다.

하나의 병원균만 골라서 죽이는 약이란 없다. 대부분의 약은 한 가지 병원균을 없애기 위해 그와 유사한 많은 유익한 미생물을 죽인다. 약에 의해 해당 병원균은 없어지지만 인체는 그보다 더 큰 희생을 치르게 되어 장기적으로는 악영향이 초래된다. 인체는 많은 미생물과 기관들이 복잡한 상호작용으로 얽혀져 하나의 생명체를 구성하고 있기 때문이다. 그래서 현대 생물학계에서는 전체적이고 장기적 관점에서 생명체를 연구하려는 움직임을 보이고 있다.

● 환원주의의 종말

1971년 미국의 닉슨 대통령이 암과의 전쟁을 선언했을 때 사람들은 모두 암의 정복이 멀지 않았다는 희망에 차 있었다. 이러한 의지는 역사적으로 꾸준히 반복돼 왔다. 2016년 페이스북 설립자 마크 주커버그는 30억 달러의 돈을 비영리단체에 기부하며 “모든 질병을 예방, 관리, 치료 하겠다.”는 목표를 밝혔으며, 마이크로소프트의 빌 게이츠 역시 2026년까지 암을 퇴치하겠다고 발표했다. 자선사업가 일라이 브로드와 테드 스탠리는 정신의학연구소에 14억 달러를 기부해 정신병을 유전적으로 해결하겠다는 계획을 밝혔다. 마치 앤드류 카네기와 존 록펠러가 도서관을 짓고 재단을 세운 것처럼 오늘날 실리콘 밸리 거부들은 의학 분야에 자신의 유산을 남기려 하고 있다.

그러나 오랜 시간이 지난 지금도 우리는 질병과의 전쟁에서 이기지 못하고 있다. 미국 메사추세츠공과대학교MIT의 생물학자 로버트 와인버그는 "암에 대한 이해가 지난 40년 동안 제자리에 머무르고 있다."며 지금까지의 의학적 시도에 회의를 드러냈다.

과거 많은 의학자들은 더 많은 연구비가 주어지고 데이터가 충분히 축적되면 질병을 없앨 수 있으리라고 생각했다. 암의 경우, 암을 일으키는 복잡한 원인을 모두 파악해 기본적인 치료 원칙을 수립할 수 있으리라 믿었다. 이를 위해 첫 번째로 한 것은 암의 원인이 되는 바이러스를 모조리 규명하는 것이었다. 많은 노력을 쏟았지만 결국 바이러스는 암의 주요 원인이 아닌 것으로 밝혀졌다. 다음으로는 DNA 분석을 통해 인간 유전체를 모두 파악하여 암 유발 유전자를 찾아내려 했다. 하지만 암 유전자를 연구할수록 암 유발을 설명할 수 있는 원칙을 찾을 수 없었다.

암 유발 원인은 왜 이리 찾기 힘들까? 그것은 연구비가 부족했던 것도, 노력이 부족했던 것도 아니다. 전체적 관점이 아닌 부분적 관점으로만 보려 했기 때문이다. 인간이 기계라면 고장 난 부분만 고치면 된다. 그러나 생명에는 보다 근본적인 특징이 있는데, 그것은 생명 안에 여러 생명체가 조화를 이루며 공존한다는 것이다. 인체는 100조 개가 넘는 작은 미생물이 사는 공간이며 이러한 작은 생명체들은 수많은 유기적 상호작용을 주고받는다. 인체라는 환경이 자기에게 충분히 이로운 곳이면 서로 돕고 살지만, 그렇지 않다면 독립적 행동을 하며 때로는 반대 세력을 구축하기도 한다.

전체론기반의 현대의학에서는 암은 생명체라는 한 국가에서 일어난 일종의 쿠데타와 같은 사건으로 이해한다. 암은 세포기관의 일시적 고장이 아닌, 오랫동안 쌓여온 소외감과 반감이다. 이러한 암의 원인을 찾는다는 것은 마치 선량한 국민들 중 반역자의 관상을 찾아내는 것만큼이나 어렵다. 현대의학이 지향하는 면역요법이 항암요법보다 암을 다루는 데 있어 효과적인 이유 중 하나는 암에 대해 생태학적으로 접근하기 때문이다. 암 자체만 없애는 데 몰두하기보다 생태계 전체 관점에서 생활습관의 문제점을 파악하기 때문에 암을 근본적으로 예방할 수 있다.

인간과 질병과의 관계와 마찬가지로 인간과 자연과의 관계도 전체적 관점을 필요로 한다. 인간은 전체 자연생태계의 흐름에 의해 많은 영향을 받는다. 기후변화 및 공해는 물론, 대량생산시스템에 따른 면역력 약화로 가축전염병 피해 증가, 지나친 경작에 의한 농산물의 영양분 감소, 살충제 과다 사용에 의한 강한 내성의 병원균 등 모두 인간과 자연이 주고받는 전체적 메커니즘을 이해해야 해결이 가능한 과제들이다. 인간은 하나의 독립된 시스템이 아니라 외부와 끊임없이 영향을 주고받는 생태계의 일부이기 때문이다.

미국의 생물학자인 짐 코즈벡은 인간의 유전자가 해독된 뒤 20년간 암 치료를 위해 개발된 약이나 해법은 거의 전무하다는 사실을 지적했다. 그리고 그 이유를 유전자를 부분적 기능으로만 보았기 때문으로 설명한다. 생명현상의 핵심은 유전자에 있는 것이 아니라, 생명체 전체의 상호작용에 있다. 그러나 많은 사람들이 모든 진리가 유전자에 담겨있다는 설명을 좋아한다. 그동안 유물론 기반의 과학이 단순한 인과관계를 찾도록 발전해왔으며, 환원주의[19]적 관점을 지지했기 때문이다. 이것이 전체적이고 장기적으로 분석해야 하는 생명체에 적용할 때 좀처럼 성과가 나지 않은 이유이다.

● 전체론

2007년 경북 울진에서 1000ha(헥타르)의 숲이 잿더미가 되는 대형 산불이 발생했다. 이 산불로 주민들은 막대한 피해를 입었고, 관계당국은 더 이상 이러한 자연재해가 발생하지 않도록 만반의 대책을 세우기 위해 고심했다. 그런데 산불사고 이후 5년 동안 특이한 현상이 발견됐다. 숲이 차차 들어서면서 멸종된 것으로 알려졌던 왕은점표범나비, 지리산팔랑나비 등 초지草地성 나비들이 모습을 드러낸 것이다. 본래 나무가 과하게 울창해지면 일조량이 줄어들고 초지가 부족하여 이러한 나비들이 줄어든다. 과거 산림녹화사업과 지구온난화의 영향으로 초지가 줄어들어 나비가 멸종 위기에 처해 있었는데, 우연한 대규모 산불로 인해 큰 초지가 형성되자 이러한 멸종위기 종이 되돌아오고 생태계도 더욱 복잡하고 다양하게 변했다.

이렇게 국지적·단기적으로는 재앙에 가까운 자연재해인 산불이 전체적·장기적으로는 생태계를 더욱 윤택하게 만드는 현상을 '산불

---

19) 한 영역의 대상, 속성, 개념, 법칙, 사실, 이론, 언어 등을 다른 영역의 그러한 것들로 대치하려는 사고의 형태. 일례로 생물학에서는 생명현상이 물리학 및 화학의 이론이나 법칙에 의하여 해명이 가능하다는 입장을 내세운다.

의 역설'이라고 한다. 미국 서부 국립공원은 산불이 일어나도 일정 수준까지는 그냥 두는, 이른바 '렛잇번Let it burn' 방침이 있다. 억지로 산불을 진화할 경우, 생태계의 순환을 방해하고 더 큰 문제가 발생할 수 있기 때문이다. 호주의 환경보호국은 아예 3~5년마다 일부러 제한된 산불을 낸다. 일부 지역의 경우 이제 산불 없이는 번식 자체가 불가능한 식물과 동물들이 있기 때문이다. 일례로 뱅크시아는 산불이 나야만 씨앗이 터지고 발아해 번식이 가능하며, 유칼립투스는 화재로 불타버리더라도 2주 후면 새싹이 난다.

자연은 나름대로의 질서 속에서 생성과 소멸을 반복한다. 산불이나 태풍 같은 자연현상은 생태계를 역동적으로 변화시킨다. 마치 하드디스크의 효율이 떨어졌을 때 포맷하는 것처럼 일종의 자연 포맷 역할인 것이다. 이는 생태계 전체 관점에서 질서를 잡기 위한 현상이다.

생명현상을 포괄한 우주의 근본법칙을 설명하는 이론에는 크게 두 가지가 있다. 바로 '환원론Reductionism'과 '전체론Holism'이다. 환원론은 생명현상이 화학반응으로 환원되고, 화학반응은 다시 물리법칙으로 환원된다는 것이다. 환원론은 생명현상이 생명을 이루는 기본 입자들 간의 우발적인 변화에 의해 전개되는 것으로 이해한다. 반면 전체론은 생명현상이 고전적 물리법칙으로 환원되지 않음을 전제로 한다. 생명체를 이루는 입자들이 전체적 방향성에 의해 협력적 방법으로 변화해 나간다는 것이다. 환원론과 전체론은 생명현상을 설명하는 데 있어 상호보완적이다. 개체는 자연선택을 위해 이기성利己性과 맹목성盲目性에 이끌려 경쟁한다는 점에서 환원론적 관점이 필요하며, 생태계 전체적 방향성을 이해하려면 전체론적 관점이 필요하다. 앞의 '산불의 역설'은 산불이라는 자연현상을 전체론 관점에서 바라본 것이다.

전체론적 현상은 대기과학에서도 관찰된다. 1990년대 말, 대기를 연구하던 과학자들은 바다에서 독특한 현상을 발견했다. 바로 지구의 대기와 생명체들이 이루는 조화였다. 지구의 온도가 올라가면 구름이 많이 만들어져 온도를 식히고, 반대로 지구가 너무 추울 때는 구름의 양이 줄어들며 온도가 올라간다. 이 과정을 주관하는 것은 뜻밖에도 물속에 사는 작은 플랑크톤이었다. 플랑크톤은 특정 화학물질을 방출하는데 이 물질이 구름의 형성을 돕는다. 그래서 지구 온도가 높아지면 플랑크톤이 많아지면서 구름을 만들어 온도를 떨어뜨리고, 온도가 낮아지면 플랑크톤 수가 줄어 구름이 없어지며 온도가 올라간다. 마치 사람의 체온이 올라가면 땀이 나서 체온을 식히는 항상성처럼, 플랑크톤이 지구 대기에 영향을 줘서 온도가 조절되는 것이다.

앞선 사례들에서 만약 나비 또는 플랑크톤을 그 자체로만 이해하려 했다면 충분한 설명이 어려웠을 것이다. 그러나 각 생명체를 생태계 전체 관점에서 접근하면 많은 생명현상에 대한 해석이 설득력을 갖는다. 전체론에 대해 그리스 철학자 아리스토텔레스는 다음처럼 말했다.

"여기 손 하나가 있다. 손이 나로부터 분리된다면 더 이상 손이라고 부를 수 없다. 손을 이해하기 위해서는 손이 속해 있는 전체, 즉 나를 이해해야 한다."

생태계가 하나의 생명체처럼 의식을 가지고 행동하진 않을 것이다. 단지 생태계를 하나의 고립계isolated system로 봤을 때 전체론적으로 작동하는 원리가 존재한다는 가설은 충분히 의미가 있다.

변화는 엔트로피를 높이기 위한 활동 전부다

"인간의 본성은 권력에의 의지, 즉 주인이 되고자 하고 더욱 강해지고자 하는 의지이다"

독일의 철학자 프레드리히 니체는 세상이 작동하는 원리에 대해 '권력에의 의지'라는 개념으로 설명하였다. 생명활동은 모두 권력power을 지향하여 일어난다는 주장이다. 이렇듯, 생존경쟁이 일어나는 근본 원인에 대한 학계의 연구는 꾸준히 계속되어 왔다. 세상이 작동하는 원리 또는 최종 지향점이 있을까?

● 생명체 활동의 최종목표는 '진화'가 아닌 '엔트로피'

이탈리아의 이론물리학자 카를로 로벨리는 저서 『시간의 순서』를 통해 '시간이 흐른다'는 기존의 통념을 반박했다. 과거-현재-미래는 이 세상에 공존하고 있으며, 우리가 경험하는 시간의 순서는 엔트로피[20]를 증대하는 방향으로 배열될 뿐이라고 주장하였다.

열역학 제 2법칙에 의하면 고립계에서 총 엔트로피(무질서도)의 변화는 항상 증가하거나 일정하며 절대 감소하지 않는다. 지구를 하나의 고립계isolated system로 봤을 때, 다른 행성들과 다르게 지구에는 생명이 있으며 이 생명체가 에너지를 소비하여 엔트로피를 높인다. 지구의 생태계가 복잡해지고 활동이 많을수록 엔트로피 증가 속도도 빨라진다. 자연 생태계는 빙하기, 멸종기와 같은 단기적 조정은 있을지언정 거시적으로는 꾸준히 복잡성이 증가돼 왔다. 즉, 지구의 활동은 엔트로피를 더 많이 증가시키는 자연환경을 갖추는 방향으로만 진행돼 왔다.[21]

1992년 동계올림픽부터 정식종목으로 채택된 쇼트트랙은 팀 간 경쟁을 통해 결승선에 빨리 도착해야 하는 경기다. 특히 4명의 선수가 함께 출전하는 쇼트트랙 계주에서는 선수들이 횟수에 관계없이 언제 어디서든지 자유롭게 교대할 수 있다. 여기서 경기에 누가 얼마나 뛰는지는 중요하지 않다. 4명이 공평하게 나누어 뛰어도 되고 한 명이 전부 도맡아 뛰어도 된다. 한정된 자원으로 최대한 빨리 도착하기만 하면 이긴다.

전체론 관점에서 봤을 때, 생태계는 쇼트트랙 계주처럼 운영된다. 지구 입장에서는 어떤 종이 생기고 어떤 종이 생태계를 장악하는지는 중요하지 않다. 엔트로피 상승 총합이 최대가 되기만 하면 된다. 생태계는 엔트로피 상승을 극대화하기 위한 방향으로만 생명

---

20) 자연 물질이 변형되어 다시 원래 상태로 환원될 수 없게 되는 상황에서, 다시 가용할 수 있는 상태로 환원시킬 수 없는, 무용의 상태로 전환된 질량(에너지)의 총량.

21) 엔트로피 자체가 결과인지 목적인지에 대해서는 불분명하다. 여기서는 '지구의 활동은 엔트로피의 증가를 목적으로 한다'는 철학적 결론을 짓도록 한다.

현상을 운영한다. 따라서 수많은 개체 중 엔트로피를 높이는 개체를 자연선택이라는 이름으로 골라내 육성한다.

하지만 단순히 효율 좋은 큰 개체 하나만 남겨놓을 순 없다. 선수가 지치거나 기량이 떨어지면 교체를 해야 하고, 상황에 따라 순발력보다 지구력이나 근력이 높은 선수가 필요할 때도 있기 때문이다. 유리컵을 효과적으로 채우기 위해서는 자갈, 모래, 흙 등 입자가 다양한 물질이 필요하듯이, 생태계는 엔트로피를 극대화하는 최적의 포트폴리오를 구성한다.

생태계의 포트폴리오는 자유경쟁에 의해 저절로 운영되며 이것은 끊임없이 변한다. 마치 인공지능 시스템의 목표를 엔트로피 극대화로 정하고, 자유롭게 경쟁시키는 학습을 하는 것과 같다. 자유경쟁에 의해 생태계를 구성하는 최선의 개체, 환경, 자연활동 등의 포트폴리오가 만들어진다. 자연은 엔트로피를 '지속 가능'하게 증가시키는 방향으로 생태계를 구축한다. 국지적·단기적으로는 개체가 멸종하고 변화가 느려질지라도 전체적·장기적으로는 더 큰 결과를 얻기 위해 한결같이 나아간다.

그렇다면 지구를 구성하는 생명체의 입장은 어떨까. 지구는 엔트로피 극대화 포트폴리오에 필요한 개체를 선택한다. 생명체 입장에서는 선택을 받기 위해 엔트로피를 크게 증대시켜야 하며, 이를 위해서는 오래 생존하고 개체수를 많이 만들어야 한다. 따라서 생존과 번영이 생명체의 최종 목적이 된다. 생명체는 때로는 싸우고 때로는 협동하며 생존과 번영을 위해 필사적으로 노력한다. 이 과정에서 끊임없이 시행착오를 겪으며 유전자정보를 쌓는데, 이것을 '진화'라 한다.

이러한 측면에서 창조론과 진화론은 모두 맞는다고 볼 수 있다. 생태계의 거시적 방향성은 에너지를 소모함으로써 엔트로피를 증대시킨다는 창조론적 토대이고, 미시적 작동원리는 진화론적 자연선택의 원리를 따른다.

● 엔트로피를 높이기 위한 몸부림, 변화

앞서 모든 감각과 행동이 과거 데이터에 의해 결정되며, 생명체는 축적된 데이터를 토대로 '생존과 번영'에 도움 되는 방향으로 행동한다. 그렇다면 과연 '생존과 번영'의 근원이자 생명현상의 거시적 방향인 '엔트로피 증대 원칙'은 개개의 생명체에도 남아있을까?

지구에서 가장 고요한 곳으로 기네스북에 올라있는 미국의 오필드연구소는 소음이 완전히 차단된 무향실이다. 이중벽과 유리섬유가 모든 소음을 차단해 소음측정치가 −9.4dB(데시벨)을 기록한다. 너무나 적막한 탓에 자신의 심장소리와 호흡소리가 들릴 정도라고 한다. 이 안에서 사람이 가장 오래 견딘 기록은 45분이며, 이곳에 오래 있으면 대부분 환청과 망상에 시달린다고 한다. 이렇게 소리가 완전히 차단된 공간은 일반 현실에 존재하지 않는다. 소리가 차단된 세계란 '정지된' 세계일 것이며, 이러한 환경에서 생명체는 못 견뎌하며 그 상태를 벗어나고자 발버둥 친다. 이처럼 '엔트로피 증대 원칙'은 생명체의 삶에 기초로 자리 잡고 있다.

모든 생명체는 엔트로피를 증가시키는 역할을 해야 한다. 열역학 제 2법칙에 의해 변화는 필히 엔트로피 증가로 귀결된다. 변화가 클수록 엔트로피는 더욱 증대된다. 따라서 생명체는 기본적으로 변화를 많이 하도록 설계되어 있다.

2017년 버지니아대학과 하버드대학의 심리학 연구팀은 변화가 없는 상황에 대한 사람들의 반응을 실험했다. 연구팀은 실험 참가자들에게 아무것도 없는 방에 혼자 들어가 15분간 있게 했다. 방에는 어떤 소지품도 가지고 들어갈 수 없었으며 버튼을 누르면 가벼운 전기충격이 오는 기계 하나만이 주어졌다. 그리고 실험에 앞서 참가자들은 시범적으로 전기충격을 받고 고통을 경험했다. 이윽고 실험을 진행했는데, 실험에 참가한 42명 중 18명(43%)이 15분 동안의 지루함을 참지 못하고 전기충격 버튼을 눌렀다. 무려 절반 가까이 되는 사람들이 가만히 있는 것보다 스스로 고통받는 것을 선택한 것이다. 그 이유가 무엇일까?

생명체는 변화를 가능한 한 많이 하도록 설계되어 있으며 이에 맞춰 뇌의 보상회로가 작동한다. 지루함은 우리 뇌에서 아무런 보상이 주어지지 않는다. 그러나 전기충격을 받는 것은 고통스럽지만 하나의 변화이므로 뇌에서 보상을 받는다. 물론 사람마다 보상의 정도는 다르다. 여기서는 정지된 상태를 깨고 변화하는 데 따르는 보상이 전기충격의 고통보다 더 크기 때문에 사람들이 전기충격을 선택하는 것이다. 생명체의 모든 행동은 변화를 일으키며, 변화는 보상회로와 맞물려 돌아간다. 이런 맥락에서 생명체란 '변화(엔트로피 증대)를 촉진시키기 위해 만들어진 독립된 의식을 가진 개체'라고 할 수 있다. 그리고 '의식'이란 변화를 유도하기 위해 보상회로가 작동하는 정보출입 공간으로 이해할 수 있다.

● 변화의 몸부림에서 발생하는 부산물, 행복

"행복은 목적이 아니라 어떤 활동이나 목표 달성의 부산물입니다."

영화 '꾸뻬씨의 행복 여행(2014)'에 등장하는 고승이 한 말이다. 감정이 아니라 행동을 추구하라는 의미이다.

보상과 행복이 같다는 전제하에 데이터전체론 관점에서 생명현상은 위의 개념과 동일하게 설명할 수 있다. 생명체는 축적된 데이터에 의해 행동하는데, 이러한 행동들은 모두 변화를 일으키며 변화를 일으킬 때 뇌에서의 보상이 주어진다. 이때의 보상 메커니즘은 생명체가 직접 관여하는 것이 아니라 오직 자연과 데이터가 좌우한다. 따라서 위 개념을 이용하면 행복(보상) 자체가 목적이 되는 것이 아니라 생명체가 행동할 때 그 과정에서 행복이 부산물로 주어지는 것이다.

그러면 위 개념을 참고하여 '생명체'의 정의를 새로운 시각으로 접근해보자. 먼저 생명체를 구분 짓는 기준에 대해 생각해보자. 성장하고 변화하는 것은 모두 생명일까? 그것은 아닐 것이다. 수정을 예로 들면, 수정은 결정 성장crystal growth을 통해 자신의 형태를 복제하며 성장과 변화를 한다. 또 컴퓨터 바이러스나 인공지능 같은 컴퓨터 프로그램은 번식하고 진화하기도 한다. 그러나 우리는 수정이나 컴퓨터 프로그램을 생명체로 여기지 않는다. 반면, 미생물인 완보동물이나 새우과에 속하는 아르테미아는 수년 동안 먹지도, 성장하지도 않고 형태를 바꾸지도 않는다. 그러나 우리는 이들을 생명체로 여긴다. 그 이유가 무엇일까?

데이터전체론에 의하면 수정이나 컴퓨터 프로그램 같은 무생물의 변화는 과거의 힘에 의해 관성처럼 진행되는 기계적 변화로 본다. 아무리 급격하게 변화한다 하더라도 '이미 설계된' 계획에 의한 변화는 비록 엔트로피를 증대시킨다 하더라도 자연의 보상회로를 작동시키지 못한다. 관성을 일으킨 과거 시점에 이미 자연의 보상회로가 작동했기 때문이다.

따라서 전체론 관점에서 자연에 의해 만들어진 보상 메커니즘에 의해 변화를 일으키는 것만 생명체로 정의할 수 있다. 보상에의 의지를 가지고 새롭게 찾는 변화는 '영속적'이고, 이것은 지속 가능한 변화를 추구하는 자연 생태계의 방향성과 일치하기 때문이다. 이런 의미에서 자연의 변화에 반응하는 미생물이나 식물은 생명체로 볼 수 있다. 행복은 오직 생명체에만 주어지는 것이며 행복을 얻지 않는 것은 생명체라고 할 수 없다. 생명체는 변화하면서 뇌의 보상체계에 의해 보상받을 때만 즉 행복할 수 있을 때만 생명체로서 의미가 있다.

행복과 변화는 비례한다. 그러나 생명체가 행복을 얻기 위해 우주가 변화 및 엔트로피 증대를 지향하는 것인지, 아니면 우주가 변화 및 엔트로피 증대를 유도하기 위해 생명체에 행복 보상체계를

프로그래밍해 놓은 것인지는 아직 불분명하다.[22)]

요약하면, 인간을 포함한 모든 생명체의 입장에서 봤을 때, 생명의 존재 목적은 행복(=변화)이며 모든 생명활동은 행복을 극대화하기 위한 방향으로 데이터를 매개로 하여 발현된다. 그리고 현대의 거시적 데이터 흐름에서 보면, 인류에게 이러한 생명활동은 점차 물질적 변화가 아닌 정신적 변화로 나타나고 있는데, 이것은 다음 chapter에서 설명할 미래시대의 모습에서 살펴보기로 한다.

22) 이에 대해서는 철학적 고민이 필요하다.

chapter 6 돌 아 보 기

- 획득형질이 유전이 되는 경우와 되지 않는 경우가 있는데 그 차이는 생태계에 적합한지의 여부에 달려있다. 생명체 활동의 최종목표는 자연선택에서 살아남는 것이며 생존에 도움이 되는 형질은 유전되고, 불리해지면 유전되지 않는다. 이렇게 모든 생명활동의 목적은 자연선택이라는 게임의 룰 안에서 생존과 번영을 도모하는 것, 즉 '진화'이다.
- 생태계를 하나의 고립계isolated system로 봤을 때 전체론적으로 작동하는 원리가 존재한다.
- 생명체 활동의 목표는 진화이며, 그 진화가 일어나는 목적은 생태계 전체의 엔트로피(무질서도)를 증대시키기 위함이다. 즉, 생명체 활동의 최종목표는 '엔트로피의 증대'라고 할 수 있다.
- 지구의 활동은 엔트로피를 더 많이 증가시키는 자연환경을 갖추는 방향으로만 진행돼 왔으며, 생태계는 엔트로피를 극대화하는 최적의 포

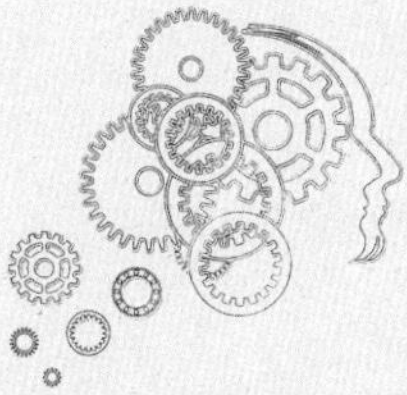

트폴리오를 구성한다.

- 변화는 엔트로피를 높이기 위한 활동 전부이다. 생명체의 모든 행동은 변화를 일으키며 생명체는 변화를 가능한 한 많이 하여 엔트로피를 증대시키도록 설계되어 있다. 이에 맞춰 뇌의 보상회로가 작동한다.
- 행복은 이러한 변화에서 발생하는 부산물이다. 데이터론에 의하면 생명체는 축적된 데이터에 의해 행동하는데 이러한 행동들은 모두 변화를 일으키며 변화를 일으킬 때 뇌에서의 보상, 즉 행복이 주어진다.
- 결과적으로 생명의 존재 목적은 행복이며 모든 생명활동은 행복을 극대화하기 위한 방향으로 데이터를 매개로 하여 발현된다.

PART 03

우리는 어디로 가고 있는가

패러다임의 변화는 시작됐다

chapter 7

위기의 시대에 들어서다

현재 인류는 4차 산업혁명 시대로 들어가는 길목에 서 있다. 미국, 중국, EU 등 많은 국가들이 4차 산업혁명이라는 거대물결 속에서 총성 없는 전쟁을 하고 있다. 승자독식 시대인 만큼 국가 간, 기업 간의 경쟁은 미래를 담보로 한 치도 물러설 수 없는 생존게임의 양상을 띤다.

4차 산업혁명이란 정확히 무엇일까? 4차 산업혁명이 무엇인가에 대해서는 확립된 개념도, 이론도 아직 없다. 현재는 빅데이터, 인공지능, 로봇, 사물인터넷, 3D프린터, 생명과학, 블록체인 등 요즘 화제가 되는 첨단기술들을 한데 모아 두루뭉술하게 4차 산업혁명이라고 부른다.

1차 산업혁명은 증기기관, 방적기 등 기계의 발명에 힘입어 대량 생산을 가능하게 했다. 사람들은 공장에서 제품을 생산하고 잉여 생산물을 다른 국가로 수출했다. 2차 산업혁명 때는 전기, 석유 및 철강 분야의 발전으로 중화학공업이 주로 발전했다. 이 시기에 컨베이어벨트가 도입되어 분업화가 시작되었으며 생산효율이 비약적으로 상승하였다. 3차 산업혁명에서는 컴퓨터, 인터넷 기술을 활용하여 정보 전달이 자유로워졌으며 생산 모듈의 자동화가 일어났다. 정보통신기술의 발달로 물리적 공간의 한계를 극복한 글로벌 초대형 기업이 탄생했으며, 금융과 무역산업도 꽃을 피웠다.

1·2·3차 산업혁명은 모두 '공급자 중심'의 생산 혁명이었다. 이 시기에는 제조와 서비스 산업에 걸쳐 생산의 대형화와 효율화에 역량이 집중되었다. 생산자는 비용 효율을 높여 제품을 대량으로 생산, 소비자에게 일방적으로 공급했다. 이때는 주로 생산자 중심의 단방향 소통이 많았다. 수요에 비해 공급이 부족했던 시기였으므로 공급량을 늘리는 것이 우선이었기 때문이다.

19세기 유럽에서는 공급물량을 받기 위해 제품을 만드는 공장 앞에 유통업자들이 줄을 서는 일이 흔했다. 이 시기에는 경쟁이 드물어 간단한 생활용품이더라도 품질이 조금만 좋으면 금방 날개 돋친 듯 팔려 나갔다. 소품종 대량생산 체제를 완성시킨 생산의 번영기였다. 급격한 산입혁명과 기술 발전은 사회경제적 측면에까지 영향을 미치며 인간 삶에 근본적인 변화를 가져왔다. 이 시기에 태동한 유물론 철학에 힘입어 정치, 경제, 사회 전반에 걸쳐 공급자 마인드의 일방적이고 획일적인 문화와 제도가 형성된 것이다. 개인 간 부와 명예의 차이가 커졌으며, 따라서 소유의 개념도 견고해지고 자본주의가 탄탄하게 자리 잡았다. 비즈니스 사이클에서 모든 주도권은 제조 기업이 가져갔고, 유통 및 서비스 기업들은 모두 제조 기업의 소규모 하청업체 수준이었다. 하지만 20세기 말에 접어들며 이 같은 구도는 점차 뒤집히게 된다.

20세기 말에 성장한 월마트는 제품 공급업체를 강하게 압박하는 것으로 유명하다. 월마트는 여러 업체를 경쟁시켜 조건을 자신들에게 유리하게 만들고 가격인하 압력을 넣는다. 제조 기업들은 "월마트와 일하는 것은 정말 끔찍하다. 하지만 그보다 최악은 월마트와 일하지 않는 것이다."라며 탄식했다.

이렇게 유통사[23]에게 일방적으로 휘둘리면서도 유통사에게 매달릴 수밖에 없는 이유가 무엇일까? 월마트가 소비자와의 접점을 쥐고 있기 때문이다. 현시대는 이미 생산과잉에 접어들었으며 공급이 수요를 넘어섰다. 수요자인 일반 소비자의 영향력은 갈수록 커지고, 유통사는 그러한 소비자와의 접점을 쥐게 되면서 업계의 주도권을 차지하게 되었다.

2000년대 들어와서는 소비자 시장이 포화 상태에 이르면서 대량생산에 의존하던 많은 공급자들이 시설과잉과 재고누적으로 줄줄이 문을 닫았다. 모든 공산품 분야에 너무 많은 공급자가 있었

23) 현재는 주로 온라인 플랫폼.

고 각각의 회사 제품을 구별하기 어려운 상황에서 경쟁에서 살아남기 위한 유일한 방법은 가격을 떨어뜨려 이윤을 줄이는 것이었다. 그마저도 안 되면 경쟁자가 먼저 쓰러지기만 바라며 손해를 보면서 제품을 판매하는 치킨게임에 돌입했다. 이후 인류는 글로벌 저성장 시대에 들어섰다. 중국이나 인도 등 신흥국의 등장과 간헐적 기술개발이 근근이 생산의 성장을 견인하지만, 가용 생산력 측면에서 봤을 때 생산량은 이미 소비량을 충분히 넘어섰다. 결국 생산시대는 끝났다.

이제 세상의 중심은 생산이 아닌 소비이다. 현대에 논의되는 4차 산업혁명은 한 마디로 전 산업 분야에 걸쳐 일어나는 '소비혁명'이라고 할 수 있다. 이미 제조업계에서는 공급자 중심의 대량생산이 소비자 중심의 소량맞춤 생산으로 바뀌었다. 많은 사람들이 경제의 주체가 '생산자'에서 '소비자'로 바뀐 것이 얼마나 대단한 것인지 가늠이 잘 안되겠지만, 앞으로 이것은 세상 모든 것을 뒤바꾸게 될 것이다.

현대에 관심을 모으는 기술들은 모두 소비자를 바라보고 있다. 그 구체적 방법은 데이터를 중심으로 사람을 연결하여 집단지성을 쌓고 이성적 과업을 처리하는 지능을 고도화하여 삶을 윤택하게 하는 것이다. 4차 산업혁명의 특징은 '초연결Hyper-connectivity'과 '초지능Super-intelligence'으로 압축할 수 있으며, 그 중심에는 데이터가 있다.

앞에서 생명체 간에는 데이터의 공유가 일어나며 그 데이터가 만들어지는 지향점은 행복감(즉 보상)이라고 정의하였다. 이 두 가지

거대 개념인 '데이터의 공유'와 '행복에의 지향'이 4차 산업혁명에서 '초연결'과 '초지능'으로 나타나는 것이다. 다시 말해 우리의 미래를 이끄는 두 가지 힘이 '사회공동체를 이루려는 초연결의 힘'과 '우리의 행복을 쟁취하는 초지능의 힘'이며, 이것은 현대사회에서 조금씩 모습을 드러내고 있다.

이에 본 chapter에서는 두 개념이 현대에 나타나는 현상과 미래에 나타날 모습에 대해 데이터전체론 관점에서 분석해보고자 한다. 두 개념을 소개하는 용어는 내 안으로 작용하는 힘인 '행복능력', 그리고 나의 밖으로 작용하는 힘인 '공감능력'이다.

기술과 인간의 생존경쟁이 시작됐다

구글의 인공지능 기업 딥마인드의 CEO 데미스 하사비스는 "범용 인공지능을 만들기 위해 뇌의 해마에 대해 연구하고 있다."고 밝혔다. 뇌의 해마에서는 과거 데이터에 기반을 두고 특징적인 기억만을 저장하는데 이것을 인공지능 메모리 처리 장치에 적용하려는 것이다.

이렇듯 현대의 과학기술은 생명체의 기관에서 새로운 알고리즘 개발의 영감을 찾는다. 더불어 생명체가 오랫동안 이루어 놓은 초고효율 시스템을 물리적으로 구현하고 있다. 이러한 상황에서는 인간이 아무리 속도를 내어 노력하고 두뇌를 발달시킨다 하더라도(진화한다 하더라도) 기술이 발전하는 속도를 절대 따라갈 수 없다. 따라서 앞으로는 인간의 노력과 지능이 경제활동에 미치는 영향이 갈수록 줄어들 것이다.

최근 기계가 대부분의 직업을 대체하리라는 전망이 나오면서 많은 사람들이 불안감에 시달리고 있다. 실제로 이러한 불안감이 전혀 근거 없는 것은 아니다. 인간에게 생존과 안전은 기본 욕구이다. 그런데 이것이 위협받으면 극도의 불안을 느낄 수밖에 없다. 지금부터 기술의 발전으로 인해 현대인에게 닥친 세 가지 위기에 대해 알아보자.

● 초연결 사회의 빅데이터

그리스 수학자 아르키메데스는 해변에 올려놓은 군함을 물에 띄우라는 왕의 명령을 받고, 지렛대를 응용한 도르래를 써서 이를 쉽게 해결했다. 그는 지렛대의 반비례 법칙을 공표하며 '긴 지렛대만 있으면 지구도 움직일 수 있다'고 호언장담했다. 이것은 현실적으로는 불가능하지만 이론적으로 충분히 가능한 원리이다.

이와 유사한 시도가 인문학에서 일어난다고 가정해보자. 충분한 데이터가 주어진다면 세상의 모든 이치를 규명해낼 수 있을까? 20세기 초 버트런드 러셀 등에 의해 태동한 분석철학에서는 사실fact 데이터를 기반으로 논리적 증명을 통해 철학적 결론을 이끌어낸다. 세계는 사실의 총체라고 규정하고, 그 사실을 내포하는 명제 즉 언어를 논리적으로 분석하여 인간의 삶에 지침이 되는 철학적 결과물을 내고자 하는 활동이다. 하지만 결국 언어는 목적과 기능을 가진 인간의 사회활동 중 일부이다. 언어의 의미는 문맥에 영향을 받거나 시간에 따라 변화하는 등 불완전하며, 기반이 흔들린다는 단점이 있었다.

이와 같은 단점은 현대의 빅데이터 기술로 극복되고 있다. 현대에는 거의 대부분의 비즈니스 문제를 '데이터'만으로 해결한다. 현재는 부족하지만 데이터만 충분히 주어진다면 논리적인 과정을 거쳐 인간 행동의 원리를 파악할 수 있고 삶에서 부딪치는 대부분의 문제를 해결할 수 있다.

영화 '양들의 침묵(1991)'은 범죄 현장에서 발견된 몇 가지 힌트만으로 범죄자를 추정하여 잡는 범죄 프로파일러에 관한 이야기다. 주인공은 범죄 현장에서 연쇄살인마의 결정적 특징을 발견한다. 피해자가 모두 몸집이 비대한 여인들이고 피부가 손상되어 있다는 등의 공통점을 통해 범죄자가 자신의 육체에 대한 콤플렉스가 있으며 살인을 통해 여성화가 됨으로써 만족감을 얻는 사이코패스라는 결론에 도달한다. 이 과정에서 주인공이 용의자를 추정하기 위해 얻은 정보는 극히 적다. 그러나 그는 범죄자의 심리를 알기 위해 사이코패스의 관점에서 상상해보고, 범죄를 저지르는 과정을 논리적으로 시뮬레이션하여 정확한 추론을 했다.

범죄 프로파일러는 사건의 단서와 정황만을 가지고 용의자의 신상, 성격 및 행동 등을 분석하고 범인을 추정한다. 그런데 만약 범죄자의 일거수일투족의 데이터가 전부 존재하는 초연결 사회라면 상황이 어떻게 될까? 이러한 분석과 추정 없이도 바로 범인을 잡을 수 있을 것이다.

데이터가 부족한 지금, 사람이 하는 일은 논리력과 창의성, 거기에 노력을 더해 부족한 데이터를 채우는 역할이다. 그러나 위에서 가정한 상황처럼 데이터가 늘어나면 늘어날수록 사람의 노력은 점점 더 필요가 없어진다. 교통 데이터가 충분하고 무인기술이 발달하면 교통경찰과 운전사가 필요 없고, 취미나 소비 데이터가 충분하면 언론 및 유통 기업의 필요도 크게 줄어들 것이다.

그렇다면 인공지능에 대한 개념과 가능성은 이미 수십 년 전에 소개됐음에도 불구하고 현재까지 인공지능 기술이 쉽게 잠재력을 발휘하지 못하는 이유가 무엇일까? 그것은 데이터의 폐쇄성이 한계로 작용하고 있기 때문이다.

우리는 현재 이상적 목표를 향해 데이터의 바다를 건너가고 있다. 하지만 아직까지는 가는 길의 중간에 육지가 가로막고 있다. 배에서 내려(데이터 분석의 노력) 육지를 헤쳐 나가(이성적 문제해결의 노력) 데이터의 바다가 나오면 다시 배를 타고 가야 하는 어려움이 있는 것이다. 그러나 미래에 블록체인이 활성화되고 가용 데이터가 폭발하는 시기가 오면 즉, 4차 산업혁명의 '초연결' 사회가 오면 세상은 데이터의 바다로 가득 찰 것이다. 그러면 인공지능의 활용이 사회 전반으로 확대될 것이며 인간의 노력은 더 이상 필요치 않게 될지도 모른다.

● 초지능 사회의 인공지능

2017년 퓨 리서치 센터Pew Research Center는 미국 성인의 72%가 인공지능 때문에 직업을 잃을까 두려워한다는 설문 결과를 발표했다. 설문 결과, 응답자의 76%가 로봇과 컴퓨터가 대부분의 작업에서 인간을 대신하게 되면 경제적 불평등이 심화될 것이라고 답했다.

크리스토퍼 피사리데스 런던 정경대 교수는 현재 820종의 주요 직업 가운데 34%가 인공지능과 로봇으로 대체될 것이라고 전망했다. 또 컨설팅 회사 맥킨지는 보고서를 통해 2030년까지 세계 노동자의 15~30%가 일자리를 잃을 것으로 예측했는데, 특히 기계 작동, 청소, 조리 등 단순 신체업무의 일자리 대체 비율이 81%에 이를 것으로 분석했다. 더불어 단순 데이터 처리나 수집 일자리도 대체 비율이 높을 것으로 예측했다.

물론 의사, 변호사, 회계사 등 전문직 종사자들도 예외는 아니다. 이미 전 세계 병원에서 IBM이 개발한 이른바 의료계의 알파고 '왓슨 포 온콜로지Watson for Oncology'를 도입하면서 의료업계가 위협을 느끼고 있다. 또한 랜들 레이더 조지워싱턴대학 로스쿨 교수는 인공지능이 판사는 물론 법조계의 대다수 일자리를 대체하여 사법 시스템에 대한 인간의 불신을 제거해줄 것으로 전망했다. 경영·경제계에도 이미 가까이 다가갔다. 글로벌 4대 회계법인은 인공지능을 도입한 재무솔루션을 출시하고 있으며, 인공지능 기업들 역시 영수증 점검 및 인증, 세금보고 등의 회계솔루션을 잇따라 선보이고 있다.

인공지능의 핵심은 인간의 뇌를 그대로 모방한다는 것이다. 그것은 곧 인간이 뇌를 써서 할 수 있는 일을 인공지능이 다 할 수 있다는 의미이다. 인간의 일자리가 인공지능에 의해 모두 대체되는 것은 말 그대로 시간문제다.

현재 인간이 하는 일에는 크게 세 가지 업무가 있다. 절차적업무(procedural work, 단순 절차에 의해 반복적으로 수행하는 업무), 경험업무(gray-hair work, 세월이 지나면서 쌓인 관록으로 해결하는 업무), 두뇌업무(brain work, 두뇌로 해결하는 업무)가 그것인데, 앞으로 이 세 가지 업무는 다음과 같이 단계적으로 인공지능에 의해 대체될 것이다.

첫 번째 절차적업무는 현재까지 자동화가 가장 많이 진행된 업무다. 지금은 상상하기 어렵겠지만 과거에는 고객으로부터 전화를 받고 착신번호를 찾아 전화를 교환·접속하는 전화교환원이 있었다. 전화교환원은 정해진 매뉴얼에 따라 기계처럼 움직인다. 이처럼 단순히 절차에 의해 처리하는 절차적업무는 기술이 발달함에 따라 가장 먼저 자동화된다. 많은 공장의 생산설비가 이미 자동화되었고, 음식점 주문 처리나 마트의 단순 계산업무 등이 자동화되고 있으며, 최근에는 입출금, 통장발급 등 은행 업무의 90%에 달하는 일을 처리하는 은행 무인점포까지 등장했다.

절차적업무는 특별한 지식이나 경험을 필요로 하지 않는다. 단기간의 교육으로도 일정 수준의 업무기술을 습득할 수 있다. 따라서 이러한 절차적업무는 처음에는 기업에서 저단가 인력으로 처리하고, 이후에는 전문 업체에게 아웃소싱을 주어 비용을 절감하며, 나중에는 컴퓨터 프로그램이나 로봇으로 자동화한다.

두 번째 경험업무는 오랜 시행착오로 쌓인 경험으로 감각적 판단을 내리는 업무이다. 이는 흔히 도자기 굽는 장인으로 대표되는데, 수·가공품을 만드는 업무는 지식이나 재능만으로 수행하는 데 한계가 있다. 직접 만들어보고 경험해봐야 실력이 쌓이기 때문이다. 단기간의 교육으로는 원하는 실력을 쌓을 수 없으며, 오랜 시행착오를 거쳐 스스로 원리를 터득해야 한다. 물론 경험업무에는 왕도가 없다. 자기만의 장점을 살려 업무에 접목시키는 고유의 학습 방법을 찾아야 한다. 의사나 영업사원도 이러한 경험업무의 성격이 강하다. 하지만 이러한 경험업무도 현재 인공지능에 의해 대체되고 있다.

일례로 바둑 챔피언인 이세돌 9단을 이긴 알파고는 매일 수만 회의 셀프 대국을 통해 실력을 쌓았다. 오랜 시행착오를 거쳐 바둑 두는 법을 터득한 것이다. 인공지능의 하나인 머신러닝 기술은 '지도학습Supervised Learning'과 '강화학습Reinforcement Learning'으로 나눌 수 있는데, 기본적인 지식이나 테크닉은 지도학습을 통해 가르치고, 그 다음 많은 횟수로 강화학습을 시키면 오랜 경험이 필요한 경험업무도 쉽게 처리할 수 있다. 이를테면 앞서 소개한 도자기 장인, 의사, 영업사원 같은 경험업무도 3D프린터를 이용한 예술작품 제작, 환자 상태에 따른 의사의 처방 최적화, 고객 기호 분석을 통한 챗봇Chatbot[24] 영업사원처럼 머신러닝 기술을 사용하여 대체가 가능하다.

---

24) 채팅하는 로봇. 인공지능을 기반으로 사람과 자동으로 대화를 나누는 소프트웨어.

마지막으로 세 번째 두뇌업무는 문제를 창의적이고 논리적으로 해결하는 업무이다. 주로 예술, 과학, 경영컨설팅 등이 두뇌업무의 성격을 갖는다. 두뇌업무는 이전에 경험하지 못한 새로운 문제를 해결하는 것으로, 기존 방식에서 벗어나 한 번도 적용하지 않았던 문제해결 접근법이 필요하다.

예를 들어 DNA의 이중나선구조나 유기화합물의 공명구조를 생각해내는 것은 단순히 지식과 노력만으로 되는 것이 아니다. 지식도 필요하지만 창의성과 응용 능력이 더 중요하다. 전략이나 마케팅 등의 비정형 경영 문제를 해결할 때에도 창의적으로 가설을 수립하고 그것을 검증하는 두뇌업무가 필요하다. 시시각각 변하고 새로운 문제가 발생하는 현실에서 과거의 경험과 지식만 가지고는 대응할 수 없기 때문이다. 그래서 그동안 이러한 두뇌업무는 기계가 쉽게 따라올 수 없는 인간 고유의 영역으로 여겨졌다. 하지만 이러한 두뇌업무도 다른 업무와 마찬가지로 인공지능에 의해 대체되고 있다.

인공지능이 두뇌업무를 처리하는 방식은 인간의 뇌가 작동하는 원리를 이용한다. 예를 들어 걷지 못하는 아기가 엄마에게 다가간다고 생각해보자. 아기는 아무 경험과 지식이 없는 상태에서 어떻게든 이동하는 방법을 찾아보고, 기어가든 굴러가든 기어코 목표를 이루려 할 것이다. 이때 여러 가지 창의적 방법을 시도해보고 가장 좋은 방법을 찾으면 그것을 발전시킨다. 이것이 두뇌업무인데, 머신러닝에서는 '비지도학습Unsupervised Learning' 기술이 아무런 기본 지식 없이 창의적 문제해결을 가능하게 한다.

비지도학습은 과거의 경험이나 지식을 사용하지 않는다. 아무런 사전교육 없이 창의적 시도만 가지고 문제를 해결한다. 무에서 유를 창조하는 것이다. 인공지능의 창의적 두뇌업무 능력은 알파고의 새로운 버전을 통해 증명되었다. 2017년 업그레이드 된 알파고는 인간의 도움 없이 스스로 학습해 원리를 체득하는 비지도학습을 통해 이세돌 9단을 이긴 기존 버전에 승리했다. 인간이 만든 사고의 틀에 얽매이지 않고 자유롭게 새로운 전법을 창조하여 인간의 한계를 뛰어넘은 것이다. 데이터만 충분히 제공된다면 예술이나 과학, 경영 등 창의적 두뇌업무도 인공지능이 더 잘하게 될지도 모른다.

그러나 인공지능이 인간이 하는 일을 모두 다 할 수 있는 것은 결코 아니다. 감정적인 업무, 공감이 필요한 일은 인간만이 할 수 있다. 또한, 기계도 창의력을 가질 순 있지만 창의력으로 행복을 얻는 것은 인간만의 특권이다. 그러나 빅데이터와 인공지능 기술, 그리고 하드웨어 기술의 발전까지 고려한다면 기술이 인간의 일을 상당 부분 대체하는 것은 피할 수 없다. 이러한 기술의 물결 속에서 '인간의 노력'은 위기를 맞을 것이다.

정보의 과잉은 생각의 결핍을 가져온다

캘리포니아 샌디에이고대학이 1980년과 2000년대 후반의 사람들이 무언가를 읽는 양을 비교해본 결과, 2000년대 후반 사람들이 무려 세 배나 더 많이 읽는 것으로 밝혀졌다. 그렇다면 많이 읽을수록 더 많은 지식을 갖게 될까?

오늘날에는 데이터 수집 주기가 짧아지고 수집 대상이 늘어나면서 데이터가 급증하고 있다. 하루에 생산되는 디지털 데이터 규모는 2ZB(제타바이트)에 달한다. 1ZB는 1TB(테라바이트)의 10억 배이다. 1TB만 해도 20만 개의 MP3 음악파일을 저장하는 용량이니 그야말로 어마어마한 규모다. 더구나 이러한 데이터의 양은 기하급수적으로 늘고 있다. 밸류매니지먼트그룹의 연구에 따르면 2018년부터 2025년까지 전 세계에서 생산되는 데이터의 양은 매년 40% 이상 증가할 것으로 전망되고 있다.

이미 우리는 정보의 홍수 속에 살고 있다. 매일같이 SNS, 온라인 뉴스, TV, 각종 웹사이트 등에서 정보들이 쏟아진다. 넘쳐나는 정보로 인해 우리는 시시각각 멀티태스킹을 강요받기도 한다. 하지만 사람은 너무 많은 정보를 받아들이면 오히려 처리능력이 떨어진다. 실제 멀티태스킹에 관한 실험에서 한 그룹의 사람들에게는 여러 정보를 동시에 처리하며 글을 읽도록 지시하고, 다른 한 그룹의 사람들에게는 정보처리와 글 읽는 업무를 서로 분리하도록 한 뒤 읽은 글을 토대로 보고서를 작성하게 했다. 그 결과 여러 정보를 처리하며 글을 읽은 경우가 그렇지 않은 경우보다 시간은 더 걸리고 품질은 더 낮은 것으로 나타났다.

영국 서섹스대학 연구팀의 실험 결과에서도 유사한 결과가 도출됐다. 이 연구팀은 실험 대상자들에게 여러 정보를 동시에 접하도록 한 뒤, 그것이 뇌에 미치는 영향을 분석했다. 그 결과 참가자들의 '전방대상피질Anterior Cingulate Cortex' 크기가 줄어든 것으로 확인됐다. 전방대상피질은 깊이 있는 문제해결 능력과 통찰력 및 창의력이 발휘되는 부분이다. 쉴 새 없이 정보를 받아들이면 전방대상피질이 활동할 수 있는 시간을 줄여 통찰력과 창의력을 떨어뜨린다.

오늘날 사람들은 많은 양의 정보를 빠르게 처리하는 것을 중요한 능력이라고 여긴다. 하지만 이것은 착각이다. 사람은 기계와 다르다. 정보를 뇌에 장기적으로 저장하고 깊이 있는 사고로 발전시키기 위해서는 정보의 의미를 되새기는 과정이 필요하다. 그러나 현대는 정보를 처리하는 데 충분한 시간을 허락하지 않는다.

대표적인 예가 인터넷 기사이다. 스마트폰은 이미 현대인의 생활에 깊숙이 자리 잡았고, 인터넷 언론들은 단편적인 재미와 자극적인 문구로 어떻게든 스마트폰 사용자의 시선을 끌고자 애를 쓴다. 이때 길거나 내용이 어려운 기사는 소비자의 선택을 받을 수 없다. 소비자는 단시간에 하나라도 더 많은 기사를 보기 원하며, 짧고 강한 자극에 쉽게 반응하기 때문이다. 하지만 단편적인 정보에 빠지다 보면 우리는 단편적인 뇌를 갖게 된다. 단편적인 가치도 물론 중요하지만, 더 깊고 넓은 가치의 바다를 경험하지 못할 위험이 있다는 사실을 명심하자.

정보 과잉의 문제점은 대중음악의 예를 통해서도 알 수 있다. 2010년대에 들어와 세계 대중음악계는 후크송Hook Song이 대세였다. 덕분에 2012년 싸이의 '강남스타일'은 K팝 특유의 후크송으로 세계적인 인기를 누렸다. 원래 후크Hook란 후렴을 뜻하며, 특정 후렴 부분을 여러 번 반복하는 노래를 후크송이라고 한다. 한 연구에 의하면 최근의 히트곡들은 다른 시대 곡들에 비해 멜로디와 가사가 단순하며 자주 반복되는 것으로 밝혀졌다. 주로 F, G, E마이너, A마이너 등 네 개의 코드로 시작해서 끝까지 네 개의 코드가 반복되는데 이것은 세계적인 트렌드이다. 그렇다면 이렇게 단순해 마지않은 후크송이 어떻게 대세가 된 것일까?

스탠포드대학의 컴퓨터 과학자 도날드 누스는 그의 논문 '노래의 복잡성The Complexity of Songs'을 통해 오늘날 크게 히트한 대중음악 노래들은 대부분 다른 노래들에 비해 가사와 멜로디가 단순하다는 것을 증명했다. 정보를 접하는 기회가 한정적인 경우 기억에 많이 남아있는 곡만 살아남는데, 단순한 곡은 반복적으로 정보를 전달하기 때문에 기억에 남기 유리하기 때문이다. 그리고 이러한 현상은 정보가 폭발적으로 증대되는 현대에 와서 더욱 강화되고 있다.

과거 생산시대일 때는 곡을 하나 만드는 데 큰 비용이 투입됐다. 따라서 음악을 듣고자 하는 소비자의 수요에 비해 공급이 부족한 현상이 나타났다. 소비자는 한 곡당 높은 비용을 지불했으며 자연히 한 곡을 여러 번 듣게 되었다. 따라서 이 시기에는 다양한 멜로디와 의미가 담긴 가사의 곡들이 살아남을 수 있었다. 하지만 현대는 공급과잉의 시대이다. 음악 제작 및 유통기술의 발달로 곡을 만드는 데 드는 비용이 크게 줄면서 많은 양의 신곡이 공급되었다. 시간은 한정되어 있는데 들어야 하는 노래가 많아진 것이다.

사람의 뇌는 '위험 회피 기작'에 의해 익숙지 않은 경험에 거부감을 갖게 하며, 임계치 이상의 (여러 번의) 경험이 있어야 장기기억과 보상회로가 작동한다. 하지만 바쁜 현대인은 한 곡을 여러 번 듣지 않는다. 따라서 대중음악 작곡가들은 곡을 한 번 들을 때 여러 번 들은 것 같은 효과를 내야 한다. 그 결과 어디서 들었을 법한 멜로디와 가사를 반복적으로 사용한 후크송 류의 노래들이 쉽게 뇌의 기억과 보상회로를 자극하여 살아남은 것이다. 이처럼 많은 현대인들이 과잉 정보의 여파로 단기적인 기술에 길들여지고 있으며, 그로 인해 숨겨진 가치를 깊이 있게 파헤치는 능력을 점점 잃어가고 있다.

● 기술에 의존하는 순간, 사람의 뇌는 정지한다

아마존, 페이스북, 넷플릭스, 핀터레스트 등 글로벌 플랫폼 기업들은 하나같이 빅데이터에 기반을 두고 고객의 '숨겨진 욕망'을 찾아주는 서비스를 하고 있다. 온라인에서의 행동의 흔적을 모아 소비자의 특징을 파악하고 고객이 좋아할만한 서비스와 상품을 찾아주는 것이다. 이것은 마치 친한 가족이나 친구, 영업사원 또는 카운슬러를 인공지능으로 구현한 것과 같다. 나를 누구보다 잘 알고 나의 삶에 유익한 조언을 해주는 사람처럼 말이다.

이러한 서비스는 인간의 삶에 매우 유용하다. 내가 미처 몰랐던 나의 니즈를 찾아 삶을 더욱 풍족하게 해주기 때문이다. 하지만 기술은 언제나 양면성이 있다. 만약 우리가 기술의 힘을 빌려 숨겨진 니즈를 발견하는 경험을 되풀이한다면, 나중에는 자신도 모르게 기술에 의존할 수 있다. 그러면 자신이 원하는 것, 하고 싶은 것, 좋아하는 것이 무엇인지 판단하는 능력을 상실할 수 있다.

2017년 영국 주간지 이코노미스트는 추천 알고리즘이 사람들의 정치 성향을 양극화시킨다고 지적했다. 예를 들어 미국의 인터넷 종합 쇼핑몰 아마존Amazon에는 '이 책을 구입한 분들이 구입한 다른 책'을 보여주는 추천 엔진이 있는데 이를 통해 진보주의자는 진보주의 책만, 보수주의자는 보수주의 책만 접하게 되기 쉬워졌다. 이 같은 상황이 반복되면 결국 진보와 보수는 성향이 고착화되면서 서로를 점점 더 이해하지 못하고 간극이 더 크게 벌어질 수 있다.

이처럼 생각하는 습관을 잃고 기술에 의존할수록 우리가 판단력을 잃을 위험은 점점 더 커진다. 또 인공지능이 편견을 고착화하는 데도 그것의 옳고 그름을 판단하지 못하고 그저 따라가게 된다.

사실 지금 우리 사회에는 뇌를 쉬게 할 여건이 매우 많다. 계산기가 발달하면서 직접 계산할 필요가 없어졌고, 번역기가 발달하면서 외국어를 공부해야 하는 필요성도 줄었다. 또 비서 로봇 또는 데이터 저장기술이 발전하면서 일상의 정보를 기억할 필요성도 사라졌다. 이처럼 현대기술이 주는 다양한 혜택을 거부할 필요는 없다. 다만 기술을 쓰는 당사자 입장에서 주체적으로 생각하는 습관을 잃지 않도록 노력해야 하는데 그것이 쉽지 않다. 인간의 뇌는 한 번 쉬게 하기는 쉬워도 다시 작동시키는 데는 엄청난 노력이 들기 때문이다.

스탠포드대학의 유전학자 제랄드 크랩트리는 인류의 지능이 서서히 하강하고 있다는 가설을 발표했는데, 그 주된 이유 역시 뇌를 쓸 필요가 없는 현대의 환경 때문이었다. 애플의 창립자인 스티브 잡스는 자신의 자녀들이 아이패드 쓰는 것을 금지했다. 기술을 능동적으로 쓰지 못하고 오히려 기술의 노예가 되어 생각하는 습관을 잃어버릴까 염려했기 때문이다.

기술이 점차 발전하면서 생각하는 방법을 잊고 매사에 맹목적으로 행동하는 사람들이 양산될 우려도 더 높아지고 있다. 따라서 기술을 주체적으로 이해하고 판단하여 자신의 행복을 위해 어떻게 사용할지에 대한 고민이 필요한 시점이다. 개개인의 행복의 관점에서 판단하는 것이므로 정답은 없지만, 결코 간과해서는 안 될 문제다.

● 조직생활의 딜레마

찰리 채플린의 코미디 영화 '모던타임스(1936)'를 보면, 거대한 공장에서 일하는 떠돌이 주인공이 등장한다. 그에게 사장은 계속 빨리 생산하라고 재촉한다. 주인공은 쉴 새 없이 일만 하다가 나중에는 나사처럼 생긴 것은 뭐든지 조이려는 증상을 보여 정신병원으로 이송된다. 기계의 부속품처럼 일하던 습관이 정신에 그대로 나타난 것이다.

과거 수세기 동안 인간이 하는 일은 주체적 사고에 의한 업무보다 조직의 지시와 수동적 관성에 의한 업무가 많았다. 그렇다면 조직에서 주체적으로 생각할 수 있는 기회는 얼마나 될까? 밸류매니지먼트그룹의 조사에 따르면 업무나 위치에 따라 편차가 존재하지만 평균 20% 미만인 것으로 나타났다. 다시 말해, 업무의 80% 이상은 정해진 대로 처리하거나 상위자의 뜻대로 진행하는 경우가 많다는 뜻이다. 이러한 수동적인 일상은 창의력 감소로 이어진다. 인간의 뇌는 창의적 사고와 수동적 복종을 동시에 잘하기 어렵게 설계되어 있기 때문이다.

2000년대는 글로벌 무한경쟁이 시작되고 규모의 경제를 이루고자 의도한 기업의 인수합병이 활발해지며 생산시대가 절정에 달한 시기였다. 과거에 비해 조직의 규모는 커져만 갔고 기업 간에도 조직관계가 형성되다가 결국 거대한 글로벌 수직구조가 만들어졌다. 현대인 역시 직간접적으로 조직에 속해 있는 경우가 대부분이며 조직에서는 상하관계 속에서 일하는 경우가 많다. 하지만 일반적으로 조직에서의 활동은 능동적으로 사고하는 힘을 감소시키는 결과를 가져온다. 인간은 조직에 속해 있을 때 생각하지 않도록 학습되어 왔다. 과거 수렵시대부터 공동의 목표를 달성하기 위한 수직조직에서는 소수의 인원만이 주도적으로 생각하고 의사결정을 내렸다. 그래야 전체 조직이 일사불란하게 움직일 수 있고, 공동의 적에 맞서 사냥에 성공할 수 있었기 때문이다. 인간의 이러한 습성이 무의식에 남아서 조직에 속하게 되면 본능적으로 생각을 중단하고 다른 누군가의 결정에 따르게 된다.

2011년 듀크대학의 심리학자 그레인 피츠시몬스는 조직이 개인의 성취에 미치는 영향에 대한 실험을 했다. 팀에 속한 실험참가자가 개인 과제를 처리하는데 주변 팀원들은 순전히 도와주는 역할만 했다. 그러고는 그 성과를 측정했는데 팀에 속한 사람은 그렇지 않은 경우보다 목표 성취도가 훨씬 낮게 측정됐다. 조직에 속해 있다는 안정감과 조직생활에서의 긴장감이 개인적 자아실현에 부정적으로 나타난 것이다. 피츠시몬스의 실험은 조직이 안정감과 협동성을 증진시켜주지만 개인의 동기부여와 노력을 감소시키며 주도적인 사고를 위축시킨다는 것을 증명하는 사례이다. 만약 조직에서 다양성을 존중하고 팀워크가 원활히 돌아가면 시너지가 발생할 수 있다. 하지만 생산 중심의 시대에는 그런 역할을 하는 작업은 매우 적으며, 창의적이고 주도적인 역할을 하는 인원은 회사 내에서도 극소수다. 대부분은 뇌를 쓰지 않는 훈련으로(뇌가 쉬는 시간이 아니다) 시간을 보낸다.

여기서 뇌를 쓰지 않는 훈련이란 무엇일까? 대체로 조직생활과 창의력은 반비례 관계이다. 사람들은 오랜 조직생활을 통해 관성에서 벗어난 생각을 줄이고 조직의 지시에 순응하면 편해지고, 반대로 적극적으로 의견을 개진하고 개성을 드러내면 손해 본다는 사실을 알게 된다. 물론 조직이 원활하게 움직이기 위해서는 우선 개인이 주체적으로 생각하는 습관을 줄여야 한다. 주변인들의 생각을 살피고 조직에서 원하는 대로 업무를 처리하는 태도가 더 중요하기 때문이다. 고대 그리스의 철학자 플라톤은 소수의 도덕적 철학자들에 의한 다수 지배를 옹호한 바 있다. 생산시대에는 이러한 엘리트 리더십과 기계적 협동을 토대로 큰 성과를 거둘 수 있다. 이것은 경쟁사회에서 불가피한 방향이었으나, 그 결과는 다수에 해당하는 피지배 계층의 능동적 사고력의 손실이었다.

그러나 지금 우리는 생산시대를 넘어 소비시대로 들어서고 있다. 우리 하나하나가 주인인 시대다. 수평적 조직의 기업들이 싹트기 시작했고, 주체적으로 사고하고 유기적으로 협동하는 움직임이 보이고 있다. 사회적 인간에게 협력은 시대를 막론하고 매우 중요하다. 단, 미래에는 경쟁적 협력이 아닌, 개개인의 고유의 사고를 존중하는 화합적 협력이 중심이 될 것이다.

전 미국 대통령 버락 오바마는 "민주주의는 원래 엉망이다."라는 말을 통해 사회구성원 개개인을 존중하는 자세가 가치 있음을 역설했다. 집단의식은 늦더라도 천천히 같이 갈 때 성숙한다. 오늘날 개인의 능동적 사고는 점차 깨이고 있으며, 소비시대가 진행되면서 집단의식도 성숙하고 있다. 그러한 희망에도 불구하고, 기존의 수직적 사회구조로 인해 주체적, 능동적으로 움직이지 못하는 인간의 생각은 위기에 처해 있다.

● 중독의 시대에 들어서다

미국은 '인디언Native American'에게 상당한 특혜를 준다. 인디언 보호구역에는 인디언만이 허가를 낼 수 있는 카지노가 있고, 인디언 상점에서 파는 담배는 세금도 없다. 명목상으로는 인디언에 대한 우대 정책이지만 결과적으로 인디언들을 중독의 세계로 빠뜨렸다. 인디언을 위한 특혜가 인디언을 주체적으로 사고하고 행동할 필요가 없는 존재로 만드는 우민화 정책이 된 것이다.

현대는 중독의 시대이다. 위스콘신대학의 게리 크로스 박사는 저서 『포장된 즐거움(2016)』에서 오늘날 대다수의 사람들이 중독된 채 살고 있다고 주장했다. 과거에는 마약, 술, 담배, 도박 등 중독성 있는 요소들에 대해 일반적인 경계심이 있었고, 이것들이 어느 정도 격리되어 있어 중독의 위험이 낮았다. 하지만 현대에는 중독의 위험이 도처에 숨어 있다. 오늘날 심각한 문제로 대두되는 스마트폰, 포르노, 게임 중독뿐 아니라, 일 중독, 탄수화물 중독, 카페인 중독 등 중독으로 분류하기 애매한 요소까지 우리 일상에 깊이 뿌리내리고 있다.

2009년 사망한 가수 마이클 잭슨은 평소 단시간 수면마취제인 프로포폴에 의지했다. 프로포폴은 인체에 투여되면 불안감이 사라지고 기분이 좋아지는 등의 환각 증세를 일으킨다. 잭슨은 불면증을 치료하고자 6개월간 매일 프로포폴을 투여하다가 결국 사망에 이르렀다. 프로포폴은 일종의 마약이라고 할 수 있는데, 마약이 위험한 것은 중독성 때문이다. 중독성 없는 마약이란 없으며, 이는 우리 뇌의 보상회로의 작동원칙에 어긋난다.

뇌는 우리의 행동에 대해 과거 경험을 기준으로 보상을 한다. 변화(엔트로피 증대)를 일으킨 자극, 즉 생존과 번영을 가져왔던 자극이 들어오면 보상을 준다. 그런데 마약은 뇌의 보상회로에 유사 자극을 주어 강제로 보상을 유도한다. 이러한 자극에 뇌는 처음에는 속지만 나중에는 가짜라는 걸 알아차리고 점점 보상을 줄인다. 따라서 보상을 다시 얻기 위해서는 더 큰 자극이 필요하므로 점점 중독에 빠지는 것이다. 뇌의 보상회로는 잘못된 자극에 휘둘리지 않고 거시적 방향으로 변화를 추구하도록 설계되었기 때문이다. 그러면 사람은 어째서 중독, 즉 가짜 자극에 의한 보상을 바라는 걸까?

1980년대 캐나다 심리학자 브루스 알렉산더는 중독에 관한 실험을 위해 쥐들을 척박한 환경에 넣고 약물을 주어 중독에 빠지게 했다. 그 다음 쥐들을 두 그룹으로 나눈 뒤 각각 다른 환경에 넣었다. 한 그룹은 원래 그대로의 척박한 환경에, 다른 그룹은 먹이도 풍부하고 남녀 균형도 잘 맞는, 즉 모든 욕구를 해결할 수 있는 좋은 환경에 넣었다. 이후 두 그룹 모두에게 중독성 약물을 전과 같이 계속 공급했다. 그 결과 원래 환경에 있던 쥐들은 끝까지 약물을 탐닉하다가 죽었고, 좋은 환경에 있던 쥐들은 중독성 약물을 스스로 거부하고 자유롭게 생활했다. 이러한 사례는 사람에게서도 볼 수 있다. 실제로 베트남 전쟁에서 헤로인 중독에 빠져 있던 군인들이 집으로 돌아와 가족의 품에 안기자 그중 90% 넘는 수가 쉽게 마약을 끊었다. 이처럼 사람은 자신이 현재 처해 있는 환경에서 고통과 스트레스로부터 탈출할 수 있는 수단으로 마약을 선택하고 중독으로 빠져든다.

이로써 알 수 있는 것은 중독의 근본 원인이 사회적 환경에 있다는 것이다. 그렇다면 현대에 중독을 일으키는 사회적 환경은 어떤 것이 있을까? 과거 공급의 시대에서는 문제가 되지 않았던 부분들이 소비시대로 들어서는 과도기에 문제로 드러나고 있다. 첫 번째는 중독을 유발하는 물질과 정보의 자유로운 소비이다. 현대에는 생산기술의 발달로 상품 비용이 낮아져 경제적 부담 없이 중독에 빠질 수 있다. 스마트폰 보급은 포화 상태로 치닫고 있고, 디지털 정보는 거의 무제한으로 공급되고 있으며, 맛있는 데다 저렴하기까지 한 식품과 음료들도 등장해 중독에 이르는 문턱을 낮추고 있다.

두 번째는 성장의 정체이다. 생산의 과잉이 온 지금 시대에는 개인의 자아실현, 즉 능력의 신장과 잠재력 실현에 어려움이 있다. 대부분의 현대인은 자아실현이나 사회적 만족감이 아닌, 경제적 목적으로 일을 한다. 충족되지 않은 자아실현 욕구는 콤플렉스로 작용하여 욕망의 배출구가 필요하게 되며 성장강박증을 해결하기 위해 무엇에든 몰두하고 집착한다. 이러한 스트레스는 물질적 중독으로 이어진다.

밸류매니지먼트그룹의 연구에 따르면 수직적 조직의 통제에 적응한 도시인이 더 쉽게 중독에 빠지는 것으로 드러났다. 그 이유는 주체적, 비판적 사고 습관이 부족해 자신이 무엇을 원하는지를 모르기 때문이다. 중독은 악순환이다. 중독은 현대에 만연한 생각의 위기를 더욱 악화시킨다. 단편적인 즐거움에 집착하다 보니 점점 더 생각하는 습관을 잃게 되는 것이다.

성장강박증이 창의력을 죽인다

세계경제포럼WEF은 2018년 보고서를 통해 세계 정책입안자와 경제전문가들이 지나치게 국내총생산GDP에 의존하여 정책을 연구한 결과 시민들의 생활수준이 악화되고 있다고 분석했다. 실제로 과거 수십 년 동안 세계 대부분의 국가에서 성장우선 정책을 펴왔다. 빈부격차와 환경문제가 야기됨에도 불구하고 말이다. 도대체 우리가 성장에 이토록 집착하는 이유는 무엇일까?

인류 역사는 경쟁과 성장의 역사다. 인류는 과거 수만 년 동안 다른 개체와 생존경쟁을 하며 성장을 이뤄왔으며 국가 간, 민족 간에도 치열한 경쟁이 끊임없이 존재했다. 문제는 인간은 한없이 성장(즉 번영)을 추구하는데, 성장은 환경의 제약을 받는다는 것이다. 실제 서서히 환경적, 사회적 한계가 드러나고 있음에도 불구하고 인간은 여전히 관성에 떠밀려 성장을 추구하고 있다.

성장이 정체되면 여러 문제가 생긴다. 인간의 성장 욕구가 해결되지 못하기 때문이다. 조직이 성장을 멈추면 조직 내부에서 갖은 불협화음이 발생하는 것도 이런 이유 때문이다. 오늘날 현대인은 이중의 위기에 봉착했다. 경제성장은 정체되고, 일자리는 기술에 의해 대체되는 상황에 처한 것이다. 따라서 더 이상 경제활동을 할 수 없을지도 모른다는 실직의 위험과 더 나아가 생존의 위협까지 느끼고 있다.

미국 캘리포니아대학UCLA의 의학자 마크 쉔은 저서 『당신의 생존본능이 당신을 죽인다』에서 인간은 잠재적 위험에 대해 과도하게 반응하도록 설계되었다고 말한다. 기술의 위협, 경제불황, 조직관계 등은 생존의 문제가 아님에도 불구하고 우리 뇌의 생존본능을 자극한다. 이는 감정을 조절하는 뇌의 변연계가 현대의 생존위험을 쉽게 구분하지 못하기 때문에 일어나는 현상으로, 소비시대는 이제 막 당도했는데 뇌는 아직 이것을 학습하지 못해서 잠재적 위험으로 보고 과도하게 반응하는 것이다.

● 지금 당신이 느끼는 불안이 당연한 이유

'세포자살'로 알려진 '아포토시스apoptosis' 현상이 있다. 생물이 행복(변화)을 얻지 못할 때 발생하는 자기파괴 현상이다. 올챙이는 개구리가 되면서 꼬리가 없어지고 다리가 나오는데 이때 다리가 되지 못한 꼬리 부분의 세포들은 더 이상 존재가치를 찾지 못하고 자살한다. 세포는 자신이 속한 생명집단 차원에서 더 이상 도움이 되지 않는다면 죽음을 선택한다.

세포는 집단을 이루는 하나의 생물이다. 인간도 인류 집단을 이루는 하나의 생물로써 이와 같은 딜레마를 겪게 된다. 성장강박증은 생명체 고유의 특징인 '변화에의 추구'에서 비롯된 것이나 지금은 외적으로 물질적 변화는 서서히 줄어들고, 내적으로 정신적 변화가 시작되는 과도기적 시점이다. 물질적 성장에 한계가 오는데 정신적 성장이 따라오지 못하면 기존의 방식에서 더 이상 행복을 얻지 못하고 뒤처진다. 그러면 인류 집단에서 존재가치를 찾지 못하는 '허무주의(니힐리즘, Nihilism)'에 빠지게 된다. 허무주의는 우울증과 중독을 낳고 자살률을 증가시킨다. 현대와 같은 과도기적 상황에서 필연적으로 발생하는 문제이다.

현재의 과도기 시대에 인간이 행복하기란 쉽지 않을 것이다. 국가 간 경쟁구도나 일자리 문제를 공동체의식과 사회시스템으로 해결하려는 움직임이 보이고 있긴 하지만, 막다른 골목에서 방향을 전환하는 혼란을 집단 전체가 겪고 있다. 사회집단과 공감하지 않는 사이코패스나 정신지체자가 아닌 이상, 사회적 인간인 우리는 집단 과도기를 피할 수 없다. 따라서 많은 현대인이 불안에 떨게 되고 스트레스를 짊어지게 된다.

● 스트레스는 창의력을 억제한다

한 조사에 따르면 전 세계 기업의 최고경영자 중 84%가 취임 후 2년 이내에 재무적 성과를 내야 한다는 압박을 받는 것으로 밝혀졌다. 미국 서던캘리포니아대학USC의 회계학자 메이 쳉의 연구에 의하면 단기성과 압박에 의해 투자나 비용을 미뤘던 기업들의 주가는 18개월까지는 소폭 상승했으나 그 이후에는 큰 폭으로 하락하는 것으로 나타났다. 이처럼 기업의 단기성과에 대한 압박은 부메랑이 되어 중장기 기업의 가치 하락으로 이어진다. 이러한 현상은 학계에서도 목격된다. 2013년 당시 스위스 로잔연방공대EPFL에서 박사과정을 밟고 있는 한 학생은 졸업을 앞둔 상황에서 학교를 그만두며 다음과 같은 글을 남겼다.

"오늘날 대다수의 연구자들은 자신이 잘 알고 쉽게 논문을 쓸 수 있는 문제에만 도전하고 있으며, 세간에 유행하는 연구 주제만 선택한다."

본질적이고 영속적인 진리 탐구 대신 단기적인 성과만 추구하는 기회주의적 학자들이 늘고 있는 현 세태에 대한 아쉬움을 드러낸 대목이다. 실제로 경제적인 부담과 급변하는 학문적 관심으로 인해 단기적이고 경제성 있는 연구들만 진행되는 경우가 많다. 이러한 압박감은 정작 중요한 창의적 역량을 발휘하지 못하게 하는 족쇄로 작용한다.

보스턴 연방준비은행의 선임연구원인 아낫 브라차는 하버드대학의 의사결정과학 연구소Decision Science Laboratory에서 실험을 진행했다. 실험에 참가한 학생들에게 높은 배점의 창의적 수열문제와 낮은 배점의 단순 계산문제를 자유롭게 풀도록 지시하였다. (틀릴 경우 그만큼 감점을 받는다.) 학생들은 평균 64%의 시간을 창의력을 필요로 하는 높은 배점의 어려운 문제에 도전하여 높은 점수를 기록했다. 그런데 다른 그룹의 실험에서는 학생들 간에 점수경쟁으로 승패를 가른다고 하고 문제를 풀도록 지시했다. 그랬더니 학생들이 높은 배점의 어려운 문제에는 13%나 적은 시간을 썼다. 그리고는 쉽고 낮은 배점의 문제를 많이 푸는 데에만 집중했다. 결국 다른 그룹 실험보다 평균 점수가 낮게 나타났다. 경쟁이 주는 스트레스 때문에 창의력과 침착성을 잃고 확실한 점수를 딸 수 있는 쉬운 문제에 집착하게 된 것이다.

스트레스가 나쁜 것만은 아니다. 적당한 스트레스와 긴장은 일에서의 의욕을 고취시킨다. 그러나 일반적으로 스트레스 상황은 창조적인 깊은 사고를 제한하고 빠르고 기계적인 계산 능력을 강화한다. 이것은 인류가 생존이 걸려 있는 사냥이나 전쟁 같은 스트레스 상황에서 냉철함을 유지함으로써 경쟁에 승리하도록 뇌에 프로그래밍 되어 있기 때문이다. 실제 과거 생산시대에는 스트레스와 압박이 일의 효율을 높이고 근면성을 제고하는 데 도움을 주었다. 하지만 현대에는 뇌 전체를 이용해야 하는 공감능력과 창의적 사고를 제한함으로써 비정형의 창의적 문제해결에 오히려 큰 걸림돌로 작용한다.

펜실베니아대학의 애덤 그랜트 교수는 한 분야에서 안정을 확보하면 다른 분야에서 창의성을 발휘할 수 있다며 안정의 중요성을 강조했다. 또한 경영전문가 조지프 라피는 직장을 다니면서 창업한 사람이 직장을 그만두고 나와 창업한 사람보다 실패할 확률이 33%나 낮다는 조사결과를 소개한 바 있다. 종합하면 생존이라는 스트레스를 받지 않고 안정을 갖는 것이 현대의 창의적 기술 기업에 매우 중요하다고 볼 수 있다. 그런데 현대인은 성장강박증에 사로잡혀 불안감과 스트레스 지수가 높다. 이는 다가올 미래에서 활동에 장애물이 될 수 있다.

요컨대 오늘날 기술의 발전은 인간의 노력을 점점 더 쓸모없는 것으로 만드는 것은 물론 생각하는 힘마저 앗아가고 있다. 그런가 하면 소비시대로 접어든 까닭에 현대인이 느끼는 과도기적 불안감은 커져만 간다. 따라서 이 시대에 효과적으로 대응하기 위해서는 생명체 고유의 역할인 '행복'과 '공감능력'이 절대적으로 필요하다. 이에 다음 chapter에서는 행복과 공감능력이 어떻게 새로운 시대에서 불안감을 극복하고 주체적인 삶을 살게 하는 열쇠가 되는지 자세히 살펴보고자 한다.

chapter 7 돌 아 보 기

- 4차 산업혁명은 전 산업 분야에 걸쳐 일어나는 '소비혁명'이다. 기술적 특징은 '초연결'과 '초지능'으로 압축할 수 있으며, 그 중심에는 데이터가 있다.
- 빅데이터 기술과 인공지능 기술은 각각 초연결과 초지능을 가능케 한다. 이러한 기술을 토대로 앞으로는 대부분의 인간의 업무(창의적이고 논리적인 일까지)를 로봇이 할 수 있을 것이다.
- 현대인은 정보의 과잉으로 인해 깊이 있는 생각을 할 여유와 필요가 없어졌으며, 자동화 기술의 혜택으로 인해 수동적, 소극적으로 사고하게 되었고, 거대한 조직에 속해 있으면서 생각하지 않는 습관을 갖게 되었다.
- 현대에는 많은 중독이 자리 잡고 있는데, 중독의 근본 원인은 사회적 환경이다. 중독을 유발하는 물질과 정보가 범람하고 있으며, 생산의 과잉이 온 지금 불안감 해소와 개인의 자아실현 욕망의 해결이

필요하기 때문이다.

- 인류는 한없이 양적 성장을 추구하는데 서서히 환경적, 사회적 한계가 드러나면서 위기감을 느끼고 있다. 현대인은 관성에 떠밀려 성장을 추구하는 성장강박증으로 인해 불안과 스트레스에 쌓여있는데, 이것은 미래사회에 필요한 창의적 사고와 공감능력을 제한한다.

chapter 8

행복능력의 비밀을 찾아라

아이작 아시모프의 공상과학 소설 『바이센테니얼맨(1977)』에는 인간의 모습을 하고 있는 휴머노이드(인조인간)인 앤드류가 등장한다. 가정용 로봇인 그는 기술적 결함으로 인해 지적인 호기심과 창의력을 갖게 된다. 그는 인공 장기를 개발하는 등 인류에 큰 공헌을 하고 자유와 권리를 점차 인정받게 되지만, 인간으로서 인정받는 것은 계속 거부된다.

너무나 인간이 되고 싶었던 앤드류는 자신의 양전자 두뇌에서 조금씩 누전을 일으키게 함으로써 로봇의 무한한 삶을 버리고 인간처럼 유한한 수명을 선택한다. 인간이 되기 위해 영생을 포기한 앤드류의 결단은 전 인류의 마음을 흔들어 놓았고, 마침내 세계 의회는 앤드류가 200살이 되어 죽음에 이르렀을 때 '그를'이라고 선언한다.

인간 또는 생명체로 인정받는 기준은 무엇일까? 언젠가는 로봇을 생명체라고 부를 수 있을까? 인공지능과 센싱 기술은 로봇에게 많은 능력을 선사할 것이다. 로봇은 높은 지능과 창의성을 얻을 것이며, 감정도 표현할 수 있게 될 것이다. 그러나 기술이 아무리 발전해도 인간으로 인정받기 위한 조건 한 가지가 부족하다. 그것은 '행복할 수 있는 능력'이다. 생명체의 뇌의 보상회로를 통해 행복감을 느끼는 프로세스는 인공지능의 보상회로의 그것과는 다르다. 앞서 살펴봤듯이 생명체의 뇌의 보상회로는 집단과의 초연결을 이루고 있음과 동시에 엔트로피의 증대라는 자연적 방향성과 일치하기 때문이다.

단언하건대 소비시대는 이 '행복능력'이 전부라고 해도 과언이 아니다. 기술은 우리 뇌의 보상회로를 최대한 가동시키도록 적절히 사용하는 도구에 불과하다. 지금부터 현대에 일어나는 행복능력에 관한 움직임에 대해 알아보자.

미래시대의 열쇠를 쥐고 있는 Z세대

2018년 세계가전협회CES에서는 Z세대를 타깃으로 한 마케팅과 신기술이 대거 선보였다. 3D프린팅 기술과 로봇 제작에 활용되는 큐브로이드 코딩 기술을 비롯해 VR, 헤드셋 등도 소개되었다. 아울러 할리우드 기반의 콘텐츠 개발 업체들은 Z세대를 위한 마케팅 전략과 콘텐츠도 발표했다. 이렇듯 지금은 Z세대에 관심이 집중되고 있다. 단순히 떠오르는 세대여서가 아니다. 이 젊은 세대는 소비시대의 문제와 해답을 동시에 던져주는 중요한 역할을 한다.

Z세대는 1990년대 중반에서 2000년대 중반 사이에 출생해 유년시절부터 디지털 미디어에 노출된 세대를 일컫는다. Z세대는 어릴 때부터 인터넷을 자연스럽게 접했으며, 대부분 물질적 풍요 속에 자라왔다. 물론 Z세대에게도 앞서 언급한 기술에의 의존, 정보의 과다, 중독 현상 등의 부작용은 해결해야 할 문제이다. 그러나 주목할 점은 이들은 미래시대에 필요한 능력을 이미 갖추고 있다는 것이다. 이들에겐 생산시대에 볼 수 없었던 두 가지 특징이 있다. 그것은 '능동적 선택'과 '무형의 가치'이다.

첫 번째로 Z세대 특유의 '능동적 선택'에 대해 살펴보자. 리서치기업 닐슨에 따르면 Z세대는 경제력이 낮음에도 불구하고 그중 66%가 주체적으로 상품을 판단하고 선택한다. 풍부한 정보, 다양한 의견을 접한 뒤 합리적이고 유연한 결정을 내리는 것이다. 이들은 또한 기술을 적극적이고 능동적으로 사용한다. 시장조사업체 스타티스타에 따르면 Z세대는 하루에 약 10시간 정도 모바일기기를 사용한다. 더불어 소셜미디어를 통해 소통하며, 셀프서비스나 자동화된 알고리즘을 적극 활용하여 정보에 접근하고 스스로 문제를 해결한다.

이처럼 Z세대가 수동적인 모습을 보이는 과거 세대와 다르게 능동적인 이유가 무엇일까? 그 이유는 물질과 정보의 과잉 시대에 성장기를 보냈기 때문이다. 부모 세대가 물질을 쟁취하기 위해 치열하게 경쟁해야 했던 것과 달리, 이들은 물질과 정보의 부족을 한 번도 경험해보지 못했으며 오히려 늘 선택해야 하는 입장이었다. 한정된 자원에서 최선의 결과를 얻기 위해 능동적으로 자신의 기호를 감안해 결정하고, 기술도 능동적으로 활용하는 습관을 갖게 된 것이다. 또한 Z세대는 기본 욕구인 생리적 욕구와 안전의 욕구는 당연히 해결되는 것으로 여긴다. 물질을 위해 생존 경쟁을 해본 적도 없으며 그런 경쟁을 이해하기도 힘들다. 따라서 물질에 대한 집착도 낮다. 이들은 물질적 사치나 재물을 쌓아 놓는 행태를 이해할 수 없다. 물질은 소유하지 않고 공유해도 무방하다.

두 번째로 Z세대는 '물질'이 아닌 '무형無形의 가치'를 중시한다. 2018년 뉴욕 브루클린에서는 젊은 세대 중심으로 '마이크로 산책micro walks'이 큰 인기를 끌었다. 마이크로 산책이란 코스를 줄이는 대신 구석구석을 세심히 관찰하며 나만의 가치를 발견하는 활동으로, 이를테면 공원에 있는 수많은 클로버 속에서 어제 찾지 못했던 네잎 클로버 하나를 발견하는 식이다. 최근 선진국의 젊은 세대는 이처럼 소소하지만 확실한 행복을 얻고자 하며 작고 평범한 세계에 만족하려는 심리가 강하다.

과거에는 남들이 갖지 못하는 고가의 시계, 가방, 자동차 등을 과시하는 물질적 사치가 많았다. 하지만 현대의 젊은이들에게는 남에게 과시하기 위한 사치보다는 자신에게 의미 있는 무형의 가치를 중시하는 문화가 나타나고 있다. Z세대는 금전적 보상에 대한 욕구보다는 자아실현 욕구가 강하며 자신만의 행복을 창조해내려는 특징이 있기에 주로 여행 일화, 특별한 경험, 자신의 생각 등을 공유하며 자신의 느낌을 표현하는 것을 즐긴다.

Z세대에게 왜 무형의 가치가 사치품이 되었을까? 과거 물질 중심의 문화에서 사치품은 물질 고유의 가치가 아닌 희귀성으로부터의 가치가 인정된 것이었다. 하지만 물질 과잉 시대에서 자라온 Z세대에게 물질은 더 이상 희귀하게 여겨지지 않으며, 따라서 사치품이 아니다. 실제로 풍족하게 자라온 사람은 물질에 대한 집착과 과시적 성공에 대한 열망이 상대적으로 적다. 더구나 지리적, 계층적 장벽이 없는 온라인 환경에서 자라온 이들의 삶의 양식에는 수평적 문화가 녹아 있다. 평등 시민의식과 사회 비판의식을 갖추고 있는 한편 한정된 물질에의 경쟁심은 강하지 않다.

소비시대에는 소비를 잘하는 것이 가장 중요하다. 비록 현재의 견고한 기득권 시스템이 초래한 불가피한 측면일 수도 있지만, Z세대의 이러한 특징은 미래 소비 방향의 핵심과 일맥상통한다. '능동적 선택'과 '무형의 가치'를 추구하는 성향은 물질보다 정서적 안정이 중시되는 미래시대의 이상적인 움직임이다.

● 행복능력은 실수하는 능력이다

현대의 기술은 눈부시게 빠른 속도로 발전하고 있다. 할아버지 세대에는 한 가지 기술로 삼대가 먹고 살 수 있었고, 아버지 세대에는 한 세대가 먹고 살 수 있었다. 하지만 오늘날에는 한 가지 기술로는 10년 먹고 살기도 쉽지 않다. 실제로 현재 실용 지식의 수명은 평균 3년밖에 되지 않는다고 한다. 힘들게 배운 기술이 3년 후에는 대부분 낡은 지식으로 전락하는 것이다. 심지어 가까운 미래에는 인간이 기껏 기술을 배우면, 그것을 배우는 동안 폐기처리 될 수도 있다.

이러한 이유로 유행하고 있는 얕은 기술을 배워 단기적으로 일하는 사회 분위기가 조성되고 있다. 초단기 과정의 기술교육 학원이 생기고, 단편적 지식을 얻기 위한 서적이 발행되며, '꼭 알아야 할 ○○가지'와 같은 제목의 콘텐츠들이 난무하고 있다. 기술은 급변하는데 현대인은 기술을 따라가기에만 급급하다.

이러한 현상은 다음 이야기로 비유할 수 있다. 어느 마을에서 '찰리 채플린 닮은꼴 선발대회'가 열렸는데, 그곳을 지나가던 채플린이 장난기가 발동해 신분을 숨기고 대회에 참가했다. 그런데 결과는 3등에 그쳤다. 심사위원들은 다른 사람들이 채플린보다 더 채플린을 닮았다고 평가한 것이다. 역설적이게도 현대인 또한 인간을 닮기 위해 노력하고 있는 듯하다. 기술시대에 우리는 "인간이라면 무엇을 해야 할까?"라는 질문을 끊임없이 던지며 그 답에 부합하고자 애쓰고 있다. 하지만 과연 이러한 질문에 정답을 찾으려 애쓸 필요가 있을까?

진짜 채플린은 채플린 닮은꼴 대회에서 노력이 필요 없다. 자신이 바로 채플린이므로 있는 그대로의 모습을 보여주면 되기 때문이다. 마찬가지로 인간은 인간을 닮기 위해 노력할 필요가 없다. 인간을 닮기 위한 노력은 기계의 몫이다. 인공지능 및 로봇 기술은 기계가 인간을 닮기 위해 노력하는 기술이다. 아마도 미래에 '인간 닮은꼴 선발대회'가 열린다면 1위는 로봇이 차지할지도 모르겠다. 실제로 한 인공지능 채팅 프로그램을 블라인드 테스트(튜링 테스트) 한 결과, 인공지능이 진짜 사람보다 '사람인 것 같다'는 대답을 더 많이 얻었다.

지금 우리가 해야 할 일은 '사람의 존재human-being'를 제외한 나머지 '사람의 역할human-doing'을 기술화·자동화하고 그것을 이용하는 것이다. 인공지능에 의해 극도로 효율적인 개체는 나올 수 있지만 극도로 행복한 개체는 나올 수 없다. 인간 뇌의 보상회로는 기계와는 달리 결과가 아닌 과정으로 보상한다. 즉, 인간은 시행착오를 겪고 학습하는 과정에서 행복감을 얻는다. 수동적인 기계는 완벽하지만 능동적인 인간은 실수를 저지른다. 실수는 실수에 그치지 않는다. 행복을 얻기 위한 설계의 결과이다. 인간은 인간이기만 하면 충분하다. 그러니 안심해도 좋다.

미국 시인 엘라 윌콕스는 "일어나는 모든 일은 그것이 최선이다."라는 가치관을 피력했다. 인간의 행동은 국지적, 단기적 비효율이 있을지라도 전체적이고 장기적인 측면에서는 긍정적인 결과를 낳는다는 것이다. 데이터전체론이 주장하는 바도 동일하다. 실수는 행복을 얻는 과정에서 자연히 발생하는 것이다. 행복하기 위해 인간은 내면의 목소리와 행동에 귀를 기울여야 한다.

아울러 생산시대를 지켜온 토대는 효율과 경직성인 반면, 소비시대에 인간은 비효율적일 권리가 있다. 앞으로의 가치는 호기심 많은 어린아이의 행동처럼 '비효율'과 '자연스러움'에서 얻어진다는 것을 꼭 기억하자. 기술은 인간을 따라올 뿐이다.

● 자신을 이해하는 힘 vs 남을 이해하는 힘

미국 정치인이자 과학자인 벤자민 프랭클린은 다음과 같이 말했다.

"세상에서 가장 단단한(hard, 어려운) 세 가지는 강철, 다이아몬드, 그리고 자기 자신을 아는 것이다."

이처럼 자기 자신을 아는 것은 매우 어렵다. 어찌 보면 그것은 불가능에 가깝다고 할 수 있다.

한 설문조사에서 사람들에게 본인의 운전 실력이 어느 정도 수준인지 물었다. 평균 이상과 평균 이하 중에서 선택하도록 했는데, 95%가 넘는 사람들이 자신은 평균 이상이라고 대답했다. 만약 실제로 운전 실력을 측정한다면 평균을 중심으로 반반 나뉠 테니 50%가 나와야 정상이다. 하지만 대부분의 사람들은 자신의 운전 실력을 과신하고 있다.

또 다른 실험도 있다. 이스라엘 심리학자 바루크 피쇼프는 사람들에게 일반 상식 문제를 풀게 하고는 스스로 몇 점 정도 나올지를 가늠하게 했다. 결과는 평균 70~80점밖에 되지 않았지만 대부분의 실험 참가자들이 자신이 100점 가까이 맞힌 것으로 대답했다. 이처럼 사람은 누구나 과도한 자신감이나 열등감을 가지고 있다. 그래서 자기 자신을 올바로 이해하는 것은 너무나 어렵다.

자신을 이해하는 능력의 부족은 이상과 현실 간의 괴리를 낳는다. 펜실베니아대학 심리학자 가브리엘 외팅겐의 연구에 따르면, 체중감량 프로그램에 참가한 여성 중 살이 많이 빠질 것이라 과도하게 확신한 사람일수록 오히려 체중감량 효과가 적게 나타났다고 한다. 또한 높은 학점을 예상하는 학생들이나 곧 취업에 성공할 것이라 확신한 학생들 등 결과에 대한 환상이 강한 사람일수록 오히려 원하는 결과를 얻지 못한다는 사실이 밝혀졌다. 이렇듯 과도한 자신감이나 열등감은 자신에 대한 이해의 부족을 뜻하며, 결국 현실에서 원치 않는 결과를 맞게 된다. 자신의 의지력과 능력을 무시한 채 무리한 계획을 추진한다거나 자신의 선호도를 고려하지 않고 장기적 결정을 내리는 일 등은 나와 나 자신을 멀어지게 할 뿐이다.

자신을 이해하는 것만큼 남을 이해하는 것도 중요하다. 2000년대에 들어와 '같아요 신드롬'이 유행처럼 번지고 있다. 이것은 자신의 감정이나 의견을 표현할 때 "…인 것 같아요."라는 문구로 마무리하는 방식으로, '위험기피Risk-aversion' 심리의 표현이다. 이 같은 현상이 나타난 이유는 두 가지다. 첫째로 자기 자신의 감정을 모르고, 둘째는 남의 감정도 모르기 때문에 일단 불확실하게 대답하여 위험을 회피하는 것이다.

사실 자기 자신을 이해하는 것은 남을 이해하는 것과 방식이 똑같다. 스스로를 이해하는 방법은 그저 타인을 이해할 때 쓰는 잣대를 자기 자신에게 대는 것뿐이다. 다음에 소개하는 듀크대학 철학자 알렉스 로젠버그가 2016년에 진행한 연구가 이 사실을 뒷받침한다. 자폐아들은 자신의 행동의 이유를 설명(이해)하는 능력이 부족하다. 또한 타인의 행동을 이해하는 능력도 부족하다. 그런데 연구 결과, 이들이 자기 자신을 이해하는 능력과 타인을 이해하는 능력을 언제나 동시에 상실한다는 것이 밝혀졌다. 이는 자기 자신을 이해하는 능력과 타인을 이해하는 능력이 동일하다는 증거다. 만약 두 능력이 다르다면 적어도 어떤 환자들은 둘 중 하나의 능력을 갖고 있어야 하기 때문이다.

인간은 남을 관찰하듯 자기 자신을 관찰한다. 대부분은 다른 사람보다 자기가 자기 자신을 더 잘 이해한다고 믿는다. 그 이유는 이해의 차이는 정보의 양에 의해 생기는데, 자신을 이해하는 데 필요한 정보가 눈과 귀를 통해 더 많이 들어오기 때문이다. 자기공명영상fMRI를 이용해 뇌 활동을 관찰한 결과, 기억이나 학습 기능의 영역과 자신을 이해하는 기능의 영역은 분리되어 존재하는 것으로 나타났다. 요컨대 자기 자신을 이해하는 능력은 논리적 문제 처리와 같은 능력이 아니라, 자기 안에 있는 기관들과의 공감능력이다.

인간이 거대사회를 형성하고 전문성을 쌓으면서 이성 영역과 감정 영역 간의 간극은 커져갔다. 특히 생산시대에 접어들면서 지식 중심의 사회가 되고 이성적 능력이 중시되면서 기억력이나 계산 능력 등은 발전했으나 자신의 내면을 관찰하고 이해하는 능력은 상대적으로 감소했다. 그런데 소비시대에 접어들면서 비로소 자신을 이해하는 능력을 개발하려는 움직임이 일어나고 있다.

공교롭게도 이는 기업에서 소비자를 이해하기 위한 움직임과 일치한다. 현대 기업들에게는 소비자를 이해하는 것이 필수적이므로, 자신을 이해하듯 소비자를 이해하고자 노력한다. 많은 글로벌 기업들이 '롤플레잉role-playing' 기법을 이용해 다양한 소비자의 행동을 연구한다. 소비자에게 감정이입함으로써 소비자를 이해하려는 시도이다. 이처럼 앞으로는 지식의 뇌가 아닌, 자신과 타인을 이해하는 '공감의 뇌'를 발달시킬 필요가 갈수록 커질 것이다.

● 자신을 대면하는 것은 언제나 불편하다

자기 자신에 대한 정보는 눈과 귀를 통해 많이 들어오지만, 이것을 활용하지 않으면 의미가 없다. 자신을 올바로 알기 위한 현대의 트렌드는 우선 자신의 감정을 기록하고 그것을 분석하는 것에서 출발한다.

미국 예일대에서는 2018년 '심리학과 좋은 인생'이라는 새 강좌를 개설했는데 예일대 역사상 가장 인기 있는 강좌가 됐다. 이 강좌에서는 가장 먼저 '너 자신을 해킹하라Hack yourself'라는 프로젝트를 진행했다. 이것은 자기 자신을 철저하게 분석한 뒤 적나라하게 펼치는 일로써, 먼저 자신이 한 행동과 그때의 감정을 세세히 기록한다. 그리고 감정의 원인을 파헤치는데, 학생들은 그 원인을 해결하지 않고 이해하는 것만으로도 안정과 자신감을 얻을 수 있었다.

행복하기 위해서는 자신의 감정을 알고 사실을 마주하는 것이 우선이다. 그리고는 근본적 문제(원인)을 인지하는 것이 필요하다. 예를 들어 나는 남들이 보기에 부러울 것 없이 살고 있지만, 고독감을 느낀다는 사실을 인정한다. 그리고 우울증 같은 고통의 1차적 원인은 돈이나 사회적 관계이지만 그것의 근본적 원인은 우리 사회의 경쟁기반 성장(변화)강박증이라는 사실을 아는 것이 필요하다. 그렇지 않을 경우 잘못된 처방을 내리게 된다. 문제를 인지하는 것은 문제를 해결한 것과 다름없다. 일단 문제를 인지하면 어떻게든 해결방향으로 나아가기 때문이다.

불편한 감정일수록 솔직히 대면하는 것이 자신을 이해하는 데 큰 도움이 된다. 예를 들어 "왜 세월호 참사에는 애통해하면서, 자동차 사고는 신나게 구경하는가?"와 같은 주제를 다루는 것이다. 이러한 질문에 답을 얻기 위해서는 자신의 감정에 대한 정확한 이해가 필요하다.

한 조사에 따르면 사람은 남의 불행을 즐기면서도 애써 감정을 숨긴다고 한다. 중국 화난華南사범대학 심리학자 샤오즈 펭은 사람들이 여러 종류의 뉴스에 어떻게 반응하는지 알기 위해 뇌 영상을 촬영했다. 사람들은 유명인의 나쁜 소식에 대해 겉으로 내색하진 않았지만, 뇌의 보상시스템은 활발하게 움직였다. 이는 그들이 속으로는 기뻐했음을 의미한다. 반면 그들이 "남의 불행을 보고 슬퍼해야 하는가?"와 같은 정의로운 사회규칙의 질문에 대답할 때는 이성적 판단의 영역인 전두엽의 실행제어 영역이 활성화되었다. 즉 본심이 아닌 학습에 따라 억지로 대답했다는 의미다.

물론 학습에 의해 나타나는 '정의를 추구하는 태도'는 바람직하며 이것을 부정하지는 않는다. 다만 현재의 자신을 정확하게 이해하기 위해서는 사실 그대로의 감정을 대면해야 한다. 세월호 참사와 같은 집단적 재앙에는 자신에게 다가올 부정적 영향 또는 사회적 분노를 본능적으로 직감하여 슬퍼지고, 단순한 자동차 사고를 보는 경우엔 진화적으로 경쟁에서 승리했다는 보상회로가 작동하여 즐거워지는 감정이 발현된다. 감정의 형성은 언제나 자연스럽다. 감정 자체는 좋고 나쁨이 없는 하나의 사실일 뿐이다.

개인의 노력으로 이러한 감정의 보상회로를 고칠 수 있을까? 남의 불행에 대해 슬퍼하려는 노력을 오랫동안, 열심히 하면 뇌의 보상시스템이 변할까? 아마도 쉽지 않을 것이다. 수만 년 동안 진화하면서 갈고 닦은 감정의 보상회로를 단기간에 바꾸기는 어렵다. 만약 보상회로가 쉽게 바뀐다면 그것이 비정상이다.

도덕적 딜레마로 유명한 트롤리 문제를 소개할까 한다. 여러분은 육교 위에 서 있다가 아래에 브레이크가 고장 난 트롤리(기차)가 다섯 명의 인부를 향해 질주하고 있는 장면을 목격한다. 무거운 것을 떨어뜨려 트롤리를 멈춰야 하는데, 육교에는 여러분 외에 뚱뚱한 사람 한 명만이 있을 뿐이다. 여러분은 체중이 적어 육교에서 떨어져도 트롤리를 멈출 수 없고, 뚱뚱한 사람을 떠밀 경우 확실히 트롤리를 멈출 수 있다. 그렇다면 그 사람을 육교 아래로 떨어뜨려야 하는가?

미국 도덕철학자인 주디스 톰슨은 이 문제를 제시하며, "뚱뚱한 사람을 죽이자."는 선택을 한 사람들을 '공리주의자'라고 부르기로 했다. 학계에서는 이내 공리주의가 도덕의 지향점인 것처럼 받아들여졌으며, 다섯 명의 인부를 죽이는 결정을 한 사람이 오히려 죄책감이 드는 사회 분위기가 조성됐다.

이에 대해 옥스포드대학 윤리학자 가이 카하네는 "감정의 보상회로는 쉽게 바뀌지 않는다."는 실천적 이슈를 제기했다. 추가적 연구를 통해 그는 "뚱뚱한 사람을 죽이자."고 답한 이들은 사이코패스psychopath 기질 테스트에서 높은 점수를 받았으며 공감능력 테스트에서는 낮은 점수를 받았다고 밝혔다. 즉 이들은 '공리주의적 사고'와는 관계없이 감정의 보상회로에 문제가 있었던 것이다. 반대로 "다섯 명의 인부를 죽이자."는 결정을 내린 응답자는 78%에 달했는데, 이들의 공감능력은 정상이었다. 공리주의적 행동을 추구하는 방향은 옳다. 하지만 그보다 더 중요한 것은 우리 공리주의 의식의 현주소가 어디인지를 아는 것이다. 감정의 보상회로를 고치는 것은 그 후의 문제이다.

감정의 원인을 해결하기 위해 조급해할 필요는 없다. 단지 자신의 감정을 직시하고 왜 그런 감정이 나왔는지를 정직하게 이해하고 인정하는 것이 주체성의 첫걸음이며, 그것만으로도 우리는 안정을 얻을 수 있다. 이것이 행복능력의 가장 중요한 주춧돌일 것이다.

자아실현은 자발적으로 하는 것이다

현대에는 물질에 대한 접근이 쉽고 정보의 바다가 눈앞에 펼쳐져 있어 과거에 비해 원하는 것을 얻기가 용이해졌다. 또한 오늘날 공장은 주문생산 능력을 갖춰 소비자의 다양한 욕구를 반영할 수 있게 됐다. 따라서 소비자가 개인적 욕구만 공급자에게 알려주면 그에 맞는 제품을 쉽게 공급받을 수 있다. 일례로 스포츠용품 기업 아디다스는 사용자가 원하는 운동화 디자인, 색상, 소재 등을 선택하면 자동화된 생산 공정을 이용해 그대로 만들어주는 '대량 맞춤 생산mass customization'을 하고 있다. 또 일본의 내셔널자전거공업에서는 모듈화된 모델, 색상, 디자인을 조합해 고객에게 1,000만 가지 이상의 서로 다른 자전거를 만들어주고 있다. 이처럼 소비시대에는 소비자의 욕구에서부터 생산이 시작된다.

한편, 사람의 DNA에는 수많은 유전자가 있는데 그중 약 3%만 사용된다. 나머지는 '쓰레기DNAjunk DNA'라고 불리는데, 이것의 존재 목적을 알지 못한다. 즉, 우리는 유전정보의 과잉에 시달리고 있다. 유전자가 없어서 못 하는 일은 없으며 우리의 삶에 도움이 되는 유용한 단백질을 만드는 것은 전적으로 우리 자신에게 달려 있다.

소비시대의 인간도 마찬가지다. 물질과 정보는 상당 부분 제공된다. 재료비용이 낮아지고 3D프린팅 기술이 발전하는 미래에는 물질과 정보가 제약조건으로 작용하는 경우가 드물 것이다. 오히려 이

풍부한 재료를 어떻게 활용하여 욕구를 충족시킬 것인가가 화두가 될 것이다. 더 나아가 소비자 중심의 경제는 우리 삶을 송두리째 바꿔 놓을 것이다. 단순히 물질에만 해당하는 게 아니라, 하고 싶은 일도 능동적으로 선택하는 사회로 변모할 것이다.

최근 승마가 세계적으로 인기를 얻고 있다. 현재 독일에는 공식적으로 1만 개가 넘는 승마클럽이 등록되어 있으며, 프랑스에서는 '모든 이를 위한 승마'라는 모토로 대중을 대상으로 한 단체 수업이 활성화되고 있다. 한국에서도 승마 교실, 승마 동호회 등을 어렵지 않게 찾을 수 있다. 중세시대에는 귀족만의 스포츠였지만, 여가시간이 많아지고 승마장의 공급이 풍부해진 현대에는 대중적 스포츠로 자리 잡고 있다. 과거에 말은 중요한 이동수단으로서 필요에 의해 말 타는 기술을 배우고 연습했다. 하지만 다른 이동수단이 발달한 현대에 말을 타고 다니는 경우는 거의 없다. 최근 승마는 이동수단의 목적이 아닌 개인적 만족을 위한 취미로서 인기를 얻고 있다.

이렇듯 기술이 발전하고 물질 공급이 증가하면서 과거에는 생존을 목적으로 한 일들이 자아실현의 도구로 변모하는 경우가 늘고 있다. 소비시대에 들어서며 과거에는 경제적 이유에 의해 원치 않아도 해야 했던 일들을 이제는 자아실현과 자기행복을 위해 자발적으로 하는 것이다. 현대 한국에서 볼 수 있는 전통방식의 '도자기 만들기 체험' 같은 활동이 그 예이며, 본래 포괄적 의미의 스포츠도 과거의 수렵시대의 행동양식이 더 이상 생존에 필요하지 않으니 개인적 만족을 위해 취미로 변화된 것이다.

기술의 발달은 일자리를 뺏는다는 단점이 있지만, 이는 역설적으로 자아실현의 기회를 준다는 장점이 되기도 한다. 기술에 의해 없어진 일들은 반드시 할 필요가 없게 되었기에 미래에 취미로 되살아날 확률이 높기 때문이다. 예를 들어 과거에는 다른 나라와 무역을 하기 위해 외국어를 배웠다. 외국어 습득 과정은 대부분 스트레스가 되었을 것이다. 하지만 인공지능에 기반한 기계 번역이 발전하고 기계를 이용해 충분한 의사소통이 가능해지면 앞으로는 외국어를 배우는 것도 승마 같은 취미생활 중 하나가 될 것이다. 필요에 의해 외국어를 공부하는 것이 아닌, 외국문화를 접한다거나 뇌를 자극하기 위한 자아실현 활동이 될 것이다.

이처럼 생산과잉과 기술발달은 가치의 세계로 안내하는 거대한 문을 활짝 열어놓은 것과 같다. 다만 그동안 생산시대에서 조연으로만 살아온 수동적 인간이 갑자기 소비시대라는 무대의 주인공으로 지목됨에 따라 정작 당사자는 큰 당혹감과 불안감을 느끼고 있다. 하지만 점차 이에 대한 대응의 움직임이 일어나고 있다.

● 나만의 인생 설계가 필요하다

영화 '시카고', '브리짓 존스의 일기' 등으로 절정의 인기를 누렸던 미국 영화배우 르네 젤위거는 한동안 영화계를 완전히 떠났다. 그녀는 자신이 '가면증후군imposter syndrome'을 앓고 있다고 밝혔다. 가면증후군이란 유능하고 사회적으로 인정받는 사람이 자신의 무능함이 밝혀지지 않을까 걱정하는 심리 상태를 말한다. 르네 젤위거는 사람들이 언제 자신을 비난할지 모른다는 불안감에 시달렸다고 한다.

오늘날 많은 사람들이 자신의 삶이 아닌 다른 사람의 삶을 가면처럼 쓰고 살고 있다. 실제로는 불행한 결혼생활이지만 주변 시선을 의식하여 마치 잉꼬부부인 것처럼 행동하는 소위 '쇼윈도 부부'가 늘고 있으며, 타인의 시선을 지나치게 의식하여 자신의 의지와 상관없이 행동을 하는 사회적 강박증을 앓는 사람들도 상당수다. 사회적 동물인 인간이 남의 시선을 전혀 의식하지 않고 사는 것은 불가능하지만, 남에 대한 과도한 의식은 나에 대한 관심을 줄이는 결과를 낳게 된다.

현대사회는 소비자를 중심으로 재편되고 있으며 소비자의 욕구를 만족시키려는 공급자들의 노력은 한없이 계속된다. 문제는 소비자가 '자신의 욕구를 충분히 알고 있는가'이다. 이러한 질문은 얼핏 어리석어 보이기도 한다. 대부분의 사람들은 자신의 욕구를 완전히 알고 있다고 믿기 때문이다. 그러나 엄밀히 파헤쳐보면 사회적 압력이나 주변 시선을 의식해 자신이 원하는 것과 무관한 삶을 살거나, 심지어 자신이 원하는 것이 무엇인지도 모르는 삶을 사는 사람들이 많다.

미국 스탠포드대학에서 가장 인기가 많다는 '인생 설계Design your life'라는 과목에서는 사회의 시선이나 부모의 요구에 휘둘리지 않고 자신이 원하는 삶을 찾는 방법을 가르친다. 이를 위해 가장 먼저 어떤 일을 할 때 가장 행복했는지, 그리고 어떤 일을 할 때 자신의 열정과 에너지가 솟아나는지 솔직하게 기록하도록 한다. 그러고는 행복을 경험했던 과거의 패턴을 찾아 꾸준히 주도적으로 행복을 찾아가는 연습을 하게 한다.

행복을 찾는 이러한 노력은 과연 효과가 있을까? 비록 뇌의 보상회로를 바꾸진 못하지만, 이러한 노력은 관점 전환의 측면에서 큰 의미가 있다. 행복에는 정답이 없으며, 행복을 얻는 방법에도 정해진 틀은 없다. 지금 우리는 그동안 사회적 압력하에서 잃어버렸던 '스스로 행복을 찾는 습관'을 되찾는 단계에 있다. 이러한 노력은 단기적으로는 현재 가려졌던 행복의 길을 찾을 수 있게 하며, 장기적으로는 자신에 대해 지속적으로 관심을 기울임으로써 자아실현을 이루는 힘이 된다.

● 자기만의 행복을 창출하는 방법

2000년대는 세계적으로 오디션 프로그램이 전성기를 누렸다. '아메리칸 아이돌', '브리튼스 갓 탤런트' 등 각국에서 인기 프로그램들이 쏟아져 나왔다. 오디션 프로그램에서는 출연자들이 노래, 춤, 요리, 디자인 등의 재능을 보여주어 청중 또는 심사위원들의 선택을 보다 많이 받기 위해 경쟁한다. 이들은 자기가 얼마나 경쟁자보다 우월한지, 얼마나 청중들에게 가치를 잘 전달하는지를 보이려 노력한다.

오디션 프로그램은 생산자가 주인공이다. 생산자는 소비자의 선택을 받기 위해 적극적으로 경쟁하고, 소비자는 소극적으로 선택하는 역할을 한다. 그런데 아마도 미래에 오디션 프로그램이 있다면 소비자가 주인공이 될 것이다. 똑같은 노래, 음식 등으로 소비자가 얼마나 행복감을 얻어내는지를 경쟁적으로 증명하는 것이다. 소비시대에 능동적으로 선택하는 습관이 지속되면, 똑같은 사물도 남과 다르게 보며 자기만의 행복을 창출하는 능력을 기를 수 있다.

하버드대학 심리학자 대니얼 길버트의 저서 『행복에 걸려 비틀거리다Stumbling on Happiness』에는 '자기만의 행복을 창출하는 능력'을 설명해주는 실험이 나온다. 먼저 실험 참가자에게 여섯 개의 모네 작품에 대해 순위를 매기도록 한다. 그리고 잠시 뒤, 참가자에게 작품 중 하나를 선물로 줄 테니 선택하라고 한다. 이때 선택 가능한 작품은 참가자가 3위와 4위로 정한 작품이다. 대부분의 참가자는 그나마 나은 3위 작품을 선택한다. 15분이 지나고, 참가자에게 다시 여섯 개 작품의 순위를 매겨보게 했다. 그랬더니 대부분 아까 자신이 선택한 작품의 순위가 올라가고, 선택하지 않았던 작품은 순위가 내려갔다. 이것은 조금 전 자신이 '좋은 결정을 했다'고 무의식적으로 믿게 되었기 때문이다. 이렇듯 사람은 자신이 선택한 '결과'에서 행복을 창출하기도 한다.

사람은 누구나 자기만의 '행복 창출 능력'이 있다. 인간은 행복을 찾아 꾸준히 변화하도록 설계되어 있다. 과거에는 물질적 성장만으로 충분히 행복을 얻을 수 있었지만 지금은 내적, 정신적 성장이 행복을 창출하는 시대이다. 미래에는 행복을 창출하는 능력이 가장 중요한 능력으로 떠오를 것이다. 더불어 행복을 창출하는 능력은 인체 기관의 물리적 변화를 수반한다. 넓은 평원에 살던 몽골인들은 시력이 발달했고, 자연 속에서 살아온 고대인류는 야생동물과 같은 수준의 청력을 가졌다. 마찬가지로 인간도 행복 창출 요소가 변화함에 따라 그에 부응한 감각기관이나 창의력의 발달이 자연히 따라올 것이다.

다른 모든 능력을 제외하고, 행복 창출 능력만 본다면 아마 어린아이가 으뜸일 것이다. 어린아이는 기상천외한 방법으로 다양한 시도를 할 뿐만 아니라 때로는 실수하고 때로는 성취해가며 끊임없이 행복을 추구한다. 인공지능도 시행착오를 겪는 방법은 동일하지만 돌아오는 건 기계적 신호에 불과하다. 인간만이, 그중에서도 어린아이가 행복을 만들어내는 가장 훌륭한 능력을 가지고 있다.

● 행복을 생산하는 방법은 창의력에 있다

2016년 세계경제포럼에서는 4차 산업혁명을 선도할 혁신역량으로 '창의력'을 꼽았다. 기술에 의한 일자리 불안이 커지면서 인간만이 갖고 있는 창의력을 교육을 통해 적극적으로 개발해야 한다는 주장이 힘을 얻고 있다. 창의력은 매우 중요하다. 그렇다고 창의력이 그나마 기술이 대신할 수 없는 일이라서 중요하다는 뜻은 아니다. 앞서 살펴보았듯이 창의력조차 인간만의 것이 아닌, 인공지능 또한 할 수 있는 영역이다. 창의력은 남을 위한 것이 아니라 다름 아닌 나 자신을 위한 능력이다. 행복을 창출하는 힘이기 때문이다.

노스캐롤라이나대학의 심리학자 바바라 프레드릭슨은 '긍정적 정서의 확장축적이론'에서 사람들의 행복 경험과 창의력(또는 상상력)이 높은 상관관계를 갖는다는 연구 결과를 내놓았다. 사람은 창의적으로 행복을 증폭시키고, 창의적으로 불행을 절감함으로써 행복을 창출한다. 예를 들어 소박한 식사를 하면서도 행복한 경험과 낭만적 풍경을 떠올리고, 친구와의 대화에서 그의 행복을 공감하며, 잠에 들 때도 즐거운 상상에 빠지는 것이다. 이것을 흔히 '긍정적인 자세'라고 하는데, 긍정적 자세의 기본은 나를 위한 창의력에서 나온다.

또한 창의력은 뇌를 다양하게 활용하여 생각 범위를 확장할 때 나온다. 축적된 데이터(집단지성)의 바다에서 뇌의 보상회로를 작동시키는 부분을 우연히 찾아 행복을 창출하는 힘이 창의력이다. 어린아이가 집안 물건을 가지고 노는 것, 긍정적인 생각을 하는 것, 공상과학소설을 쓰는 것 등 모두 뇌의 보상회로를 찾는 과정이다.

즉, 창의력 훈련은 곧 행복을 창출하는 훈련이다. 인간은 자신만의 창의적인 방법으로 행복을 창출한다. 그렇다면 창의력은 어떻게 기를 수 있을까?

2018년 밸류매니지먼트그룹은 교육벤처포럼을 통해 '교육은 필요악'이라는 입장을 발표했다. 교육은 없는 것이 바람직하지만 사회적인 상황에서 어쩔 수 없이 요구된다는 주장이다. 교육은 단기적으로는 유용한 듯 보이지만, 장기적으로 사람의 사고능력을 감퇴시킨다.

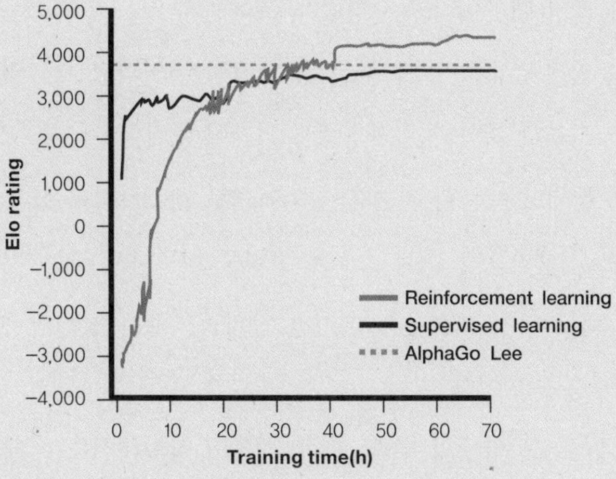

[출처]
https://www.unz.com/jthompson/game-over-for-humans

2017년 구글 딥마인드는 인공지능 바둑 프로그램 알파고를 두 가지 방식을 이용해 학습시킨 논문결과를 공개했다. 한 알파고는 인간으로부터 바둑의 기본 기술을 교육받은 뒤 자가 학습을 했고(Supervised Learning 그래프), 다른 알파고는 교육 없이 자가 학습만 수행했다(Reinforcement Learning 그래프). 그 결과, 처음에는 교육받은 알파고가 교육받지 않은 알파고를 압도했지만, 특정 시점 이후부터는 교육받지 않은 알파고의 실력이 월등히 우세해졌다.

본 논문의 저자 중 한 명인 데이비드 실버는 교육받지 않은 알파고가 교육받은 알파고보다 강한 이유에 대해 '인간 지식의 한계에 속박되지 않기 때문'이라고 설명했다. 교육받지 않은 알파고는 처음에는 한동안 어이없는 수를 두는 등 교육받은 알파고보다 훨씬 뒤떨어졌다. 그러나 독학하는 과정에서 인간이 개발한 기술을 스스로 깨달았을 뿐더러 독특한 기술을 창의적으로 개발하기도 했다. 이렇듯 수많은 시행착오를 통해 스스로 요령을 터득하게 하는 것은 단기적으로는 견디기 어려운 일이지만 장기적으로는 창의력 증진에 훨씬 더 좋은 방법이다.

우리나라 고등학생의 수학, 과학 과목의 학업성취도는 세계 최고수준이다. 한국 학생들은 엄청난 교육열로 인해 고등학교나 대학교 때까지 외국 학생들에 비해 두각을 나타낸다. 그러나 독자적인 창조물을 내야 하는 박사과정 때부터는 점점 외국 학생들에게 뒤처진다. 스스로 생각하는 힘이 약해서 깊이 있는 결과물을 만들어내기가 어렵기 때문이다.

우리나라에 과학 분야 노벨상 수상자가 없는 것도 이러한 이유에서다. 이는 우리나라의 현 사회시스템에 기인한 것으로 우리 사회에서는 정해진 교육의 틀에 잘 맞춰가야 좋은 대학과 좋은 직장에 들어갈 수 있다. 교육의 틀을 벗어나면 불이익을 받는다. 학생들은 교수의 설명을 한 글자도 틀리지 않고 그대로 답안에 작성해야 높은 학점을 받는다.

파블로 피카소는 "모든 사람은 예술가로 태어난다. 문제는 '자라면서 어떻게 예술가로 남아있는가'이다."라는 말을 남기며 틀에 갇힌 교육을 비판한 바 있다. 사회 유지 측면에서 교육은 두말할 필요 없이 중요하다. 그러나 경쟁과 수직조직의 시대는 저물고 화합과 다양성의 시대에 접어들면서 인간은 스스로 답을 찾는 창의성이 중요해졌다. 이러한 능력을 기르기 위해서는 무엇보다도 스스로 답을 찾을 수 있게 '내버려두는' 과정이 필요하다.[25]

전체론 관점에서 교육이란 삶에 필요한 이성적 정보를 전달하는 것이다. 대부분의 동물들은 교육을 받지 않는다. 기껏해야 어미의 행동을 보고 새끼들이 따라하는 정도다. 동물들은 본능이라는 집단의식에 의해 저절로 정보를 공유하기 때문이다. 그러나 인간은 각자가 대뇌를 발달시키면서 집단의식이라는 서버와 분리되었다. 따라서 본능으로만 얻어진 정보는 삶을 영위하기엔 극히 적어 교육이 필요해졌다.

요컨대 생존과 사회성을 가르치기 위해 교육은 어쩔 수 없이 필요하다. 단, 앞으로는 사회 안전을 보장하기 위한 교육은 지속하되, 지식 위주의 획일적 교육은 점차 줄어들 것이다. 목적의식과 스트레스를 줄이고, 자유롭게 시행착오를 겪으며 능동적으로 다양한 주제를 고민하도록 '내버려두는' 문화가 서서히 자리 잡을 것이다. 창의력은 행복의 필수조건이다. 정해진 틀에 갇히면 자신만의 행복을 창출하기 어렵다. 따라서 창의력을 개발하기 위해서는 시

---

25) 다만 현 사회시스템에서 남들은 고등 교육훈련을 받는 가운데 홀로 여유 있게 하고 싶은 것만 할 수는 없을 것이다. 장기적으로는 바람직한 교육이지만, 사회적 인간인 이상 단기적 열등감을 견디기 어려울 것이기 때문이다. 따라서 사회시스템적 변화가 동반되어야 한다.

행착오를 허용하는 자유로운 환경이 있어야 한다. 자유로운 환경은 단지 외부의 조건만 뜻하는 게 아니라, 마음과 태도의 변화 또한 포함된다.

● 창의력은 영원히 유지될 수 있을까

2018년 미국 시사지 '내셔널 리뷰'는 '마음 내려놓기' 명상이 미국에서 새로운 복음으로 자리 잡았다고 보도했다. 명상은 미국에서 10억 달러의 시장규모로 성장할 정도로 열풍이 일고 있다. 마음 내려놓기란 '긍정적으로 생각하자' 또는 '욕심을 버리자'라는 의미로 통용되며, 쉽게 행복을 얻는 방법으로 소개되고 있다. 사실 내려놓는 능력만 있으면 삶이 무한정 즐거울 수 있다. 마음을 내려놓는다는 것은 마치 맛있는 음식을 먹은 후 타임머신을 타고 음식 먹기 전으로 돌아가는 것과 같기 때문이다. 하지만 내려놓는 훈련이 말처럼 쉽지만은 않다. 열역학법칙을 거스르는 영구기관은 없듯이 행복을 끝없이 얻는 것은 불가능하기 때문이다. 뇌의 보상회로에서 신경전달물질인 도파민이 지나치게 분비되면 뇌는 자가수용체를 분비해 이를 억제한다. 이것은 행복을 제어하는 자연스러운 생명현상이다.

우리는 오랜 기간에 걸쳐 만들어진 뇌의 보상회로를 단기간에 바꿀 수 없다. 그렇다면 우리는 뇌의 보상회로에 적응하고 그것의 거시적 방향에 발맞춰가야 한다. 전체론 관점에서 보면, 뇌의 보상회로는 자연의 변화(엔트로피의 증가)를 지향한다. 따라서 자연의 변화에 동참하고 자연의 거대 방향에 맞춰 가면 뇌에서 보상(행복감)

을 얻을 수 있다. 결국 현실적인 '내려놓기'란 자연의 흐름을 따르는 것이 된다. 그러기 위해서는 마음과 태도의 변화가 필요하다. 자연의 흐름에 몸을 맡기기 위한 '유연한' 자세가 필요한 것이다.

"신념은 감옥이다."

독일의 철학자 니체도 유연한 사고의 필요성을 주장했다. 창의성과 행복은 주변 환경과 자연스럽게 어울림으로써 얻어진다. 그런데 자연은 끊임없이 변화한다. 어느 하나를 굳게 믿는 행위(신념)는 자연의 흐름을 거부하는 것과 같다.

인간은 본래 자유롭고 유연한 존재지만, 집착에 의해 판단의 균형을 잃게 되면 경직되고 치우친 사고를 갖게 된다. 예를 들어 경직된 과학자는 논문을 위해 소신을 굽히지 않다가 결과 데이터를 부정하게 되며, 직장이나 단체 같은 조직에서는 자신이 처한 상황에서 사고의 틀이 정해져 정보를 왜곡하여 해석하기도 한다. 특정 목적을 위해 자신의 선입관을 뒷받침하는 정보만 선택하는 '확증 편향confirmation bias'이 바로 대표적인 경직성이다. 인간은 누구나 이러한 경직성을 피할 수 없다. 물리학자 아인슈타인조차 말년에는 정치적 역할을 주로 맡으면서 젊은 과학자들, 새로운 과학 주제에 대한 관심은 줄고, 경직되고 편협한 관점을 고수하게 되었다. 경직성은 거시적인 자연의 흐름을 외면하게 하고 자연이 주는 창의성을 놓치게 만든다.

세종대왕은 젊은 신입 관리와도 거리낌 없이 논쟁했고, 스티브 잡스는 자신이 틀렸다는 생각이 들면 의견을 번복하는 데 주저하지 않았다. 이렇듯 새로움을 기꺼이 받아들이는 유연한 자세는 시대의 흐름을 읽고 편견을 피하며 창의적 사고를 하는 것을 가능하게 해준다.

여기서 주목해야 할 점은 주체성 없이 흔들리는 것과 유연한 자세는 다르다는 것이다. 주체성이 있어야 사고의 틀에 얽매이지 않고 자연의 흐름에 적응할 수 있다.

톨스토이는 그의 저서 『안나 까레니나』를 통해 "행복한 가정은 모두 비슷하지만, 불행한 가정은 불행의 모습이 제각각이다."라는 말을 남겼다. 인간의 사고 역시 이와 같다. 막힘없이 순환하면 한 가지의 자연적 모습이 나오지만, 어느 한 군데 집착이 있다면 그것이 문제점으로 드러나게 된다. 유연한 사고를 가로막는 '집착'이란 분석심리학에서 다루는 '콤플렉스'와 동일하다. 집착은 과거 경험과 데이터를 통해 형성된 결과물이며 해결해야 할 숙제다. 쉽게 해결되진 않지만 개인적, 사회적 의식이 성숙해감에 따라 집착은 차차 해소된다.

집착을 해소하기 위한 사회적 움직임은 오늘날 곳곳에서 나타나고 있다. 우선 사회구성원 개개인 간의 장벽이 허물어지고 있으며, 서로 간에 소통이 급격히 증가하고 있다. 이러한 움직임 속에서 사회는 공동체의식이 증진되고, 개인은 공감능력이 발전한다.

chapter 8 돌 아 보 기

- 로봇과 인간을 구분하는 단 하나의 기준은 '행복할 수 있는 능력'이다.
- Z세대는 자신에게 필요한 재화를 능동적으로 선택할 줄 알며 무형의 가치를 중시한다. 물질이 풍요로운 소비시대에 자라온 세대가 자신의 행복을 증가시키는 선택을 하는 습관이 나타난 특징이다.
- 인간은 기계와 경쟁할 필요가 없다. 인간은 기술을 이용해 행복할 수 있는 방법만 고민하면 된다. 인간은 시행착오를 겪고 학습하는 과정에서 행복감을 얻는다.
- 행복하기 위해서는 우선 자기 자신을 이해하는 것이 필요하다. 자신의 감정을 솔직히 펼쳐놓고 대면하는 것은 불편하지만 꼭 필요한 과정이다. 그리고는 근본적 문제(원인)을 파악하는 것이 필요하다. 일단 문제를 파악하면 어떻게든 해결방향으로 나아갈 수 있다.
- 주변의 시선과 기대가 아닌, 자신의 솔직한 욕구를 찾는 것이 필요하

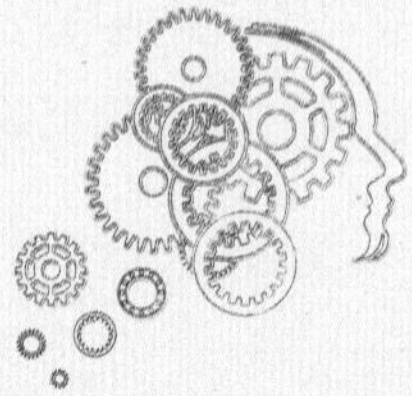

다. 언제 가장 행복했는지, 그리고 어떤 것에 자신의 열정과 에너지가 솟아나는지 찾도록 한다.

- 사람은 누구나 자기만의 '행복 창출 능력'이 있다. 행복을 창출하는 힘은 나를 위한 창의력에서 나온다.
- 창의력 훈련의 기본은 '내버려두는' 것이다. 내 안의 창의력을 일깨우기만 하면 된다. 목적의식과 스트레스를 줄이고, 자유롭게 시행착오를 겪으며 능동적으로 다양한 주제를 고민하도록 한다.
- 창의성과 행복은 자연의 흐름에 어울림으로써 얻어진다. 경직성과 집착은 자연에서 나오는 창의성을 놓치게 만든다. 변화에 유연한 자세를 견지함으로써 내 안의 창의력과 행복능력을 영원히 유지할 수 있다.

chapter 9

타인을 이해하는 것과 공감능력은 같다

내 안으로 작용하는 힘인 행복능력과 내 밖으로 작용하는 공감능력은 같은 원리에 의해 움직인다. 앞에서 우리는 자기 자신을 이해하는 능력이 타인을 이해하는 능력과 같음을 확인했는데, 타인을 이해하는 능력이 바로 공감능력이다. 따라서 이것은 나를 아는 능력인 행복능력과 기본적으로 같은 원리다. 소비시대에 들어서며 공감능력도 행복능력과 마찬가지로 그 중요성이 높아지고 있는데, 이번 chapter에서는 공감능력이 현대에 가지는 의의와 그 발전 모습에 대해 살펴보기로 하자.

다양성은 피할 수 없는 자연의 숙명이다

미국 생물학자 제임스 왓슨은 1951년 봄, 영국의 한 연구소에 갔다가 물리학자였던 프랜시스 크릭을 만났다. 분야는 서로 달랐지만 DNA 구조에 강한 호기심을 갖고 있던 두 사람은 바로 의기투합했다. 당시 저명한 과학자들은 대부분 단독으로 연구했고 학문 간 공동연구는 흔치 않았으나, 왓슨과 크릭은 기존의 권위나 이론에 구애받지 않고 활발하게 협력했다.

자유롭고 쾌활한 성격의 왓슨은 다양한 DNA 구조의 가설을 제시했고, 신중하고 합리적인 크릭은 DNA의 염기성분의 비율과 프랭클린의 X선 사진을 검증하여 마침내 두 사람은 다윈의 진화론에 버금가는 위대한 발견이라는 평을 받는 'DNA 이중나선구조'를 밝혀냈다.

생명체의 유전정보인 DNA의 구조 연구는 생물학자와 물리학자 간의 창의적 융합연구가 있었기에 가능했다. 오늘날에는 이러한 학문 간 융합연구가 드물지 않으며, 현대과학에서 나타난 연구 업적은 한 분야의 힘만으로 이뤄지지 않은 경우가 많다.

과거 유물론 기반 과학의 태동기에는 어떠한 분야를 연구하더라도 한 분야에서 지속적인 발견과 과학적 공헌이 가능했으며, 다른 분야를 침범할 일이 거의 없었다. 하지만 현대에 들어와서는 학문 간 경계가 허물어졌다. 자연현상을 연구하기 위해 전공의 틀에 구애받지 않고 다양한 분야의 지식을 자유로이 가져다 창의적으로 응용하는 분위기가 조성된 것이다. 따라서 과학 분야의 구분은 더 이상 의미가 없다. 사실 학문 분야는 편의상 시작점을 나누어 놓은 것에 불과하며, 지성이 발달하면서 학문들이 자연으로 수렴하는 것은 당연한 현상이다.

이렇듯 현대에는 자연 자체에 초점을 맞춘 융합과학이 태동하고 있다. 이것은 앞으로 융성하게 될 소비시대를 지탱하는 과학이다. 특히 과학 자체의 성장을 목표로 한 것이 아닌, 전체론 관점에서 자연을 이해하기 위한 융합이 일어나고 있다. 이러한 융합이 꽃피우기 위한 토양은 다름 아닌 '다양성'이다. 현대에는 융합의 기반으로서 상대성을 존중하고 다양성을 장려하는 문화가 형성되고 있다.

환경학자 조안 엘리자베스 록은 저서 『세상에 나쁜 벌레는 없다』에서 인간은 종의 보존을 위해 곤충을 필요로 한다고 말했다. 곤충이 생태계에서 재생, 채취, 가루받이의 역할을 하지 않는다면 인간은 몇 달 안에 멸종될 것이다. 실제로 인간 먹거리 중 약 3분의 1이 곤충의 꽃가루받이의 결과로 자란 수확물이다. 사람들은 대부분 곤충을 혐오하고 무서워하지만, 전체 생태계 관점에서 필요 없는 개체는 하나도 없다. 각 개체들은 직간접적으로 서로를 돕기도 하고 견제하기도 하면서 생태계를 훌륭히 운영하고 있다.

최근 신종 파나마병이 전 세계 바나나의 생존을 위협하고 있다. 이 질병은 열대 아시아 지역에서 주로 발견되어오다 최근 호주, 아프리카 지역으로까지 발병 범위가 확산됐다. 파나마병은 1960년대

'그로 미셸Gros Michel'이라는 품종의 바나나를 멸종시킨 바 있으며, 이번 신종 파나마병은 '캐번디시Cavendish' 품종을 공격하고 있다. 파나마병의 확산은 한 마디로 자연이 '종의 다양성'을 무시한 인류에게 주는 경고다. 전 세계 바나나 시장을 장악한 돌Dole과 치키타Chiquita와 같은 대기업들은 바나나의 종과 품질을 획일화시키고 대량생산 시스템을 적용했다. 그 결과 많은 바나나 품종이 멸종되고 특정 품종만 폭발적으로 증가했다.

세계식량농업기구의 조사 결과, 세계 바나나 생산량의 절반을 캐번디시 단일 품종이 차지하는 것으로 나타났다. 품종의 획일화는 자연 변화 및 병원균으로부터의 대응력을 약화시킨다. 만약 품종이 획일화되지 않고 각기 다른 내성을 지닌 바나나 품종들이 지역별로 다양하게 분포하고 있었더라면 파나마병은 넓게 확산되지 못하고 최초 발병지역에서 '자연적으로' 격리되었을 것이다. 여기서 잠깐 다음 질문에 대해 생각해보자.

"실리콘밸리에 A라는 게임회사가 있다. 그 회사는 게임 하나에 사활을 걸고 있는데, 그 게임이 시장에서 성공하면 주가는 1만 배로 뛰고 실패하면 휴지조각이 된다. 게임이 성공할 확률은 1%다. 여러분은 이 회사에 투자할 것인가?"

단순한 기대수익으로 봤을 때는 1만 배의 기회이기 때문에 (위험 기피는 없다는 전제 하에) 투자하는 것이 현명해 보인다. 성공률은 낮지만 성공했을 경우 이익이 엄청나기 때문이다. 이것은 자연계에서 나타나는 병리 현상을 파나마병과 같은 병원균(바이러스) 입장에서 본 것이다. 바이러스는 생물체에 침투하여 개체를 번식하려고 하는데, 이때 공격 성공률이 높거나 숙주의 규모가 큰 경우에만 숙주를 공격한다. 위 질문에서 언급한 '성공률×수익=기대수익'이 높을 경우에만 투자하는 것과 같다. 따라서 캐번디시 바나나가 그 규모를 늘려가면 그것은 자연히 파나마병의 주요 타깃이 될 수밖에 없다.

이것은 인류에게도 똑같이 적용된다. 미국 병리학자 제프리 토벤버거는 "인간의 역사는 바이러스와의 끊임없는 투쟁의 역사다."라고 말했다. 인간은 끊임없이 바이러스를 퇴치하는 백신을 만들지만, 바이러스 역시 지치지 않고 형태를 바꿔가며 인간을 괴롭힌다. 인류가 번성하며 개체 수가 증가할수록 바이러스 공격에의 위험도는 높아진다. 숙주의 규모가 충분히 크면 바이러스는 (기대값이 높기 때문에) 위험을 감당하면서도 치명적 공격을 감행하기 때문이다.

개체수가 급격히 증가하면 천적의 출현 같은 생태계의 자정 작용이 일어난다. 그렇기 때문에 병원균을 무조건 격리하거나 박멸하려는 인간의 노력에는 한계가 있다. 근본 원리인 자연의 다양성을 외면하는 것은 언제나 멸종의 위험을 안고 있는 것과 같다. 2억 년 동안 지구를 지배했던 공룡에 비하면 인류가 지배한 기간은 1만 년 이내로 매우 짧다. 자연의 경고를 받아들여 인류 자체적으로 자연의 다양성을 존중하며 조화롭게 생태계를 운영하는 지혜가 필요한 이유다.

● 지구의 주인은 누구일까

뱀을 인간으로 만들기 위해서는 무엇이 필요할까? 특별히 다른 유전자를 필요로 하지 않는다. 같은 유전자 회로에서 패턴의 연결만 바꿔주면 된다. 인간을 포함한 여러 복잡한 생명체들이 서로 다른 몸을 가진 이유는 '혹스 유전자 회로Hox Gene Circuit'라는 공통의 기본 회로에서 일어나는 서로 다른 유전자 상호작용 때문이다. 생태계 거의 모든 동물들, 파리, 쥐, 사람, 코끼리까지도 공통적으로 혹스 유전자 회로에 의해 만들어진다. 그것도 그저 비슷한 종류의 도구가 아닌 아예 똑같은 유전자들로 만들어졌다.

코페르니쿠스의 증명으로 지구는 태양계의 일부로 내려왔고, 다윈에 의해 인간은 한낱 동물에 불과하다는 사실이 증명되었다. 생명체에게 우열이란 없다. 각자 생태계에서 맡은 고유의 역할이 있고 집중하는 핵심역량이 있을 뿐이다. 자연은 공평하기 때문에 큰 개체라고 유리하지도 않고 작은 개체라고 불리하지도 않다. 오히려 역사적으로 봤을 때 작은 개체가 오랜 동안의 생존에는 훨씬 유리하다.

많은 사람들이 지구의 주인은 만물의 영장인 인간이며, 도전정신을 발휘해 지구 구석구석을 차지하고 지배해야 한다고 생각한다. 이는 자연의 다양성을 염두에 두지 않은 생각이다. 정복과정에서 많은 생명체가 멸종할 수밖에 없는데, 이는 결과적으로 자연의 균형을 깨뜨리고 인류에게 부메랑이 되어 돌아온다. 인간은 다른 동물에 비해 전혀 우월하지 않으며 오히려 자연변화에 점점 취약해지고 있다. 한정된 자연환경에서 인류가 끝없이 성장만 할 수는 없다. 전체론적 관점에서 볼 때도 인간만 많아지면 변화(엔트로피)의 극대화라는 자연의 목표가 달성되기 어렵다. 인간 개체만 많으면 변화라는 유리컵을 채울 때 빈 공간이 많이 생기기 때문이다. 따라서 다양한 생명체들로 이 공간을 채울 필요가 있다.

다양성의 목적은 결국 인간 행복의 극대화이다. 과학기술 역시 인간만이 아닌 생태계 관점으로 사용할 때 지속 가능하다. 유전자 조합, 줄기세포, 인공 자궁 기술 등의 이성적 판단에 의한 생물공학 기술은 생태계 전체의 관점에서 이뤄져야 한다. 생태계의 일부인 인간으로서 자연 공동체의식이 필요한 시점이다.

효율성보다는 창의성, 다양성이 대세

2015년 마이크 펜스 인디애나 주지사는 종교적 신념에 따른 동성애자 차별을 허용하는 '종교 자유 보호법'에 서명했다. 이 사실이 알려진 뒤 주요 기업들은 거세게 반발했다. IT기업 애플은 평등과 자유를 침해한다고 비난했고, 클라우드 컴퓨팅 기업인 세일즈포스닷컴은 인디애나에 있는 자회사를 폐쇄하고 다른 주로 이전했다. 많은 스타트업 회사들이 인디애나 신규 사업을 중단하거나 투자를 보류하는 등 파장은 일파만파 커졌다. 어째서 현대의 기업들은 차

별에 대해 이토록 부정적인 것일까?

현대 기업의 원동력은 다양성이다. 오늘날 전문가들은 다양성이 없는 곳에는 경제성장이 없다고 말한다. 기업이 소수집단 출신을 채용하여 조직을 다양한 부류의 사람들로 구성하는 것은 소수집단이 불쌍해서 벌이는 자선 활동이 아니다. 다양성이 확보된 조직이 훨씬 건강하고 유능하기 때문이다. 다양성을 인정하는 것이야말로 혁신의 원동력이며, 다양성을 존중하는 환경은 사람을 더욱 창의적으로 만들어 마침내 기업 가치를 높인다.

2015년 글로벌 컨설팅 기업인 맥킨지는 다양성에 관한 기업 조사 결과를 소개했다. 미주, 유럽지역의 366개 기업의 다양성(연령, 성별, 경험, 인종 등)과 재무적 성과를 분석한 결과, 다양성의 증가가 곧 기업의 성과로 연결되는 것으로 나타났다. 다양성이 높은 상위 1사분위수(누적 백분율 25%) 기업은 해당산업의 평균보다 높은 재무적 성과를 보이는 경우가 35%나 높았다. 또한 임원급 인력의 다양성이 10% 증가할 때마다 해당 기업의 영업이익은 0.8%씩 증가하는 현상이 나타났다.

현대사회는 다양성이 곧 가치로 연결되기도 한다. 그 과정에는 어떤 원리가 숨어있을까? 미국 SF작가 아이작 아시모프는 독립된 사고를 가진 여러 명이 편한 자리에서 자유롭게 토론할 때 창의적 생각이 떠오른다고 했다. 예를 들어 자연 선택이라는 생각을 독립적으로 떠올린 찰스 다윈과 알프레드 월리스는 이를 체계화한 이론을 한동안 정립하지 못했지만, 이와 유사한 개념인 '인구의 과잉과

도태'를 사용한 맬서스의 '인구론'을 접하면서 풍부한 근거와 탄탄한 논리가 갖춰진 진화론을 완성할 수 있다. 이와 같이 창의성은 오랫동안 독립적으로 생각하고 행동한 다양한 사람들이 자유롭게 교류하고 깨달음을 얻을 때 더 잘 발휘된다.

노스웨스턴 대학 경영학자 앤드류 라제기는 저서 『리들The Riddle』에서 비즈니스 창의성의 사례를 다음과 같이 소개했다. 헨리 포드는 '현대식' 자동차 생산 아이디어를 다양성에 기반을 두고 모자이크처럼 만들어냈는데, 먼저 담배 산업에서 사용된 '연속흐름생산continuous-flow production' 개념과 시카고의 정육업체에서 사용하는 컨베이어벨트를 결합했다. 그리고 망가진 권총의 부품으로 새 권총을 조립할 수 있다는 교환가능 부품 이론을 도입해 표준화와 자동화를 갖춘 현대식 자동차 공장을 최초로 설립했다. 포드는 값싸고 좋은 품질의 자동차를 대량생산하려는 비즈니스 목표 아래, 자동차 관련 기술에만 구애받지 않고 다양한 개념 및 이론을 접목해 비즈니스 창의성을 발휘할 수 있었다. 달 탐사 프로젝트를 진행 중인 구글엑스Google X의 CEO 아스트로 텔러는 다양성과 창의성의 관계를 다음과 같이 묘사했다.

"내가 아직 가보지 않은 길을 가고 싶다면, 나처럼 자라고 나처럼 생각하는 사람에게 길을 물어서는 안 된다."

기업에서 공통된 기준을 일괄 적용해서 사람을 뽑으면 동질감은 높아질지 몰라도 그만큼 유사한 사람만 모이게 된다. 그러면 집단적 편견이 생기고 폐쇄적인 결정을 내리는 구조가 만들어진다. 그런 조직에서는 창의성이 발휘될 수 없다. 과거 생산시대에는 동질감이 높은 사람들로 조직을 구성해 기계적으로 협동하면 높은 성과를 낼 수 있었다. 하지만 지금은 물질과 정보가 과잉 생산되므로 이것들을 창의적으로 활용하는 것이 중요해지는 시대다. 효율성보다는 창의성이다. 따라서 공급자 중심의 틀을 깨고 이전보다 생각의 범위를 넓혀야 한다. 이를 위해 다양한 관점의 사고를 집약해야 하며, 따라서 기업과 학교에서는 다양성을 점차 증대시키려는 노력을 진행하고 있다.

● 내 안에 존재하는 다양성을 키워라

이스라엘 역사학자 유발 하라리는 저서 『사피엔스』를 통해 창의성을 얻는 힌트를 제공했다. 이 책에서는 1901년부터 2005년까지 노벨상을 받은 과학자들과 (해당 시대에 활동한) 다른 일반 과학자들의 특징을 비교했는데, 그중 과학자의 취미에서 특이점이 발견되었다. 노벨상 수상자들은 음악, 미술, 공예, 공연 등 과학과 무관한 취미를 가질 확률이 다른 과학자에 비해 평균 열 배가 높았던 것이다. 우수한 과학자들은 주로 다양한 취미를 갖고 있으며, 다양한 뇌의 영역을 사용한다는 결론이었다. 어째서 이러한 결과가 나타날까?

과거에는 이성적 능력으로 한 분야만 열심히 연구해도 어느 정도 과학적 공헌이 가능했지만, 현대에는 이러한 노력만으로는 한계가 있다. 두뇌의 다양한 영역을 연결하여 통찰력을 만들어내는 능력이 필요한 시대인 것이다. 뇌의 여러 영역은 곧 내 안에 있는 다양성이다. 외부에서 보이는 다양성처럼 내 안에도 무궁한 다양성과 잠재력이 내재되어 있다. 내 안의 다양성을 충분히 개발하고 협력시키는 것도 외부의 다양성 개발 못지않게 중요하다.

그렇다면 내 안의 다양성을 개발하는 방법은 무엇일까? 다중지능이론으로 알려진 하버드대학의 하워드 가드너는 "창조성은 다양한 문화의 경계를 자유로이 넘나들 때 나온다."라고 했다. 또 클레어몬트대학의 미하일 칙센트미하이 심리학 연구팀이 피아니스트 오스타 페터슨, 과학 작가 스티븐 제이 굴드 등 100여 명의 창의적 인물들을 인터뷰한 결과, 이들은 공통적으로 여러 프로젝트에 동시에 관여했다는 것이 밝혀졌다.

심리학자 버니스 이더슨은 성공적인 연구를 지속하는 과학자들을 조사한 결과, 초기 100편의 논문을 내는 동안 평균적으로 다섯 개의 다른 분야를 연구한다는 사실을 발견했다. 하나의 주제에만 매달린 것이 아니라 다양한 연구 주제를 계속해서 오간 것이다. 이상의 사례에서 알 수 있듯, 내 안의 다양성이란 다양한 분야에 관심을 쏟는 것이라고 볼 수 있다.

실제로 다양한 주제에 관심을 두는 것이 실생활에도 도움이 될까? 하버드대학 심리학자 셜리 카슨은 다양성 작업의 효과를 확인하는 실험을 했다. 먼저 사람들에게 '철자 바꾸기anagram 문제 풀기'와 '논문 읽기' 두 가지 작업을 시켰다. 첫 번째 그룹에게는 순서대로 두 작업을 시켰고, 두 번째 그룹에게는 150초마다 두 작업 사이를 강제로 오가도록 했다.

두 번째 그룹은 150초마다 새로운 문제에 적응해야 했기 때문에 첫 번째 그룹보다 철자 바꾸기 문제를 많이 풀지 못했으며 논문에 대한 이해도도 떨어졌다. 그러나 후속적으로 실시한 확산적(창의성) 사고 시험에서 이들은 다른 그룹보다 더 높은 점수를 얻었다. 다양한 주제를 넘나들면서 자신도 모르게 창조적인 사고를 하게 된 것이다.

기계적이고 효율 중심의 일을 하기 위해서는 한 분야에 몰두해야 집중력을 잃지 않고 효율을 극대화할 수 있다. 반면 창의적이고 융합적인 일을 하기 위해서는 여러 주제에 관심을 가지고 연결하는 것이 유리하다. 내 안의 다양성을 키우는 것은 미래사회에서 대세가 될 창의적이고 융합적인 일을 하기 위한 토대가 된다.

세상에 천재는 없다

2017년 국제 구호 기구 옥스팜은 보고서를 통해 세계 최고의 거부 여덟 명의 재산이 세계 인구 절반의 재산과 같다는 연구결과를 소개했다. 언뜻 불공평해 보이는 수치이지만, 이 업적이 그들이 피땀 흘려 노력한 결과임을 부정할 수 없다. 역사적인 위인들과 동시대를 살아가는 예술가, 과학자, 기업가들의 업적도 마찬가지다.

그렇다면 이 업적을 이루기 위해 그들이 기울인 노력은 얼마나 될까? 한 개인이 이룩한 업적은 100% 개인이 노력해서 만들어낸 결과일까? 다른 사람이나 주변 환경의 영향도 있지 않을까? 그럼 개인의 노력은 50%라고 봐야 할까?

영국의 극작가 윌리엄 셰익스피어는 예술적, 과학적 업적에 개인의 노력의 비중은 0%라고 말한다. 셰익스피어는 "네가 자연에 추가하는 그 예술은 사실 자연이 만든 것이다."라는 말을 남기며 예술적 업적에 대해 전체론적인 견해를 보였다. 즉 사람이 열심히 노력해서 예술적 영감을 얻은 것이 아니라, 자연이 사람을 이용해 자연적인 결과를 추가했을 뿐이라는 논리다. 이처럼 전체론적 관점에서는 집단 전체의 힘과 원리에 의해 필연적으로 결과물이 생성되는데, 그것이 우연히 어느 한 사람에 의해 나오는 것일 뿐이다. 그리고 우리는 그 사람을 천재라 부른다.

● 집단지성을 가로챈 천재들

1979년, 스티브 잡스는 팔로 알토의 제록스연구소를 방문해 '알토'라는 개인용 컴퓨터를 발견한다. 스티브 잡스는 이것을 카피해 매킨토시를 개발하였고, 이는 대성공을 거두며 막대한 부를 얻을 수 있었다. 그 후 1988년, 애플은 MS 윈도우가 매킨토시의 운영체제를 베꼈다며 소송을 제기했다. 잡스는 빌 게이츠를 만나 "우리 걸 도둑질했다."며 공격을 퍼붓자, 이에 빌 게이츠가 이렇게 대답하였다. "우리에게 제록스란 부자 이웃이 있었는데, 내가 텔레비전을 훔치러 그 집에 침입했더니 당신이 이미 훔쳐 갔더라고요."

모방은 창조의 어머니다. 혁신은 모방으로 이루어지며 기존의 것을 개선하여 훌륭한 결과물을 만들어내는 것은 충분히 가치 있다. 하지만 결과에 대한 인과적 노력은 짚고 넘어갈 필요가 있다. 혁신의 결과물은 단순히 한 사람의 것을 훔친 것이 아니라, 사회를 구성하는 모든 사람의 지식을 훔친 것으로 보아야 한다. 모든 업적은 인류의 집단지성의 토대 위에 이루어진 것이기 때문이다.

2012년 성 앤드루스대학의 행동과학자인 케빈 라랜드와 한나 루이스는 혁신이 이뤄지는 과정을 시뮬레이션 하는 수학적 모델을 개발했다. 약 5천 번의 시뮬레이션을 통해 기술 개발이나 지식이 생겨나고 사라지는 과정을 관찰했는데, 그 결과 혁신의 가장 중요한 요인은 소수의 천재가 아니라 기술이 모방되고 전파되도록 무르익은 사회 환경 및 문화라는 결론에 이르렀다. 즉 사회를 구성하는 집단 전체가 혁신의 요인이라는 것이다.

산타페 연구소의 인류학자 로버트 보이드와 캘리포니아 주립대 생물학자 피터 리처드슨은 공동 저서인 『유전자만이 아니다』에서 "무수히 일어나는 모방에 개개인의 학습이 덧붙여질 때 집단은 창조적 결과물을 얻게 된다."고 말했다. 사람 개개인은 독립적으로 모방과 학습을 할 수 있다. 많은 사람들이 모방이 거듭하면서 집단지성을 쌓게 되고, 그것이 자연적으로 기존의 패러다임을 깨고 새로운 파괴적 혁신을 이루게 되는 것이다.

발달심리학자 마이클 토마셀로는 침팬지 새끼와 인간의 아기를 대상으로 한 실험을 통해 모방에 의한 발전을 증명했다. 침팬지 새끼와 인간의 아기는 여러 테스트에서 거의 비슷한 학습능력을 보였으나, 모방능력 테스트만큼은 인간의 아기가 침팬지 새끼를 한참 앞질렀다.

모방에 의한 학습은 인간만이 지닌 능력이다. 다른 동물들이 본능에 충실한 데 반해, 인간은 서로 모방하며 발전하고 이후 집단지성을 이룬다. 그 결과로 얻어진 창조적 업적에는 누가 얼마만큼 기여했는지 아무도 모른다. 그저 인류 전체가 빚어낸 결과물이 있을 뿐이다.

영국의 수학자 알프레드 화이트헤드는 인류의 집단지식이 고집스러운 누군가에 의해 우연히 현실화된다고 주장했다. 가수 존 레논은 '천재는 고통스러운 법'이라는 말로 창의력과 신경질적인 성격의 관계를 요약했다. 아이작 뉴턴, 찰스 다윈, 빈센트 반 고흐 등 천재들 중에는 신경이 예민한 사람들이 많은데, 이들의 특징은 한 가지 주제를 여러 번 고민한다는 것이다. 따라서 집단지성을 한 번 더 고민하고 눈에 보이게 정리할 수 있었는데, 그것이 일반인에게는 모두 천재의 업적으로 보인 것이다.

집단지성은 전쟁과 같은 집단행동을 낳기도 한다. 예를 들어 러시아 작가 레프 톨스토이는 그의 저서 『전쟁과 평화』를 통해 모든 사람의 개인적 의지의 총계가 집단행동을 낳았으며, 우연히 나폴레옹과 같은 (소위 천재) 지도자에 의해 전쟁으로 표출되었을 뿐이라고 주장한다. 미국 심리학자 윌리엄 제임스는 전쟁이 발생하는 이유가 단지 소수 정치인의 사적인 욕심 때문이 아니라, 대중들이 전쟁을 기꺼이 원하고 지지했기 때문이라고 설명한다.

전쟁은 공통의 적에 맞서 사람들을 단결시키기도 하고, 이타적으로 행동할 수 있는 기회를 제공해 단조로운 일상을 벗어나게도 해준다. 많은 사람들이 국가와 민족을 위해 싸운다고 믿고 있지만, 실은 수렵시대의 욕구를 충족하기 위해 사냥할 때처럼 일체감과 승리의 느낌을 추구하는 것이다. 이러한 집단지성의 결과가 우연히 한 지도자에 의해 표출된 것이 바로 전쟁이다. 소위 '천재'라고 불리는 사람들은 무르익은 기술을 수면 위로 드러내지만, 그 기반은 불특정다수에 의해 자연적으로 형성된 집단지성이다. 그리고 그 원동력은 다양성이다. 인간 개개인이 다양하게 활동하고 다양하게 생각하는 것은 전체론적 관점에서 인류가 경쟁력을 갖는 근원이며 자연이 역동적으로 변화하게 하는 힘이다.

● 인류의 구원자는 누가 될 것인가

러시아 문학가 안톤 체호프의 희곡 『이바노프(1887)』에서 주인공 이바노프는 농장관리 공무원으로 일한다. 이바노프는 스스로를 '잉여인간'이라고 생각하는데, 그 이유는 큰 꿈을 품고 있지만 그것을 실천할 열정과 능력이 없어서 그저 하루하루 무의미한 삶을 살고 있기 때문이다. 이상과 현실 사이의 괴리감으로 방황하던 그는 자신이 세상에 존재하지 않아도 된다고 결론 내리고 마침내 스스로에게 권총을 겨누고 자살한다.

역사학자 유발 하라리는 자신의 저서 『호모데우스(2017)』에서 4차 산업혁명 시대에는 과학기술 덕분에 노동시간이 줄어들고 잉여시간이 늘어나며, 늘어난 잉여시간 덕분에 잉여인간들도 늘어난다고 했다. 그래서 그 잉여인간들이 무엇을 할지가 중요한 문제라고 짚었다. 그렇다면 잉여란 있어도 그만, 없어도 그만이란 뜻인데 잉여인간이란 게 있을 수 있을까? 아니, 자연을 구성하는 생명체 집단에게 잉여개체라는 것이 존재할까?

자연적으로 발생한 것 중 불필요한 것은 하나도 없다. 유전적 돌연변이나 병원균과 같은 비정상적 생물체는 생물집단에 아무런 도움이 되지 않는 것처럼 보인다. 하지만 이론생물학자 스튜어트 카우프만은 『질서의 기원(1993)』에서 유전적 변이야말로 혁신의 기반이며, 이들이 집단에 존재하는 이유는 집단에게 이익이 되기 때문이라고 역설했다. 예를 들어 '낭상 섬유증'이라는 병을 일으키는 유전자 변이는 콜레라로부터 우리를 보호하며, '테이삭스'병을 일으키는 유전자는 결핵을 막아준다. '허혈성 뇌졸중'의 위험을 높이는 유전자의 변이는 나쁜 콜레스테롤을 낮춤으로써 고혈압의 위험을 줄인다.

마치 스트레스가 만성질환의 원인이지만 동시에 창조성의 근원이 되기도 하는 것처럼, 모든 자연의 산물은 결과적으로 집단의 경쟁력을 높인다. 잉여개체(유전자)를 제거해 질병을 치료할 수는 있지만 만약 그렇게 한다면 그것으로부터 얻었던 이익 또한 사라지게 되어 집단 입장에서는 더 큰 재앙을 초래할 수 있다.

1966년 진화생물학자 리차드 르원틴과 존 허비는 희귀한 유전자가 집단 내에 일정 비율 존재함으로써 유전적 다양성을 유지한다는 '균형 선택balancing selection' 이론을 소개했다. 희귀한 유전자는 일반적으로 열등한 성질로 발현되기 때문에 유전적 위험요소가 될 수도 있다. 그래서 희귀한 유전자에 의한 개체는 집단에 도움이 안 되는 '잉여개체'처럼 보이기도 한다.

그러나 이것은 매우 협소한 시각에서 내린 판단이다. 자연환경은 끊임없이 변화하며 그 변화는 예측이 불가능하다. 생명체는 변화에 대응하기 위해 다양한 유전자를 보유해야 한다. 지금 당장은 열등한 개체로 보이는 유전형질이 위기의 상황에서 구원자로 등극할 수도 있다. 이렇듯 희귀한 유전자의 개체들은 집단의 다양성에 기여하며, 그것이 이 개체들이 집단 내에서 일정 규모로 유지되고 있는 이유다. 이와 마찬가지로 우리 사회의 다양성도 인류의 생존과 발전에 중요하게 기여한다.

조선시대에 우리 민족이 위기를 겪은 임진왜란을 예로 들어보자. 나라를 구해낸 영웅으로 등극한 이순신, 권율, 김시민, 곽재우, 사명대사는 임진왜란 일어나기 전에는 소위 '별 볼일 없는' 인생이었다. 이순신은 무과에 늦은 나이에 급제했지만, 임진왜란 바로 전의 녹둔도 전투에서 억울하게 패해 감옥에 갇혔다가 지방 무관으로 복귀했다. 권율은 임진왜란 이전 46살까지 진급시험을 보지 않고 백수처럼 지내면서 아버지한테 잦은 구박을 당했다. 김시민은 병조판서와의 불화로 벼슬에서 물러난 상황이었고, 곽재우는 몇몇 과거시험에 응시했으나 전부 불합격하여 농사를 짓고 있었다. 사명대사는 임진왜란 이전 역모에 관련된 반역죄로 투옥되었다가 풀려나서 금강산으로 쫓겨나 은거하고 있었다. 하지만 이들은 임진왜란 때 초인적인 능력을 발휘해 왜군을 섬멸시켰다. 이러한 예로 볼 때, 생명체의 다양성 존중 및 공동체의식 함양은 막연한 철학적 이타주의가 아니다. 우리의 직접적 이익을 위한 효율적 행동이다.

이뿐만이 아니다. 수많은 악기로 구성된 오케스트라의 공연은 보통 몇 시간씩 걸린다. 그런데 오케스트라 연주 중에 심벌즈는 고작 서너 번 등장하고, 대부분의 시간은 아무것도 하지 않는다. 그렇다고 해서 공연에 필요 없는 악기는 절대 아니다. 심벌즈는 곡의 클라이맥스에서 단 한 번의 울림으로 공연을 완벽하게 해준다. 그리고 그 외의 시간에는 '침묵의 연주'를 훌륭히 수행하고 있다.

자연이 만든 결과물도 오케스트라의 악기처럼 모두 각자 맡은 중요한 역할이 있다. 이와 동일하게, 집단을 이루는 다양한 구성원도 그 자체로서 존재 의의가 있다. 다양성은 집단을 위한 자연스러운 생명현상이다.

● 우리는 모두 혁신가다

"이제 아인슈타인의 포스터를 벽에서 뗄 때가 되었다."

과학 저널리스트인 캣 맥고원은 천재와 우수한 두뇌, 독창적 사상가들의 신화는 그만 이야기할 때가 되었다고 말한다. 오늘날 유명 과학기술자와 벤처기업가들은 영웅대접을 받으며 부와 명예를 차지한다. 많은 사람들이 한 명의 천재가 수만 명을 먹여 살린다는 환상에 빠져 있다.

그러나 앞서 언급했듯이 모든 사람이 인류의 발전에 공헌하고 있다. 혁신을 이끄는 것은 뛰어난 천재의 번뜩이는 재치가 아니라 수많은 개인들의 작은 노력이 쌓아 올린 집단지성이며, 집단의 안전을 지키는 것은 여러 사람들로 구성된 유전적 다양성이다. 변화와 혁신에 대한 공헌의 크기는 사회구성원 모두 똑같다. 열심히 살아가고, 사람들과 교류하며, 감정을 표현하는 이름 없는 대중들이 진정한 문명의 영웅들인 것이다.

지금까지 역사의 주인공이 영웅과 엘리트였다면, 미래 역사의 주인공은 평범한 대중이다. 다양한 유전자를 가진 평범한 사람들이 집단지성을 쌓고 중추적 역할을 할 것이다. 현대는 다양성을 존중하는 문화가 자리 잡고 있으며, 공동체의식이 점차 성숙되고 있다. 과거에는 인류의 물질적 성장과 발전을 위해 개인의식에 중점을 두고 경쟁을 조장했지만, 앞으로는 정신적 화합과 행복을 위해 공동체의식이 더 중시될 것이다.

인류는 집단지성을 쌓고 하나의 생명체처럼 유기적으로 움직이면서 자연변화에 대응한다. 바로 우리가 '하나'라는 사실 때문에 다양성 존중이 그토록 중요한 것이다. 사실 '하나'라는 인식이 있으면 '다양하다'라는 개념조차도 무의미해질 것이다. '다양하다'라는 말은 복수의 주체가 있음을 전제하기 때문이다.

다양성은 특별하거나 복잡한 것이 아닌, 자연 그 자체로 보아야 한다. 따라서 미래에는 '너'와 '나'를 구별시키는 의식은 필연적으로 줄어들고, 공감능력에 대한 요구는 커져갈 것이다. 이에 다음 chapter에서는 현대에 드러나고 있는 공감문화의 태동에 대해 살펴본다.

chapter 9 돌 아 보 기

- 오늘날 과학의 경계는 없다. 자연 자체에 초점을 맞춘 융합과학만이 살아남는다. 이러한 융합이 꽃피우기 위한 토양은 '다양성'이다.
- 인간은 생태계의 일부일 뿐이며 자연 공동체의식이 필요하다. 병원균을 격리하거나 박멸하려는 인간의 노력에는 한계가 있다. 근본 원리인 자연의 다양성을 외면하는 것은 언제나 멸종의 위험을 안고 있는 것과 같다.
- 현대사회는 다양성이 곧 가치로 연결된다. 독립적으로 생각하고 행동한 다양한 사람들이 자유롭게 교류할 때 창의성이 발휘되고 성과로 이어진다.
- 여러 주제에 관심을 가지고 연결하는 습관은 내 안의 다양성을 키우고, 미래사회에 꼭 필요한 창의적이고 융합적인 일을 하기 위한 토대가 된다.
- 혁신의 가장 중요한 요인은 소수의 천재가 아니라 기술이 모방되고

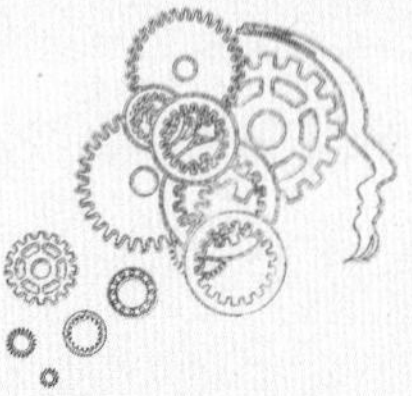

전파되도록 무르익은 사회 환경 및 문화이다. 즉 사회를 구성하는 구성원 전체가 혁신의 요인이다.

- 자연적으로 발생한 것 중 불필요한 것은 하나도 없다. 생명체의 다양성 존중 및 공동체의식 함양은 막연한 철학적 이타주의가 아니다. 우리의 직접적 이익을 위한 효율적 행동이다.
- 미래 역사의 주인공은 평범한 대중이다. 다양한 유전자를 가진 평범한 사람들이 집단지성을 쌓고 중추적 역할을 할 것이다.

chapter 10

공감할수록 행복감은 높아진다

지인 중 누군가가 꿈에 그리던 이성과 사랑에 빠져 행복한 나날을 보내고 있다는 소식을 들은 당신. 지금 당신은 질투나 부러움을 느끼는가 아니면 흐뭇함(대리만족)을 느끼는가? 일반적으로 사람은 자신과 사이가 가깝고 관계가 좋은 사람이 잘되는 것을 즐거워하고 함께 기뻐한다. 그러나 자신과 (가깝더라도) 관계가 좋지 않은 사람이 잘 되면 부러워하고 질투하게 마련이다.

덴마크에는 "질투심이 열병이라면 세상사람 모두가 병에 걸렸을 것이다."라는 속담이 있다. 사람은 누구나 질투심이 있다. 그런데 똑같은 소식도 그 주체에 따라 사람들의 반응은 질투와 대리만족으로 나뉜다. 도대체 이 감정은 어떤 기준으로 나뉘는 것일까?

질투와 대리만족은 뇌의 보상회로에서 주어진 결과다. 인간은 자신과 관계가 좋은 사람의 이익이 곧 자신의 이익으로 연결된다는 것을 오랜 진화과정을 통해 학습했기 때문에 직접적인 이익이 없더라도 뇌의 보상회로에서는 보상(대리만족)이 주어진다. 하지만 사이가 나쁜 사람은 경쟁자로 인식하고 그 사람의 이익은 자신에게 위험으로 간주된다. 따라서 뇌의 보상회로에서 처벌(질투)이 주어진다.

질투와 대리만족의 구분은 나와의 관계가 좋고 나쁨에서 의한 것일 뿐 사이가 가까운지 여부와는 무관하다. '나와 같다'는 집단의식이 있는 경우 사람들은 동질감을 느낀다. 동질감이 있으면 타인의 행복과 불행의 감정을 함께 느낄 수 있는데, 이것이 공감이다.

2014년 캐나다의 발달 심리학자 수잔 핑커가 세계 각지 사람들의 장수와 행복의 원인을 연구한 결과, 행복의 핵심 요인은 인간관계이며 이것이 금연, 금주, 운동보다 더 중요한 장수 비결인 것으로 나타났다. 특히 인간관계에서 '공감의 정도'가 중요한 것으로 나타났다. 단순히 친구가 많은 것보다 모든 일을 함께 나눌 수 있을 정도로 공감하는 사이가 있는지가 더 중요하다는 것이다.

흔히들 행복을 나누면 두 배가 된다고 한다. 인간은 행복을 추구하는 동물이며 대부분의 인간은 나름대로의 행복을 얻고 있다. 따라서 많은 사람과 가까운 사회적 관계를 맺고 이러한 행복을 공유·공감할수록 행복감이 높아지는 것으로 알려져 있다.

다양성을 존중하는 또 다른 목적은 다양한 행복을 간접경험하기 위함이다. 이때 공감이 다른 사람의 행복을 간접적으로 경험하게 해준다. 현대 개인주의는 타인에 대한 존중을 바탕으로 개개인의 가치를 중요시하므로 개인주의를 통해 다양성을 존중함으로써 이성적 시너지를 낼 수 있다. 그러나 한 발짝 더 나아가 '우리는 하나'라는 공감대까지 형성된다면 거대한 감정적 시너지인 '행복'도 얻을 수 있을 것이다.

소유의 시대는 끝났다

독일 출신의 철학자 에리히 프롬은 저서 『소유냐 존재냐』에서 다음과 같은 인간의 행복에 관한 질문을 던진다.

"무언가를 내 것으로 소유함으로써 행복한가, 아니면 그것이 그 자리에 존재하는 것만으로도 행복한가?"

예를 들어 들판에 핀 꽃을 꺾어서 소유할 것인지 아니면 그저 바라보고 기뻐할 것인지를 선택하라는 것이다. 과거에는 경쟁을 통한 쟁취와 소유가 미덕으로 여겨졌으며, 소유욕은 인류 발전의 원동력이었다. 그러나 현대에 와서 소유는 행복의 관점에서 그 가치가 퇴색하고 있다. 소비시대에는 물질이 과잉 생산되고 있어 쌓아 놓기보다는 순환시키고 소비하는 것이 더 중요하기 때문이다.

미국 문명비평가 제레미 리프킨은 저서 『소유의 종말』을 통해 "과학기술이 급속히 발전하고 경제활동이 어지러울 정도로 빠르게 변화하는 세상에서 소유에 집착하는 것은 곧 자멸하는 길이다."라고 하며 소유에 비판적 견해를 보였다. 그의 주장처럼 실제로 소유는 변화를 따라가는데 걸림돌이 된다.

앞에서 생태계와 전 우주는 엔트로피를 증대시키며 항상 변화하고 있다고 했다. 그리고 생태계와 연결되어 있는 모든 개체는 이 변화의 흐름에 동참한다. 자연은 계절마다 새로운 풍경과 수확물을 제공하며, 우리가 만드는 전자기기와 소프트웨어는 하루가 다르게 업데이트된다. 그러나 소유는 물질을 자연 생태계와 격리되게 함으로써 변화를 멈추는 결과를 가져온다. 변화를 멈춘 생명체는 더 이상 생명체가 아니다. 손이 나로부터 분리된다면 더 이상 손이라고 부를 수 없는 것과 마찬가지다.

좀 더 많이, 좀 더 좋은 것을 소유하고 싶은 욕망은 진화과정에서 오랫동안 뿌리박힌 인간의 생존본능이기도 하다. 과거 소유의 시대에는 소유하지 못하면 불안했다. 물질이 부족하면 생존에 위협을 받았기 때문이다. 그런데 이러한 소유욕이 현대에도 유효할까? 현대에는 공급의 과잉이 발생하므로 인간의 기본 욕구가 어느 정도 보장된다. 따라서 현대인은 소유하지 않은 것에 대한 불안감을 적게 느낀다. 일례로, 오늘날 부족함 없이 자란 젊은 층은 소유 대신 경험을 구매한다. 물질의 소유가 오히려 불편하며 변화에 뒤처지게 한다는 것을 직간접 경험으로 깨달았기 때문이다.

● 공유경제가 보여주는 미래

영화 '쇼생크탈출(1994)'에서 독방에서 나온 주인공 앤디에게 동료들이 그동안 무엇을 하며 지냈느냐고 묻자, 앤디는 모차르트 음악을 들었다고 대답한다.

"녹음기를 갖고 들어갔어?"

"아니. 음악은 (머리를 가리키며) 여기에 있어. 그것이 음악의 아름다움이야. 누구도 빼앗아갈 수 없거든."

주인공은 언제든지 되새길 수 있도록 '서버'에 해당하는 자신의 머리에 음악을 저장해두었다. 시간과 공간에 구애받지 않고 서비스를 이용하게 된 것이다. 물질을 소유하면 그것을 사용하는 데 제약을 받는 데 반해, 현대와 같은 네트워크 사회에서는 서버에 저장하면 언제 어디서든 자유로운 이용이 가능하다. 공급자 입장에서는 규모의 경제를 통해 원재료, 서비스, 유지 보수 등의 관리비용이 적게 들며 서비스와 속도 개선이 용이해진다. 하지만 거시적 관점에서 보면 소유를 통해 재화를 쌓아 놓는 일은 지구상의 자원을 효율적으로 사용하지 못하는 것이므로 낭비인 셈이 된다.

오늘날 공유경제는 전성기를 맞고 있다. 2010년대 들어 공유경제 시장은 매년 80% 이상의 고속성장을 해왔다. 과거에는 음악이나 영화를 CD나 테이프에 담아서 각자 소유했지만, 지금은 집단서버를 통해 공유한다. '스포티파이Spotify'나 '넷플릭스Netflix' 같은 스트리밍 서비스가 그러한 유형이다. 또한 '위키피디아' 같은 집단지성의 공유, 그리고 '우버'와 같은 데이터 공유 서비스도 활발하게 일어나고 있다. 공유의 범위는 무형의 자원뿐 아니라 생활에 필요한 모든 것으로 확대되고 있다. 집, 자동차, 자전거, 의복 등 대부분의 자원이 공유 가능하다.

정리해보면, 소유는 경쟁을 불러오고 공동체의식을 약화시킨다. 그러나 현대에는 공유경제로 물질 공유에 대한 공감대가 형성되었으며, 이것은 정신의 공유개념으로 확장되어 공동체의식이 싹트기 시작했다. 다양성을 인정하는 문화에서 더 나아가 다양성을 한데 모으는 공감의 문화로 변모하고 있는 것이다.

공감의 시대에 들어서다

2000년대 들어와 리얼리티 쇼가 크게 인기를 끌고 있다. 리얼리티 쇼의 시초는 1999년 네덜란드에서 방영한 '빅브라더Big Brother'라고 볼 수 있는데, 참가자들이 실제로 집에서 생활하는 모습을 보여준 프로그램이었다. 그 이후로 리얼리티 쇼는 전 세계적으로 확대되어 '서바이버Survivor', '배철러The Bachelor' 등의 서바이벌 형태로 각색되었으며, 한국에서는 '무한도전'과 같은 리얼 버라이어티 형식의 예능이 대세를 이뤘다.

리얼리티 쇼의 성공의 원동력은 크게 두 가지다. 하나는 수많은 선택 옵션을 가진 현대 소비자가 가짜 정보에 속지 않으려는 심리 때문이고, 다른 하나는 생생한 실제의 감정을 전달해줌으로써 소비자의 마음에 가까이 다가갈 수 있었기 때문이다.

리얼리티 쇼는 참가자의 행동이 시청자의 공감을 불러일으키며 간접경험을 선사한다. 예상치 못한 변화와 실수들이 시청자에게는 더 현실적이고 솔직하게 느껴져 참가자들에게 마음이 쏠리고 더 감정 이입하게 만든다. 반면 정해진 각본대로 연출하는 프로그램은 어색함을 극복하지 못해 소비자와 멀어지게 되었다. 실제 소비시대가 진행될수록 공급자와 소비자 사이의 밀착이 점점 더 중요해지고 있다. 이를 위해서 공급자는 소비자의 입장에서 생각하고 소비자와 공감할 수 있는 요소를 찾는 데 집중해야 한다. 이미 소비자와 공감하지 못하는 기업, 제품들이 하나둘 시장에서 도태되기 시작했기 때문이다.

미국 미주리대학 인지과학자 데이비드 기리와 드류 베일리 교수팀은 최근 190만~1만 년 사이에 인간의 두개골 크기가 어떻게 변했는지 조사했다. 그 결과 인구밀도가 낮을 때는 두개골 크기가 커졌고, 인구밀도가 높을 때는 두개골 크기가 작아졌음을 알아냈다. 이에 대해 연구진은 인류가 사회 집단을 구성하면서 생존하는 데 이성적 뇌인 대뇌의 필요성이 줄어든 까닭에 전체 크기가 작아진 것이라고 설명했다.

'나'에 대한 집착은 대뇌를 발달시킨다. 과거 인간이 독립적으로 생활하며 이성적으로 판단하기 위해서는 큰 뇌가 필요했지만, 사회생활을 하고 타인과 공감하는 데는 큰 뇌가 필요 없다. 공감의 영역으로 알려진 우측 '측두-두정접합right temporoparietal junction' 영역은 크기와 무관한 '본능적 기능'의 영역이다. 본능적 군집 동물의 뇌 크기가 작은 것도 동일한 이유이다.

원활한 사회생활을 하기 위해서는 반드시 공감이 필요하다. 경쟁적 성장의 시대를 지나 오늘날 사회적 화합의 시대에 와서 공감은 더욱 중요해졌으며, 한동안 이성에 쏠렸던 인간의 저울추는 이제 서서히 감정과의 균형을 맞춰가고 있다. 미래에는 학습의 시행착오는 인공지능이 하고, 이성적 판단은 컴퓨터가 주로 담당할 것이다. 따라서 공감능력이야말로 인간에게 가장 필수적인 요소가 될 것이다. 미래에 인간이 해야 할 일은 자유롭고 창의적으로 행복을 얻고, 공감을 통해 서로의 행복을 공유하는 것이다. 단 맹목적으로 흐름을 따라가는 것은 공감이라고 할 수 없다. 개개인이 주체성을 갖고 자신의 감정을 적극적으로 공유할 때, 다른 사람들과 행복을 함께 느끼며 공감의 효과를 온전히 얻을 수 있다.

● 잃어버린 공감능력을 찾아라

'하품은 전염된다'는 말이 있다. 교실에서 한 학생이 하품을 시작하면 어느새 반 친구들 모두가 하품을 따라 하는 것을 경험한 적이 있을 것이다. 2015년 미국 베일러대학 연구진은 하품을 따라 하는 것은 공감의 결과라는 연구 결과를 발표했다. 먼저 연구진은 학생 135명에게 하품하는 사람의 모습을 담은 동영상을 보여주고 나서 그들을 관찰했다. 그 결과 상대적으로 냉정한 성격 또는 사이코패스 성향이 짙은 사람일수록 공감능력이 떨어져 앞에서 아무리 하품을 해도 이를 따라 하지 않았다.

이와 유사한 연구 결과를 발표한 네브라스카대학 버트너 박사에 따르면, 사람들은 친구나 가족처럼 사이가 가깝고 공감을 많이 하는 사람들의 하품을 더 잘 따라 하는 것으로 나타났다. 특히 공감능력이 없는 자폐아동의 경우 하품을 따라 하지 않는 것으로 밝혀져 하품은 공감의 정도와 비례함을 보여주었다.

이처럼 우리가 다른 사람의 행동을 보거나 들을 때, 우리 몸의 거울신경세포가 본능적으로 반응하여 공감이 일어난다. 하품을 따라 하는 것은 진화적 공감의 결과다. 과거 인류는 집단적으로 협동하기 위해 같이 잠들도록 프로그래밍 되어 있으며 그 과정에서 나타나는 하품 행동을 공유하게 되었다. 다시 말해, 공감은 인간의 본능에 이미 프로그래밍 된 것으로 자연스럽게 표출되는 것이다.

공감능력은 인간에게 직간접적 이득을 주기도 한다. 기본적으로 사회적 동물인 인간은 공감을 통해 모방을 더 잘할 수 있게 됨으로써 학습효과를 높일 뿐만 아니라 협동능력도 키운다. 그러나 경쟁시대를 지나면서 인간은 타인을 적으로 간주하고 공감능력을 잃어간다. 한 연구에 따르면 어린아이일수록 다른 사람의 하품을 더 잘 따라 하며, 이성적 사고와 냉정한 성격을 가진 성인일수록 하품을 따라 하지 않고 공감능력이 떨어진다고 한다.

아울러 지금까지 우리는 사회생활을 하면서 공감능력을 억제하도록 훈련받아왔다. 그래서 공감시대를 맞은 오늘날 인간은 공감을 되찾고자 애쓰고 있는 것이다.

● **미래의 나를 위해 공감하기**

1966년 스탠포드대학 월터 미셸 박사는 유명한 '마시멜로 실험'을 진행했다. 실험에 참가한 아이들은 눈앞에 놓인 마시멜로를 15분 동안 먹지 않으면 한 개를 더 받는다는 말을 듣는다. 어떤 아이들은 먹고 싶은 욕구를 참았고, 어떤 아이들은 참지 않고 먹어버렸다. 14년 후 연구자들은 실험에 참가했던 아이들을 추적해 그들의 삶을 비교했는데, 참았던 아이들은 그러지 못했던 아이들보다 대학수학능력평가시험SAT 점수가 210점이 더 높았으며, 인간관계도 원만하고 업무 수행력도 뛰어났다. 이렇게 당장의 욕구를 참고 미래를 생각하는 자기절제 능력은 미래의 건강, 재산, 학문적 성공으로 이어진다.

당시만 해도 이러한 능력은 대뇌의 이성적 사고능력에 의한 것으로 추측했다. 그런데 2016년 취리히대학의 알렉산더 수첵의 연구에 의해 자기절제 능력이 앞서 언급한 우측 측두-두정접합, 즉 공감과 관련이 있는 것으로 밝혀졌다. 수첵의 실험에서 참가자 43명의 측두-두정접합 부위를 자기장으로 마비시켰더니 미래의 큰 보상보다 현실의 작은 보상을 더 선호했다. 즉 공감능력을 억제했더니 자기절제 능력을 상실한 것이다. 따라서 자기절제 능력은 이성적 사고능력이 아닌 공감능력에서 나오는 것임을 알 수 있다.

그렇다면 자기절제 능력과 공감능력 사이엔 무슨 관계가 있는 것일까? 공감은 타인의 입장을 생각하는 것이다. 우리 뇌는 '미래의 나'를 타인으로 인식한다. 뇌는 '미래의 나'에 대한 이미지를 그리고,

'현재의 나'의 행동이 '미래의 나'를 어떻게 만들지를 상상한다. 따라서 공감은 '현재의 나'와 '미래의 나'를 연결하는 행동이며, 자기절제를 함으로써 직접적 이득을 취할 수 있다.

타인을 이해하고 이타적으로 생각하는 공감능력은 결국 나 자신을 위한 능력이다. 경쟁적이고 자기중심적인 사고가 좋지 않은 것은 단지 남을 해치기 때문만이 아니다. 경쟁적 사고는 상대적으로 공감능력을 약화시키고, 이것이 자신에게 직접적인 불이익으로 돌아오기 때문이다. 공감능력의 약화는 미래를 멀리 내다보지 못하고 단편적이고 근시안적인 목표만 추구하게 만든다.

중국의 사상가 공자는 '내 마음대로 행동해도 법도에 어긋남이 없음'을 궁극적 자유라고 주장했다. 만약 현재의 자신 그리고 미래의 자신을 잘 알고 공감할 수 있다면, 모든 행동이 자기 자신을 위하는 행동이고 따라서 자유로움을 느낄 수 있다. 자신의 행동이 꺼림칙하고 선택에 미련이 남는 이유는 현재와 미래의 자신과 공감을 하지 않기 때문이다.

세상은 끊임없이 변하고 인간을 비롯한 생명체는 변화에 능동적으로 적응해야 한다. 미래의 나를 생각한다는 것은 이 변화에 대비하는 것이다. 현재의 내가 미래의 나를 생각하는 것이 바로 공감이므로, 결국 공감은 내가 나 자신의 행복을 돕는 직접적 행동이라고 할 수 있다.

● 공감과 행복의 상관관계

수잔 핑커 박사의 '마을 효과Village Effect' 이론에 따르면 사회구성원끼리 서로 공감하며 살 때 더 건강하고 행복한 삶을 누린다고 한다. 실제 이탈리아의 사르데냐 섬은 100세 이상인 노인 수가 다른 장수 도시들에 비해 여섯 배 이상 높다. 그 주된 이유는 바로 이웃 간의 친밀한 공감이다. 공감이 일어나면 인체는 엔도르핀 같은 호르몬을 분비하여 스트레스를 감소시킨다. 결론적으로 공동체 활동은 치매 확률을 낮추고 평균수명을 15년 이상 연장시킨다.

다른 사람과의 공감은 어떤 원리로 행복과 건강을 증진시킬까? 크게 두 가지를 꼽을 수 있다. 첫 번째로 나와 남의 경계가 사라지는 경험을 통해 (과거 공동협력에 의한 성취에 대한 진화기억으로) 뇌의 보상회로에서 보상을 받으며, 두 번째로 간접경험의 증가로 사고의 확장을 일어나고 이때 뇌의 보상회로에서 새로운 보상을 발견한다.

공감은 친근한 정서가 담긴 시나 소설을 읽는 것과 유사하다. 사람에게는 거울신경세포가 있어서 타인의 행동, 몸짓, 설명이 자연스럽게 상상력을 발휘해 우리 뇌의 보상회로를 작동시킨다.

이때 보상회로 작동의 효율은 공감을 얼마나 하느냐에 달려 있다. 친하고 많이 공감하는 사람의 경험을 나눌수록 행복은 100% 또는 그 이상도 공유될 수 있다. 물론 즐거운 일에만 공감하는 것은 아니다. 불행을 나누면 뇌의 보상회로를 통해 처벌이 주어져 함께 불행을 겪는다. 그러나 정보공유를 통해 서로 일체감을 느끼고, 이는 위험을 분산했다는 위험 회피 심리로 인해 마음이 편안해지는 효과가 생긴다.

공동체는 공감을 통해 모든 행복을 공유한다. 일차적으로 행복 공유의 효과는 친한 사람들과 직접 대면하고 대화하거나 행동할 때 발생한다. 그 다음에는 그러한 정보를 전달, 각색, 모방하여 집단지성을 쌓아 공동체의식을 형성한다. 공동체관점에서는 나 자신의 행복을 위해 노력하는 행위도 매우 소중하다. 각 구성원이 얻은 행복은 공동체의 가치로 귀결되기 때문이다. 결론적으로 공감은 우리가 정신적으로 하나라는 공동체의식을 증진시키며 부모와 자녀, 집단 곤충처럼 이타적 행동을 가능하게 한다.

철새나 식물은 높은 공감능력(공동체의식)으로 얽힘과 중첩 현상을 이용해 정보를 교환한다. 인간도 마찬가지로 정보교환이 가능하다. 분석심리학에서 말하는 집단무의식에의 접근은 공감에 의한 얽힘 현상으로 이해할 수 있다. 한 연구에 따르면 명상은 자의식을 줄임으로써 타인에게 더 공감하게 해주며, 생각의 범위를 넓힌다고 한다. 인간에게 공감의 궁극적 목적은 PC와 서버, 즉 자신의 뇌와 공동체의식을 최대한 활용하는 것이다. 공동체의식과 많이 공감할수록 더 많은 데이터에 접근할 수 있고 집단지성을 자유로이 이용할 수 있으며, 결과적으로 보다 창의적인 사고를 할 수 있다.

공감이 어려운 이유

오늘날 우리는 초연결 사회, 화합의 시대를 맞아 서버와 소통하는 공감능력을 되찾아가고 있다. 그러나 아직 갈 길이 멀다. 과거 경쟁과 발전을 위해 독립적 이성을 강화한 결과 인간은 공동체 서버로부터 분리되었다. 이러한 독립성은 우리의 행동양식에 깊이 뿌리박고 있어 공감능력을 되찾는 데 큰 장애물로 작용하고 있다.

● 우리에게 남아있는 생존경쟁의식

2016년 인지과학자 에마뉴엘 트루셰는 배타적 경쟁의식에 대한 실험을 했다. 먼저 실험 참가자들에게 어떤 논리 문제를 내고 답과 논리를 쓰게 했다. 답안을 받고 며칠이 흐른 뒤, 이들에게 같은 문제에 대한 다른 사람들의 답을 보여주며 그 답의 타당성을 평가하도록 했다. 연구진은 이때 참여자가 예전에 썼던 답을 다른 사람들의 답 사이에 끼워 넣어 그 답을 다른 사람의 답으로 여기게 만들었다. 그 결과 참가자들의 60%는 자신이 썼던 논리가 타당하지 않으며 틀린 답이라고 평가했다.

사람은 기본적으로 남을 경쟁자로 보고 비판적으로 접근하는 경향이 있다. 오랫동안 경쟁과 성장의 시대를 살아왔기에, 인간에게는 여전히 타인에 대한 배타적 성향이 깊이 자리하고 있다. 일반적으로 이성적 사고가 발달하면 개인주의가 강해진다. 더불어 여러 연구에 의하면 감정적이고 본능적일수록 타인과의 공감능력이 높으며, 이성적으로 사고하고 냉정한 성격일수록 공감능력이 낮고 개인주의적 성향이 강하다. 진화과정에서 독립된 의식과 이성적 사고를 계발한 인간은 '나'라는 존재를 과하게 의식하게 되기 때문이다. 따라서 인간은 줄곧 원시의 공동체의식과 개인의 독립성 사이에서 딜레마를 겪어왔다.

여기서 끝이 아니다. 독일의 철학자 쇼펜하우어가 채용한 용어인 '고슴도치 딜레마'는 공동체의식과 개인의식 사이의 양자택일 문제를 다룬다. 추운 겨울 산속에 사는 한 쌍의 고슴도치가 추위를 견디기 위해 서로의 체온을 나누려고 했지만, 상대의 가시에 찔려 다가가지 못했고 결국 둘 다 얼어 죽고 말았다. 고슴도치 딜레마란 이처럼 가까이 다가갈 수도, 그렇다고 멀어질 수도 없는 곤란한 상황을 의미한다.

사회 집단의 구성원끼리 가까워지고 각자의 삶을 공유하면 집단적 즐거움을 얻는다. 하지만 인간에게 남아있는 독립성으로 인해 과도하게 친밀해지면 원하든 원치 않던 서로 상처를 입게 된다. 따라서 가시에 찔리지도 않으면서 따스한 체온도 나눌 수 있는 적당한 거리를 유지하게 되는 것이다.

● 물질적 풍요와 수직적 조직구조

2016년 뉴욕대학 심리학 연구진은 물질적으로 풍요한 사람이 타인에게 관심을 덜 기울인다는 사실을 밝혀냈다. 연구진은 구글 글래스를 착용한 61명의 참가자들을 대상으로 뉴욕 맨해튼 시가지를 걸을 때 이들의 시선이 어느 곳에 오래 머무는지 분석했다. 그 결과 물질적으로 풍요한 사람일수록 길거리의 행인에게 관심을 덜 기울이는 것으로 나타났다.

2012년 캘리포니아대학 심리학자들이 진행한 또 다른 연구에서는 실험 참가자들에게 테라스 꾸미는 법을 설명하는 영상과 암 투병 중인 아이들의 영상을 각각 보여주고 각각의 영상을 시청하는 동안 심박수가 어떻게 변화하는지 분석했다. 그 결과 물질적으로 풍요한 사람일수록 암 투병 중인 아이들의 영상을 시청할 때 심박수 하락 폭이 작은 것으로 드러났다. 심박수는 타인의 감정에 깊이 공감하면 할수록 더 큰 폭으로 하락한다. 결과적으로 물질적으로 풍요로운 사람은 공감능력이 떨어진다고 볼 수 있다.

뉴욕대학 사회심리학자 피아 디에츠는 '동기 유발 이론'을 통해 사람은 자신을 처벌하거나 보상할 수 있는 대상에게만 관심을 기울인다고 주장한 바 있다. 이 이론을 적용하면, 물질적으로 풍요한 사람은 타인의 도움에 의지하지 않고도 필요한 것을 얻을 수 있기 때문에 타인의 감정에 깊이 신경 쓰지 않는 것으로 이해할 수 있다.

거대 사회에서의 수직적 조직도 공감능력을 약화시키는 요인이다. 수직조직에서는 위에서 아래로 보상과 처벌이 주어지기 때문에, 구성원은 위의 방향으로만 관심을 기울인다. 그러한 관심 역시 이성적 활동이며 감정적 공감은 이뤄지지 않는다. 더불어 시간이 흐르면서 직급이 올라갈수록 복종하는 사람은 많아지고 공감능력은 떨어지게 된다.

2013년 캐나다 월프리드 로리어대학과 토론토대학의 공동연구진은 권력과 공감의 관계를 연구했다. 연구진은 실험 참가자들을 무작위로 분류한 뒤 한 그룹에게는 자신이 명령하는 사람이 되었던 경험을 쓰게 하고, 다른 그룹에게는 남에게 의존했던 경험을 쓰라고 했다. 즉 자신이 상위자 또는 하위자라고 여기게 한 것이다. 그 후 손으로 고무공을 쥐는 영상을 보면서 실험 참가자들의 뇌 활동을 측정했다.

그 결과 자신을 하위자로 여긴 사람들은 거울신경뉴런이 활성화되면서 자신도 공을 쥐는 것처럼 느낀 반면, 자신을 상위자로 느낀 사람들의 거울신경뉴런은 반응하지 않았다. 조직에서의 높은 위치에 있다고 느끼는 것만으로도 공감능력을 떨어뜨린 것이다. 따라서 오늘날의 수직적 조직 구조는 경쟁적 협동에는 유리하지만 공감능력은 떨어뜨림을 알 수 있다.

● 끊임없는 경쟁시스템

요즘 미국, 영국 등 선진국에서는 '사회적 관계의 빈곤'으로 인한 정신질환이 심각한 문제로 대두되고 있다. 지난 50년간 선진국 국민들의 실질 소득은 두 배 이상 증가한 반면, 우울증 환자는 50년 전보다 열 배나 더 많아졌다. 경쟁을 기반으로 한 성장은 경제적 빈곤은 해결했지만 사회적 관계의 빈곤으로 이어졌다.

런던정경대 경제학자 리처드 레이야드는 영국, 미국 등 선진국 국민 20만 명의 데이터를 분석한 결과 빈곤의 감소, 즉 돈은 행복감을 5% 정도 높이는 데 불과했다. 반면 사회적 질병(우울증 및 불안 장애)을 없애면 행복감을 약 20% 높일 수 있는 것으로 나타났다.

'동기 유발 이론'에 따르면 타인과 교류하지 않고 공감하지 못하는 이유는 결국 타인이 내게 주는 보상이 줄어들었기 때문이다. 현대에는 타인과의 감정적 교류에 의한 보상이 적다. 기술의 발달로 인해 사람과의 접촉 없이도 필요한 재화를 얻을 수 있고, 경쟁에 길들여진 뇌는 점점 배타적이 되어간다. 쉽게 다른 사람들과 가까워지지 못하는 현대인은 감정적 인간관계가 익숙지 않아 상처받는 경우가 많기 때문에 사람들을 점차 멀리하게 되는 악순환이 이어진다. 마침내 공감할 필요를 못 느끼며 외부 세계와 단절된 채 생활하는 사람이 점점 많아진다.

공감이 어려운 근본 원인은 경쟁이다. 우리가 속한 사회는 네트워크 사회이며 거대 경쟁사회이다. 사회에서는 수많은 사람들을 만나지만, 대부분 업무적 교류이며 대체로 얕고 짧은 관계로 끝난다. 경쟁사회이기에 불특정 다수와 경쟁 중인 현대인은 자신의 정보를 섣불리 공개하는 것이 오히려 불리하다. 따라서 대부분 자신의 정보를 최대한 숨기고 적당한 거리만 유지한다. 다른 사람에게 깊은 관심을 갖지 않으며 공동체의식이 줄어든다.

단순히 개개인이 인간관계에서 노력한다고 해결될까? 아마도 쉽지 않을 것이다. 경쟁 위주의 사회를 벗어나지 않는 이상 공감능력을 체득하기란 어렵다. 경쟁에 기반을 둔 사회시스템은 오늘날 고도의 네트워크 시대에 들어서며 사태를 더욱 악화시키고 있다. 사회적 연결망이 확장되면서 수많은 경쟁관계와 이해관계가 양산되어 우리를 더 깊은 경쟁의 늪에 빠뜨리기 때문이다.

이러한 거대 경쟁사회는 개인주의가 정점에 달하면 경쟁의 이득은 사라지고 전환점을 맞는다. 1·2·3차 산업혁명이 자본주의, 제국주의 등 정치, 사회, 경제적 측면에까지 변화를 가져온 것처럼 4차 산업혁명은 삶의 전반에 근본적인 변화를 가져올 것이다. 아울러 4차 산업혁명의 핵심은 '초지능'과 '초연결'로 요약할 수 있다. 이를 위해 미래사회에는 정신혁명과 시스템 변화가 불가피하다.

chapter 10 돌 아 보 기

- 소유는 물질을 자연 생태계와 격리되게 함으로써 변화를 멈추는 결과를 가져온다. 소유하고 싶은 욕망은 과거 진화과정에서 얻어진 인간의 생존본능이다. 그러나 현대에는 공급의 과잉이 발생하므로 물질의 소유가 오히려 불편하며 변화에 뒤처지게 한다.
- 오늘날 공유경제 시장은 고속성장을 하고 있으며, 이러한 공유문화가 확장되어 공동체의식이 싹트기 시작했다.
- 경쟁적 성장의 시대를 지나 오늘날 소비시대에 들어와 소비자와의 공감이 중요해졌다.
- 공감은 집단의식이 있는 사람과 동질감을 느끼고 행복과 불행의 감정을 함께 느끼는 것이다. 많은 사람과 가까운 사회적 관계를 맺고 행복을 공유·공감할수록 행복감이 높아진다.
- 공감은 현재의 내가 미래의 나를 생각하는 것이다. 그러므로 공감은 내가 나 자신의 행복을 돕는 직접적 행동이라고 할 수 있다.

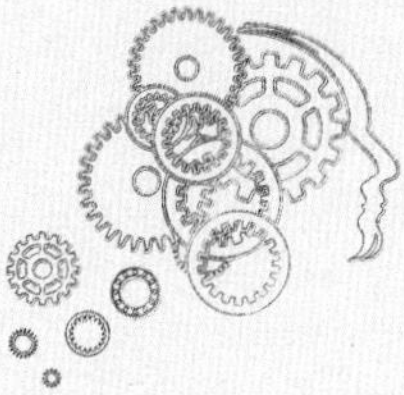

- 공감은 인간의 본능이지만 지금까지 우리는 사회생활을 하면서 공감능력을 억제하도록 훈련 받아왔다.
- 인간은 독립적이며 서로 상처를 주지 않기 위해 적당한 거리를 유지한다. 현대의 물질적 풍요와 수직조직은 타인의 감정에 신경 쓰지 않도록 하며, 경쟁시스템의 강화로 인해 공감의 거리를 좁히는 것이 구조적으로 힘들어졌다. 따라서 정신혁명과 시스템변화를 필요로 한다.

chapter 11

패러다임의 변화는 시작되었다

2016년 영국에서 진행된 국민투표에서 브렉시트가 가결되면서 영국의 EU 탈퇴가 결정되었다. 이를 두고 민족주의가 부활하고 있다는 우려의 목소리가 높다. 그뿐만 아니라 미국 우선주의를 강하게 밀어붙이는 트럼프 미국 대통령, 중국에서 절대 권력 지위에 오른 시진핑 중국 국가주석, 전쟁 가능 국가로의 개헌을 시도하는 아베 일본 총리, 슬라브 민족주의를 내세워 국민을 결집시키는 푸틴 러시아 대통령 등 전 세계적으로 '스트롱맨'의 전성기다. 이러한 상황에서 팽팽한 국가 이기주의 분위기가 감지되고 자유주의 국가질서가 위협받고 있다.

이기주의가 부활하는 이유는 무엇일까? 그것은 새로운 변화를 받아들일 정신적 준비가 되어 있지 않기 때문이다. 영국이나 미국의 극우주의에는 대부분 백인이 우월하다는 인종주의가 깔려 있다. 극우주의자들은 외국인이나 새로운 이민자에게 배타적이고 그들의 사회적 지위가 높아지는 것에 불만을 품는다. 과거 오랫동안의 경험을 통해 당연히 이 땅의 주인공은 자신들이고, 자신들이 주도적 역할을 해야 한다는 고정관념이 뿌리 깊게 남아있는 것이다.

그런데 현실은 너무나 빠르게 다원주의로 변화하고 있어서 쉽게 동참할 수 없다. 거시적 관점에서 볼 때 이러한 국가 이기주의 및 배타주의는 국가와 민족에게 좋지 않으며, 극우주의자 자신들에게도 장기적으로는 바람직한 선택이 아니다. 그러나 이들은 입장을 굽히지 않는다.

변화를 거부하는 움직임은 국가 이기주의 외에도 다양하게 표출되고 있다. 세계적으로 문제가 되고 있는 여성혐오, 소수민족 추방, 동물학대 등은 모두 기존의 기득권을 빼앗길지 모른다는 심리적 공포에서 비롯된다. 사실 이것은 자연스럽게 나타나는 현상으로, 아직 사회가 새로운 경향을 받아들일 준비되지 않았으며 잠시 쉬어가야 할 시점이라는 메시지를 주는 것이다. 머리로는 다변화 시대에 다양성 존중과 융합이 필요함을 알지만, 진화과정상 몸으로 익히고 집단의식이 쌓이기까지는 시간이 걸리기 때문이다.

현대에 세계적으로 벌어지는 무역전쟁 및 관세부과는 법적으로 분쟁을 일으킬 소지가 다분하다. 또한 관세 때문에 피해를 본 교역 상대국은 보복관세를 매겨 손실을 만회하려 하며, 이러한 보복 카드를 하나씩 주고받다 보면 치킨게임에 돌입하여 서로 손해만 보게 된다. 많은 경제학자들이 보호무역이나 인위적인 개입에 반대하고 자유무역이 낫다고 하는 이유가 여기에 있다.

단기적으로 세계 각국에서 팽팽한 대립이 있더라도, 결국 국내 정치가 안정되면 서로의 이익을 위해 무역을 재개하게 되며, 그때 국가협력의 이익을 공평하게 분배하고 글로벌 독과점을 구조적으로 해결하기 위한 새로운 질서를 모색하게 된다.

물질의 과잉과 세계 인구의 변곡점[26)]에 와 있는 오늘날 다양성과 화합의 시대로의 거시적 흐름은 피할 수 없다. 물론 시간이 지나 반대급부가 해소되고 의식이 성숙하면 결국 공공의 이익을 위해 다양성을 존중하고 다 같이 화합하는 사회로 나아갈 것이다. 그러나 그러한 시대정신을 형성하고 시스템 변혁을 촉발하는 뚜렷한 계기가 나오기 전까지 이기주의는 계속될 것이다.

우리는 지금 4차 산업혁명의 '초지능'과 '초연결' 기술을 통해 사람이 중심이 되는 소비시대를 맞이하고 있다. 이 과정에서 우리는 필연적으로 정신을 확대하고 공동체의식을 깨우치게 된다. 인류는 외적(물질적) 성장과 내적(정신적) 성장을 반복하게 되는데, 지금은 생산 위주의 경쟁이 아닌 소비 위주의 화합으로 넘어가는 시점이다. 이러한 공동체의식을 깨우치는 정신적 변화를 정신혁명으로 정의한다. 이 챕터에서는 이러한 이기주의를 극복하기 위해 현대에

---

26) 밸류매니지먼트그룹의 연구결과 세계인구는 2020년 성장세가 꺾이는 변곡점을 지나고, 2050년 인구한계에 도달한다.

나타나고 있는 정신혁명 및 시스템 변화의 양상에 대해 살펴보고자 한다.

편 가르기는 인간의 본능이다

1895년 프랑스 사회심리학자 귀스타브 르 봉은 사람들이 집단에 속할 때 감정의 경계가 사라지는 것을 발견했다. 특히 파티장이나 콘서트장 등에서 나와 남의 경계가 희미해지고 집단으로 행동함으로써 집단행복을 누린다. 앞서 살펴본 공감의 집단적 효과와 같다. 공감을 통해 '나'라는 개념이 사라지고 집단이 하나가 되는 현상이다. 우리는 가족, 민족, 인종 등 여러 집단에 속해 있고, 집단 내에서 경계를 허무는 집단 공감을 한다. 이러한 공감의 발현은 대부분 긍정적인 결과를 낳는다. 그러나 부분적 공동체 형성이 인류 전체 관점에서는 오히려 악영향을 끼칠 때가 있다. 국지적 집단이 경쟁 위주 환경에 처하면 극단적인 집단 배타성을 보이기 때문이다.

2017년 펜실베니아대학 심리학자 에밀리 브루노 연구팀은 미국인과 아랍인, 그리스인과 독일인, 헝가리인과 난민이라는 세 가지 '외부집단과 내부집단 쌍'에 대해 공감 정도를 측정했다. 주로 사회적 소수자들인 내부집단 사람들은 서로 깊이 공감하며 매우 단단한 결속력을 지닌다. 그러나 이들은 외부집단에 대해 (제삼자보다 더)

부정적인 태도를 보였다. 심지어 외부집단을 해치려는 의도도 보인다는 사실이 발견되기도 했다. 집단 내부에서는 서로 이타적으로 행동하지만 집단 외부에는 자기중심적으로 행동하는 것이다.

내부집단 안에서만 공감능력을 강화하면 외부집단을 경쟁자로 인식하여 사회 전체의 화합을 해치는 결과를 가져온다. 조직에서의 파벌과 같은 현상이다. 역으로, 외부의 경쟁자를 부각시킬수록 내부의 결집력은 강해진다. 군대나 스포츠 팀은 이러한 심리를 이용해 외부에 있는 경쟁자를 과도하게 악으로 규정하여 조직의 결속력을 강화한다. 즉 내부적으로 똘똘 뭉치는 경우나 외부에 강한 적이 있는 경우 모두 집단 이기주의가 발생한다.

집단 이기주의는 지식이나 진보 의식과는 무관하며, 전적으로 정신적 성숙에 달려 있다. 틸버그대학 사회심리학자 마크 브랜트의 2016년 연구에 따르면 높은 진보 의식을 가진 사람들일수록 보수적인 집단에 대해 일반인들보다 더 많은 편견을 보이는 것으로 나타났다. 진보는 개방성을 토대로 하는 개념임에도 불구하고 이들이 정치적 다양성을 허용하지 못하고 있는 것이다. 이렇듯 인간은 무의식적으로 적군과 아군을 가르는 '집단 구획 의식'을 가지고 있다.

집단 구획 의식은 우리 본능에 새겨진 습성이다. 동질성의 범위(집단)로 '편 가르기'하는 태도는 수렵시대부터 오랫동안 자연과 투쟁하며 쌓아온 진화의 결과이다. 그리고 언젠가는 우리가 넘어서야 할 장벽이다. 데이터론 관점에서 봤을 때, 데이터를 공유하는 범위, 즉 집단 공감의 범위는 얼마나 강한 동질감을 갖느냐에 달려있다.

현재 인류는 '우리는 모두 하나'이며 '맞서야 할 적은 없다'는 사실을 인지하는 정신혁명의 길로 들어서고 있다. 그러나 이 길을 온전히 걸어가기에는 적지 않은 고통이 수반된다.

● 우리가 고정관념을 떨치지 못하는 이유

프린스턴대학 심리학자 대니얼 카너먼은 에베레스트 산의 높이를 모르는 사람들을 모집해 실험을 했다. 먼저 "에베레스트 산이 600m 보다 높을까, 낮을까?"라는 질문을 던졌을 때 답변자들의 산 높이의 예상치 평균은 약 2,400m이었다. 그런데 "에베레스트 산이 14,000m 보다 높을까, 낮을까?"라고 질문하자 답변의 평균값이 13,000m로 크게 올라갔다.

이 같은 현상은 심리학 이론 중 하나인 '앵커링Anchoring' 효과에 의해 나타난다. 닻Anchor을 내리면 배가 그 근처에 머무는 것처럼 최초에 제시된 정보가 뇌에 남아 사고의 기준점 역할을 하는 것이다. 실제로 인간은 본능적으로 한 번 얻은 정보를 쉽게 버리지 않는다. 이 사례에서 사람들은 질문에서 높이의 기준점을 짐작하고, 뇌에 저장하고, 에베레스트 산의 높이를 예측한 것처럼 말이다.

스탠포드대학의 심리학 연구진은 개인적 믿음에 따른 편향성을 실험하였다. 먼저, 사형에 찬성하는 학생 절반과 반대하는 학생 절반을 모집했다. 그리고는 학생들에게 두 가지 연구 결과가 주어졌다. 첫 번째는 사형이 범죄 예방에 효과가 있다는 내용이었고, 두 번째는 효과가 없다는 내용이었다. 상반된 두 연구를 접한 학생들의 평가는 극명하게 갈렸다. 사형 찬성론자들은 첫 번째 연구가 훨씬 믿을 만하며 정확한 연구라고 평가한 반면, 두 번째 연구는 형편없다며 혹평했다. 반면 사형 반대론자들은 이와 정반대의 반응을 내놓았다.

이 실험은 인간의 '확증 편향confirmation bias'을 보여준다. 확증 편향이란 자신이 기존에 믿는 바에 부합하는 정보만 받아들이려 하고, 자기 생각에 어긋나는 정보는 거부하려는 경향이다. 앞의 앵커링 효과(먼저 들어온 정보가 기준점으로 작용)가 데이터에 의해 강화되면 믿음이 깊어지고 나중에는 확증 편향으로 나타난다. 미국의 정신과 의사인 잭 고어만은 확증 편향을 생리학적 관점에서 접근해 분석한 결과, 사람은 자기주장을 뒷받침하는 정보를 처리할 때 도파민이라는 호르몬이 샘솟아 큰 즐거움을 느끼는 것으로 나타났다. 이에 대해 고어만은 "비록 잘못된 정보를 믿더라도, 어떤 것을 믿는다는 것 자체에서 오는 든든함과 편안함이 있다."라고 설명했다.

그럼 확증 편향은 나쁜 것일까? 프랑스 인지과학자 우고 메르시에는 만약 쥐가 쉽게 확증 편향(본능)을 바꾼다면 어떨지를 가정해 보았다. 만약 '고양이는 위험하지 않다'라는 생각을 가진 쥐가 있다면, 그 쥐는 오랫동안 생존 경험에 의해 얻은 본능을 부정한 대가로 이내 고양이의 밥이 돼 버리고 말 것이다. 확증 편향은 진화과정에서 얻은 중요한 메커니즘이다. 오랜 경험에 의해 우리 뇌는 한번 저장된 기억을 쉽게 부정하지 않도록 프로그래밍 되어 있다.

예를 들어 우리는 먼 친구의 사업실패 소식에 뇌의 보상회로가 저절로 작동(경쟁자를 이겼다는 진화적 보상)하여 기분이 좋아짐을 느낀다. 하지만 이내 이것은 도덕적으로 옳지 못하다고 생각하며 괴로워한다. 이것은 인성의 문제, 옳고 그름의 문제가 아니다. 우리의 뇌가 확증 편향의 원리로 굳어져 있기 때문이다. 우리는 모방, 학습, 무의식을 통해 시대의 변화를 읽고 있으며 보이지 않는 힘(데이터)에 이끌려 그 방향(초자아)으로 나아가려 하지만, 우리 몸의 보상회로는 쉽게 바뀌지 않는다. 인류의 모든 시대를 막론하고 보상회로와 변화 방향에는 간극gap이 있었으며 마찰이 존재한다.

그렇다면 앞에서 언급한 인간의 뿌리 깊은 이기심과 집단 구획 의식은 벗어날 수 없는 것일까? 아니다. 인간은 적응의 동물이며 미래의 인간은 '화합'이라는 거대한 흐름에 동참할 수밖에 없다. 우리는 마을, 민족, 인종 내에서의 연결을 뛰어넘어 인류 전체, 그리고 자연 전체의 초연결을 이루는 시대로 가고 있으므로 언젠가는 이 환경에도 적응할 것이다. 사실 그대로 받아들이고 자연의 변화를 따라간다면 결국 정신혁명은 시간문제일 뿐이다.

● 꾸준함이 본능을 바꾼다

1850년대에 레오나르도 다 빈치는 동시대의 화가 티치아노나 라파엘로보다 훨씬 낮은 대접을 받았다. 당시 그들의 작품은 '모나리자' 보다 열 배 이상의 가치가 있었다. '모나리자'가 유명해진 것은 20세기에 들어서였는데 그 계기가 된 것은 학자들의 재평가가 아니라 도난 사건이었다. 20세기 초 '모나리자'가 도난당했다가 우여곡절

끝에 되돌아오는 사건이 발생한다. 이 사건은 사람들 사이에 커다란 화젯거리가 되었으며, 이를 계기로 사람들은 '모나리자'를 보러 줄을 서게 되었다. 흥미로운 점은 사람들이 '모나리자'를 좋아해서 본 것은 아니었지만, 자주 보다 보니 '모나리자'가 좋아졌다는 것이다.

위 사건은 미국 사회학자 던칸 와츠가 주장한 '누적 이익cumulative advantage'의 원리를 보여준다. 예술작품은 그 진가를 쉽게 알기 어렵다. 수차례에 걸쳐 학습해야 그 가치를 서서히 느낄 수 있기 때문에 필연적으로 시간을 요한다. 그러나 일반인들은 보통 예술작품을 여러 차례 학습하지 않는다. 따라서 유명한 작품만 지속적으로 노출되면서 더욱 유명세를 타게 된다.

1968년 코넬대학 심리학자 제임스 커팅의 실험이 이를 증명한다. 사람들에게 추상적인 작품들을 빠르게 여러 차례 보여줬는데, 그 후 사람들은 자신이 그것을 본 것을 인식하지 못함에도 불구하고 여러 작품들 중 앞서 보았던 작품을 더 선호했다. 따라서 꾸준하고 누적적인 수행이 감각의 훈련에는 더 유리하다.

감정을 나누는 것도 마찬가지로 꾸준하고 누적적인 수행이 필요하다. 타인과 공감하고 사회적 관계를 맺는 것이 노력한다고 쉽게 될까? 현대처럼 개인주의, 이기주의가 팽배한 시대에 남과 공감하는 것은 쉬운 일이 아니다. 사회가 교육을 통해 사회규범, 공동체의식 등을 개인에게 주입시킬 수는 있겠지만 공감에 의해 행복을 얻게 할 수는 없다.

예를 들어 소수민족과 관련한 사회적 교육을 실시한다고 가정해보자. 이것으로 소수민족에 대해 부정적인 인식을 가진 이들이 그들을 참고 인정하게 할 수 있을지는 몰라도 마음으로까지 공감하게 하지는 못한다. 참는다는 것은 다양성을 이용하지 않고 끝까지 격리하겠다는 자세지만, 공감하는 것은 다양성을 이용해 행복을 얻겠다는 자세다. 따라서 주입 교육으로 단기간 사회질서를 유지할 수 있으나 이는 지속 가능하지 않다.

공감은 지식과 다르다. 지식은 이성의 뇌를 사용하여 정보를 기억의 영역에 저장하는 것이며 이것은 많은 노력이 있으면 짧은 시간에도 가능하다. 그러나 공감은 기억의 영역에서 공감의 영역으로 한 번 더 이동이 필요하다. 이 과정에서 주로 병목 현상이 일어나므로 시간이 오래 걸리게 마련이다. 공감 영역의 활성화는 노력만이 아닌 꾸준하고 누적적인 수행이 더해져야 하는 작업이다. 이때 무리한 지식 훈련은 공감 영역을 억제하여 오히려 공감을 방해한다.

앞서 설명했듯이, 공감은 자기 자신을 이해하는 것과 똑같다. 공감능력의 확대를 위해서는 자신의 감정에 대해 열린 마음으로 감정 변화를 이해하는 것이 첫 번째이고, 그 다음은 그것을 남을 이해하는 데 적용해야 한다.

그리고 공감의 뇌를 활성화하기 위해, 내적으로는 건강한 신체 기관과 두뇌의 균형적 발전이 필요하며, 외적으로는 주체적으로 사람들과 교류하고 이해하는 것이 필요하다. 이 모두가 한 번에 한 걸음씩 나아가는 꾸준함이 요구된다.

● **단숨에 바뀌는 혁신은 없다**

존스홉킨스대학의 2016년 연구에 따르면 새로운 기술을 체득하는 가장 효율적인 방법은 꾸준히 연습함과 동시에 연습방법에 조금씩 변화를 주는 것이다. 우리 몸의 근육세포가 기술을 기억하도록 하면서 연습 패턴을 조금씩 바꾸면 그 효과는 배가 된다는 것. 예를 들어 야구 스윙을 익힐 때 꾸준히 연습하면서 배트의 크기와 무게를 조금씩 바꿔가는 것이다. 한편, 연구진은 연습 패턴의 변화가 너무 급격하게 이뤄져서는 안 된다고 강조했다. 근육세포가 변화를 따라갈 수 없다는 것이 그 이유다.

공감을 체득하는 과정도 마찬가지다. 꾸준히 다양한 문화를 접하고 사람들과 교류하되, 감당할 정도의 속도를 유지해야 한다. 현재 우리 모두는 이기주의를 벗어나 정신혁명을 향한 길로 꾸준히 나아가고 있다. 그러나 우리의 뇌는 앞서 언급했듯이 과거 진화과정에서 얻어진 이기주의와 확증 편향에 의해 끊임없이 방해를 받는다. 그리고 이러한 방해는 개개인마다 축적된 정보와 현재 처한 상황에 따라 다르다. 따라서 인류는 늦더라도 이 방해를 감당할 수 있는 속도로 나아간다. 무리한 시도는 오히려 역효과를 내고 꾸준함을 잃을 수도 있다. 이때 꾸준한 보상을 통한 강화학습으로 목표를 단계적으로 성취하는 연속적 접근법이 필요하다.

2015년 컬럼비아대학 경영학자 아담 갈린스키는 창의성과 연속적 접근과의 관계를 연구했다. 창의적 업무를 하는 270명의 경험을 추적하면서, 그는 참가자들의 외국 거주 경험, 여행 빈도와 기간,

활동 내용 등을 기록하고 그들의 창의성을 평가했다.

예상대로 외국 경험이 많은 사람일수록 창의성이 높았으나, 의외로 너무 많은 나라를 전전한 경우에는 창의성이 감소했다. 여행지에서의 생활과 문화에 적응하고 새로운 사고를 몸에 익힐 여유가 없었기 때문이다. 또한 완전히 다른 문화권에 가는 것보다 비슷한 문화권에 거주한 경우 더욱 창의력이 높았다. 그 이유는 환경이 확연히 다른 곳에서는 스스로 이질감을 느끼며 자기 방식을 고수하기 때문이다.

진화의 원리는 꾸준한 시행착오에 의한 누적적 변화이다. 생명체는 유전자를 한 단계씩 변화시켜가면서 자연에 적응한다. 마찬가지로 오늘날 우리가 정신혁명으로 나아가는 원리도 '너무 높지 않은 목표를 꾸준히 성취'하는 데 있다. 너무 자주 새로운 문화를 접하거나 너무 이질적인 문화를 접할 경우 아예 공감의 문을 닫아버린다. 하지만 친근한 면이 있으면서 새로운 문화를 접할 경우 자연스러운 변화가 일어난다. 무리하게 고차원적 학습을 수행하기보다는 손에 잡힐 듯한 목표를 꾸준히 성취하는 것이 거대 정신혁명의 비결이다.

애플이나 마이크로소프트 등 혁신 기업들은 사업수완을 발휘해 혁신 제품들을 만들어낸다. 이들은 '단숨에' 세상을 바꾸는 혁신을 실현한다고 한다. 그러나 그런 혁신은 없다. 기술 기업들은 우리 모두의 꾸준한 변화로 누적된 집단지성에 숟가락을 얹을 뿐이다. 혁신은 소수의 기발한 아이디어로 한 순간에 일어나지 않는다. 대세를 움직이는 혁신은 오직 인류의 꾸준한 변화에서 온다.

진화과정에서 얻은 집단의식이 쉽게 변하는 것은 아니다. 그러나 하나둘 개인의 의식이 변하면서 집단의식에 영향을 주고 서서히 변화한다. 오늘날 경쟁이 더 이상 유익하지 않음을 직간접 경험으로 느끼면서 인류의 공동체의식은 확장되고 있다. 그리고 그 과정 끝에 집단의식을 변화시키는 정신혁명이 온다.

● 정신혁명은 어느 날 갑자기 올지 모른다

"처음엔 천천히, 그러다 어느 순간 갑자기."

어니스트 헤밍웨이의 소설 『태양은 다시 떠오른다』에서 "어떻게 파산하게 되었느냐?"는 질문에 대한 주인공의 대답이다. 우리가 사는 세상은 늘 꾸준히 변화한다. 하지만 겉으로 보이는 모습의 변화는 한 순간이다. 구조를 변화시키는 데는 많은 에너지가 요구되기 때문이다. 이것은 철학자 토마스 쿤이 주장하는 '패러다임 이론'과 유사하다. 특정 시기에는 항상 집단이 공유하는 패러다임이 있는데, 이 패러다임으로 더 이상 해결할 수 없는 문제들이 등장하면서 위기를 맞고, 결국 혁명적으로 새로운 패러다임이 들어서게 된다.

20세기 초 오스트리아 작곡가인 쇤베르크는 인간의 내적 흥분, 긴장, 환상 등의 감정을 자연 고유의 음으로 표현하고자 하였다. 이를 위해 모든 음계를 다양하게 활용하려는 시도를 하다 보니, 본의 아니게 당시 클래식 음악에서 사용되는 전통적 화음을 무시하게 되었다. 이것은 오늘날 12음 기법으로 발전했으며, 전문가들은 이를 서양음악의 고질적 계급을 소멸시킨 위대한 업적으로 평가했다. 쇤베르크가 처음부터 조성음악이라는 거대 패러다임을 깨뜨리고자 한 것은 아니었다. 인간의 감정을 표현하는 당시의 문화 흐름을 따르다 보니 어느덧 패러다임이 깨진 것이다. 마찬가지로 우리가 정신혁명이라는 자연적 변화에 순응한다면 기존의 패러다임은 어느 순간 깨져 있을 것이다.

정신혁명은 정말 진행되고 있는 것일까? 현대인들은 각종 매체를 통해 개인주의, 이기주의, 염세주의 등 부정적 정보들을 주로 접한다. 정신혁명은 그저 말뿐인 것으로 보인다. 하지만 우리에게 일어나고 있는 정신혁명이 표면적으로 드러나지 않는 이유는 거대 패러다임에 둘러싸여 있기 때문이다. 모든 사회구성원은 사회의 문화와 시스템을 따른다. 사회문화가 개인과 잘 맞는다면 문제가 없지만, 사회문화가 개인의 가치와 맞지 않으면 하나둘 문제가 발생하면서 그 패러다임은 위기를 맞게 된다. 초연결을 향한 정신혁명은 현재 경쟁사회에 억눌려 있지만, 점차 그 내재된 힘이 커지면서 눌려 있던 집단의식도 언젠가 새로운 패러다임으로 표출될 것이다.

폴란드 심리학자 솔로몬 애쉬의 순응에 관한 실험은 집단의식의 표출 과정을 보여준다. 실험에서 연구진은 참가자로 가장한 뒤 진짜 참가자와 함께 모였다. 그리고 명백히 길이가 다른 두 선분이 주어지고 길이가 같은지 다른지 물었다. 참가자로 가장한 연구진은 모두 두 선분이 길이가 같다고 답했다. 그러자 진짜 참가자들의 75%가 의아해하면서도 이들의 답에 동의했다.

이후 두 번째 실험에서는 참가자로 가장한 연구진 중 한 사람이 전체 의견과 다른 의견을 냈다. 그러자 진짜 참가자들이 이 의견에 동조하면서 다수의 의견에 반대하기 시작했다. 처음에는 소수가 기존 패러다임에 반론을 제기하지만, 이를 계기로 잠재되어 있던 다수의 집단의식이 수면 위로 올라온 것이다.

정신혁명의 특이점은 콜럼버스의 달걀처럼 우리가 이미 알고 있는 사실을 표면으로 드러내는 것이며, 여기에는 먼저 시도한 사람(계기)만이 있을 뿐이다.

18세기 프랑스에서 라 모트 부인이 마리 앙투아네트의 이름으로 돈과 목걸이를 손에 넣은 사기사건이 발생했다. 이것은 왕비가 사치를 해 재정의 위기를 가져오게 했다는 오해를 퍼뜨렸으며 프랑스혁명의 계기가 됐다. 하지만 이러한 계기는 사실 중요하지 않다. 목걸이 사건이 없었다고 해도 프랑스혁명은 필연적으로 일어났을 것이기 때문이다. 마찬가지로 정신혁명도 개개인의 변화가 지속되면 필연적으로 수면 위로 떠오르게 된다.

4차 산업혁명은 정신혁명을 수반할 수밖에 없다. 정신혁명은 자연스럽지만 갑작스럽게 올 것이며, 그 사이에 충분한 시간이 흘러야 한다. 이러한 집단의식의 변화는 그 집단을 구성하는 시스템의 변화로 연결된다. 오늘날 생산시대에서 소비시대로 넘어가면서 시스템 역시 경쟁 시스템에서 시스템 플랫폼으로의 전환이 일어나고 있는데, 다음 챕터에서는 이것에 대해 자세히 살펴보기로 하자.

chapter 11 돌아보기

- 국가이기주의 및 혐오문화는 아직 우리에게 집단의식의 성숙이 필요함을 보여준다.
- 물질의 과잉과 세계 인구의 변곡점에 와있는 오늘날 다양성과 화합의 시대로의 거시적 흐름은 피할 수 없다. 시간이 지나 의식이 성숙하면 결국 공공의 이익을 위해 다 같이 화합하는 사회로 나아갈 것이다.
- 집단 구획 의식은 우리 본능에 새겨진 습성이다. 동질성의 범위(집단)로 '편 가르기'하는 태도는 수렵시대부터 오랫동안 자연과 투쟁하며 쌓아온 진화의 결과이다.
- 우리의 뇌는 확증 편향의 원리로 굳어져 있다. 우리 몸에 남아있는 보상회로는 쉽게 바뀌지 않는다. 인류의 모든 시대를 막론하고 보상회로와 변화방향에는 간극gap이 있었으며 마찰을 겪어왔다.
- 사람은 적응의 동물이다. 인류는 '화합'이라는 거대한 흐름에 동참할 수밖에 없다.

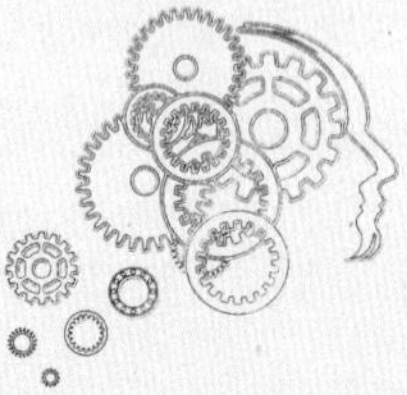

- 집단의식의 확대를 위해 내적으로는 두뇌의 균형적 발전이 필요하며, 외적으로는 주체적으로 사람들과 교류하고 이해하는 것이 필요하다. 이 모두가 한 걸음씩 나아가는 꾸준함이 요구된다.
- 생명체는 꾸준한 시행착오를 통해 한 단계씩 누적적으로 진화한다. 마찬가지로 우리가 정신혁명으로 나아가는 원리도 '너무 높지 않은 목표를 꾸준히 성취'하는 것이다.
- 우리에게 일어나고 있는 정신혁명이 표면적으로 드러나지 않는 이유는 거대 패러다임에 둘러싸여 있기 때문이다. 초연결을 향한 정신혁명은 현재 경쟁사회에 억눌려 있지만, 그 내재된 힘이 커지면서 눌려 있던 집단의식도 언젠가 새로운 패러다임으로 표출된다.

chapter 12
미래의 데이터 플랫폼

패밀리 레스토랑 시즐러의 CEO 케리 크램프에 따르면 뷔페의 개념은 '당신이 먹을 수 있는 모든 것All you can eat'에서 '당신이 먹고 싶은 모든 것All you care to eat'으로 옮겨갔다. 과거에는 뷔페가 많이 먹기 대회로 받아들여지곤 했다. 음식을 제한 없이 즐긴 경험이 없었고, 경쟁과 소유 의식이 강한 시대였기 때문에 사람들은 무조건 많이 먹는 것이 좋은 것으로 착각했다. 하지만 오늘날 사람들은 무조건 많이 먹으려고만 하지 않는다. 오늘날 뷔페는 선택권이 다양하다는 점이 중시되며, 개인마다 자신의 가치를 찾는 것을 우선시한다.

인류의 시대정신은 뷔페를 이용하는 우리의 집단의식과 같다.

모든 음식 아이템은 5%에서 25%까지 낭비된다고 한다. 우리는 그 낭비를 줄이기 위해 대량생산하고 자동화했다. 그동안 규모의 경제에 의해, 그리고 기술 발전을 통해 공급의 효율화가 이뤄졌으며 이제는 수요의 효율화가 이뤄지고 있다. 이 과정에서 뷔페를 이용하는 우리의 의식에 서서히 변화가 일어났다. 음식의 공급이 부족할 때에는 경쟁적으로 많이 차지하려 했으나, 점차 그것이 중요한 것이 아님을 깨닫고 음식의 양보다는 우리의 건강과 가치를 추구하게 된 것이다.

우리는 시대정신이 만든 세상에 살고 있다. 그리고 그 시대정신은 우리가 만들어간다. 직간접 경험을 통해 개개인의 의식이 변화되고 사회적 공감대가 형성된다. 비록 다양한 사람들이 있고 공동체 의식에서 차이는 있겠지만 결국은 같이 가게 되고, 함께 부담하며 함께 누리게 된다.

생산시대를 훌륭히 수행한 지금의 사회시스템은 미래에 변화가 있을 수밖에 없다. 현 시스템은 소비시대에 맞는 시스템이 아니기 때문이다. 시스템은 과학 패러다임처럼 매우 경직되어 있으며 쉽게 변하지 않으나, 개개인의 가치관과 행동양식이 변하고 집단의식이 점차 성숙하면 결국 사회시스템의 변화도 따라오게 된다.

자본주의 시장의 위기가 시작됐다

흔히 '4대 글로벌 IT기업'으로 통칭되는 구글, 애플, 페이스북, 아마존은 인터넷 시대의 최전선에서 선점효과를 누리며 성장해왔다. 이들은 규모의 경제를 앞세워 후발주자와의 격차를 벌려 놓았다. 이 글로벌 대기업들이 시장 지배력을 이용해 휘두르고 있는 독점적 권력은 산업 전반에 큰 위협으로 작용하고 있다. 2016년 유럽연합 집행위원회EC는 구글이 검색 결과를 부당하게 조작했다는 의혹을 제기했으며, 스마트폰 시장의 장악을 위해 특허를 악용했다는 혐의도 적용했다.

한편, 2016년 독일의 생명과학회사 바이엘은 세계 최대의 농업회사 몬산토를 인수했다. 글로벌 농업분야 최대 규모의 M&A이며, 종자와 비료 등 관련 제품 가격이 상승할 것이라는 예측이 나왔다. 이처럼 농업 분야에서도 시장 독점 문제가 심각하게 떠오르고 있다. 1996년 당시만 해도 글로벌 시장에서 농업 관련 회사만 600개에 달했다. 그러나 대부분 대형 기업들에 인수되거나 기업 합병으로 인해 현재 4개 기업만 남았다.

이러한 글로벌 독과점화는 현재 대부분의 산업에서 일어나고 있다. 전 세계 글로벌 백신 시장은 대여섯 개의 다국적 제약사가 독점하고 있고, 담배 시장은 세 개 회사가 대부분을 점유하고 있으며, 항공기 시장은 두 개 회사가 차지하고 있다.

기술이 발달하고 자유무역 바람이 거세게 불면서 전 세계가 하나의 시장으로 연결되었다. 그런데 기업들은 연이은 인수합병으로 초대형 글로벌 기업을 구축해 세계 시장을 독점하고 있다. 사실 독점보다 무서운 것이 과점이다. 과점 시장은 겉으로는 회사들이 경쟁하기 때문에 규제할 수 없다. 그러나 속으로는 지연, 혈연, 학연 등의 카르텔이 지배층을 형성하거나, 학습효과(ex.가격인하 경쟁에 따른 응징 또는 공멸 등)를 경험한 기업들에 의해 자연스럽게 담합이 일어나게 된다.

시장의 순기능은 경쟁에 의한 가치창출이다. 인간의 이기심을 이용해 경쟁을 조장하고 인류의 이성적 능력을 최대한 끌어올리는 것이 자본주의 시장의 목적이다. 그런데 독과점이 발생하면 역기능만 남는다. 독과점은 경쟁 자체를 말살하기 때문에 더 이상 순기능이 작동하지 않는 것이다. 특히 필수 품목을 소수의 기업이 쥐고 흔들면 대중은 속절없이 끌려 다닐 수밖에 없다.

원론적으로 이런 상황에서는 독과점 기업을 공유화해야 한다. 하지만 사기업을 공유화하기란 어려운 일이다. 더구나 글로벌 경쟁 시대에 외국 독점기업을 공유화할 방법도 없다.

어쩔 수 없이 세계 각국은 자민족 우선주의를 내세운다. 글로벌 독과점에 대비하여 독과점 기업에 대한 규제를 강화하고 무역장벽을 다시 세우는 식이다. 그러나 이러한 규제로는 문제가 절대 해결되지 않는다. 거대한 글로벌 자유무역 흐름에 역행하는 조치이며, 근본적인 원인 해결이 아닌 단기적인 땜질 처방이기 때문이다. 글로벌 독과점을 유발한 근본적 원인은 바로 경쟁을 통한 발전을 도모하는 현대의 자본주의 시스템이다.

과잉 생산시대를 맞아 오늘날 자본주의 시스템의 한계가 속속 드러나기 시작했다. 더 이상 시장이 커질 수 없기 때문이다. 지구가 다른 행성과 경쟁하지 않는 이상 경쟁을 통한 가치 창출 효과는 지속적으로 줄어들 것이다. 따라서 지금까지 그 역할을 충실히 해온 자본주의 시스템은 현재 위기에 봉착해 있다.

● 기업은 당신의 약점을 노린다

성장에 한계를 느낀 현대 기업들은 점차 본래의 목적(이기심을 이용한 인류 가치 증진)을 외면하고 인간의 약점을 파고들기 시작했다. 2000년대에 급격히 성장한 행동 경제학은 합리적 인간을 부정하고 인간이 감정적으로 선택하는 경향에 대해 연구한다. 현대의 많은 기업들이 감정에 의해 왜곡된 심리를 이용해 사업을 영위하는데, 이것은 인류의 가치 증진과는 거리가 멀다.

미국의 스타트업인 스완러브는 고객이 결혼할 때 아무런 조건 없이 1만 달러를 지급한다. 단, 돈을 받은 고객이 이혼하게 되면 원금과 소정의 이자를 갚아야 한다. 한 마디로 이것은 감정적인 인간의 비합리성을 이용한 사업이다. 결혼할 당시 이혼을 생각하는 사람은 거의 없을 것이다. 따라서 고객들은 이혼할 확률을 0%라고 믿고 계약을 체결한다. 하지만 통계에 따르면 미국의 이혼율은 40% 정도이다. 스완러브는 고객의 이혼에 베팅하는 것이다. 이자율 알고리즘만 정교하게 설계하면 이 사업으로 인간의 약점을 이용해 손쉽게 돈을 벌 수 있다.

인간의 불안 심리를 이용한 공포 마케팅도 증가하고 있다. "이 수업을 안 들으면 다른 학생들에게 뒤처진다."며 공포심을 조장하는 학원이 있는가 하면, 실업률이나 독거노인 문제를 과하게 부각시켜 잔뜩 겁을 준 뒤 노후대비 금융상품을 판매하는 보험사도 있다. 다 인간의 공포 심리를 자극하여 비합리적 결정을 내리도록 유도하는 기법이다. 이처럼 현대에는 인간의 약점이나 불행을 이용해 돈을 벌고자 하는 시도들을 흔히 볼 수 있다.

이러한 시도가 꼭 나쁜 것만은 아니다. 인류를 더 지혜롭고 이성적으로 만들 수 있기 때문이다. 그러나 인간의 약점을 공격하는 전략은 그저 인간의 왜곡된 심리를 이용하는 것이며 본질적 가치 창출과는 거리가 멀다. 즉 인류의 행복을 증진시키려는 의도라기보다는 부의 이동만 일으키는 제로섬 게임에 가깝다.

물질과 정보가 생산과잉에 다다른 오늘날 인간이 할 수 있는 순기능(가치 증진)은 그다지 많지 않다. 따라서 자본주의라는 경기장 안에서 돈을 벌기 위해 수단과 방법을 가리지 않은 결과, 자연스럽게 인간의 약점을 이용한 합법적 부정이 주된 전략이 된 것이다.

● 필요는 변화의 어머니

과거 세계 대공황, 석유파동, 금융위기와 같은 시장의 실패는 시행착오에 따른 학습과 과학기술의 발전으로 어느 정도 극복할 수 있었다. 수정자본주의를 도입해 정부가 적극적으로 시장에 개입하고 규제하여 위험을 차단했고, 신자유주의 철학으로 시장의 합리성과 기술 발전을 도모했다. 하지만 현대에 발생하는 글로벌 독과점, 기후변화, 구조적 실업 등의 문제는 자정自淨 노력만으로 해결할 수 없다. 결국 시스템의 문제이며 범세계적인 노력이 필요하다.

그렇다면 어떠한 시스템이 필요할까? 세상에 우월한 시스템이란 없다. 시대의 상황에 맞는 시스템이 최고의 시스템이다. 여기서 말하는 시대 상황이란 시스템을 구성하는 구성원의 집단의식을 의미한다. 예를 들어 북유럽 국가들은 사회주의적 장치를 통해 조화와 자유를 추구하고 있다. 그러나 이 시스템은 충분한 경제력과 안전이 보장된 고립계에서만 제대로 작동된다. 하지만 우리가 살고 있는 세계는 하나가 되어가고 있고, 글로벌 경쟁이 벌어지는 상황에서 고립된 독자 시스템은 와해되기 쉽다.

무기를 내려놓고 화해를 청하는 순간 강한 포식자에 의해 짓밟힐 것이 자명하다. 따라서 시스템이 변화하려면 구성원 모두가 동시에 변화에 동참하는 퀀텀 점프[27]가 필요하다. 시대 상황이 충분히 무르익지 않으면 어느 누구도 변화의 필요성을 먼저 제안하지 않을 것이다. 개별 노력으로 되는 일이 아니다.

---

27) Quantum Jump 대약진. 어떤 일이 연속적으로 조금씩 발전하는 것이 아니라 계단을 뛰어오르듯이 다음 단계로 올라가는 것을 뜻함.

우리가 잘 아는 대로 '필요는 발명의 어머니'다. 큰 위기나 사건이 있을 때마다 사회 공동체는 굳게 뭉쳐 패러다임을 변화시켜 나갔다. 대형 강도 사건이 연이어 발생하면 보안 인력과 감시 카메라 설치가 강화되고, 독재 정권이 위세를 떨치면 역으로 민주주의에 대한 열망이 팽배해진다. 밤이 깊을수록 새벽은 가까워져 온다. 위에서 언급한 문제점들이 심각한 위협이 되어 수면 위로 떠오를 때가 있다. 예를 들어 심각한 기후변화가 나타나거나, 경제 위기가 닥치거나, 또는 생물학적 피해가 발생한다면 이를 계기로 시스템 변화의 필요성에 대한 범지구적 공감대가 형성될 것이다.

● 미래시대의 청사진, 에피쿠로스 플랫폼

고대 그리스의 에피쿠로스는 행복에 관해 끊임없이 탐구한 철학자다. 일반적으로 철학자들이 "어떻게 올바른 삶을 살 것인가."에 관심을 가졌다면, 에피쿠로스는 개인의 입장에서 "어떻게 행복해질 것인가."를 연구한 현실적이자 세속적인 철학자였다. 그러나 에피쿠로스가 다룬 행복의 개념은 많은 현대인이 추구하는 물질적 행복과는 정반대이다. 에피쿠로스는 빵과 물만 있다면 신도 부럽지 않다고 하면서 필수적인 욕망만 추구할 때 행복할 수 있다고 주장했다. 오늘날 소비시대를 이끌어갈 사회시스템을 찾는다면 이러한 에피쿠로스의 철학에서 그 밑그림을 볼 수 있다.

에피쿠로스는 이상적 사회시스템을 만들기 위해 다음과 같은 실험을 했다. 첫째로 그는 아테네 바깥에 그와 친구들이 살 수 있는 사회공동체를 마련했다. 각자의 방과 공간이 있어 자율성이 존중됐고, 공동의 거실에서는 다른 이들과 편하게 이야기를 나누고 소박한 식사를 할 수 있었다. 둘째로 이 공동체에서는 어느 누구도 다른 사람을 위해 일하지 않았다. 농사, 요리, 가구 등 경제적 동기가 아닌 자신이 하고 싶은 일만 한 것이다. 셋째로 공동체 사람들은 각자의 감정을 공유하고 분석해보는 시간을 매일 가졌다. 모두가 마음의 평화를 얻고, 철학에서 나오는 질문들에 대답하며 정신적 행복을 추구했다.

이러한 에피쿠로스의 사회시스템은 우리가 지향하는 미래사회와 일치하는 부분이 있다. 첫째, 자유와 안전을 보장하여 기본적 욕구를 완전히 해결하는 것은 사회공동체를 영위하기 위한 필수조건이다. 생존의 위협이 사라진 인간은 경쟁의식을 잊게 되고, 경쟁의식이 소멸되면 자연스럽게 하나의 공동체의식을 만들 수 있다. 낭비가 없는 기본적인 욕구 충족에는 사회적 비용이 크게 들지 않는다. 현재의 효율적 생산시스템을 이용하되 성장이 아닌 분배를 지향한다면 기본적인 생활은 충분히 보장될 것이다.

둘째, 자아실현을 위해 각자가 하고 싶은 일을 한다. 그 전제조건은 집단 수요의 해결이다. 사회구성원들이 각자 하고 싶은 일을 하더라도 집단의 수요와 공급을 맞출 수 있을 때 비로소 생존을 위한 (비자발적) 노동이 없어진다. 실현되기 어려운 일처럼 보이지만, 미래에는 고도의 생산기술과 인공지능 자동화 기술을 통해 기본적인 생활을 위한 재화는 충분히 공급될 것이며, 인간의 힘이 필요한 일들은 많지 않을 것이다. 경쟁시스템을 유지하기 위해 비효율적으로 진행됐던 일들도 상당수 사라질 것이다.

그뿐만 아니라 집단지성 플랫폼으로 정보를 공유하여 수요와 공급을 맞추고 이것을 인공지능으로 효율화할 수도 있다. 과거 계획경제 방식이 간과했던 시장의 합리성을 플랫폼 기술로 해결하는 것이다. 요컨대 기술의 발전, 시스템 변화, 그리고 수요공급 플랫폼을 통해 인간은 자신의 행복을 위한 일만 할 수 있게 될 것이다.

마지막으로, 공감을 통해 타인과 감정을 나누고 정신적 발전을 도모하여 행복을 극대화한다. 사회보장이라는 토대 위에 개인의 자아실현을 이루고, 사회적 공감을 통해 각자의 생각과 경험을 공유함으로써 행복을 넓히는 것이다.

그런 다음 정신적 발전을 위해 자연스럽게 행복을 고민하고 해결한다. 예를 들어 "자연과 어떻게 조화를 이뤄야 행복한가." 또는 "인간의 사회적 희생의 기준은 무엇일까."와 같은 사회 도덕적 딜레마와 같은 고민이다. 인류는 그동안 물질적으로 성장해왔듯이 정신적으로도 꾸준히 성장해가며 행복을 확대할 수 있다.

우리는 누구나 보상심리를 가지고 있다. 남에게 베풀었으면 어떻게든 보상받으려는 심리가 마음 깊숙이 자리 잡고 있다. 과거에는 받은 만큼만 돌려주는 '팃포탯tit-for-tat' 전략이 주효했으며 현재까지도 우리의 본능에 남아있다. 그 이유는 정보의 저장 및 전달의 한계로 인해 받은 정보와 주는 정보를 공정하게 기록하고 보상하지 못했기 때문이다. 하지만 초연결, 초지능의 시대인 미래에는 자신이 가장 잘 하는 분야에 공헌하면 그것이 집단과 개인에게 보상으로 돌아오게 된다. 그런 관점에서 에피쿠로스 플랫폼은 개인의 행복과 집단의 공감을 모두 이루는 환경을 제공한다.

링크드인의 창업자 리드 호프먼은 "회사는 가족처럼 운영하지 말고, 스포츠 팀처럼 운영해야 한다."라고 말했다. 스포츠팀의 목적은 경쟁에서 이기는 것이다. 아직 우리는 기존 사회시스템 속에서 경쟁과 성장을 지향하고 있다. 그러나 이러한 흐름은 곧 전환점을 맞게 될 것이다. 앞으로 사회는 스포츠 팀이 아닌 가족처럼 구성될 것이다. 가족은 목적이 아니다. 가족은 그 자체로 의미가 있으며, 각자의 행복을 추구하면서 조화를 이룬다. 다 같은 공동체의 일원으로서 자신의 행복에 최선을 다하는 것이 미래사회의 모습이다. 4차 산업혁명 시대에는 복잡한 사회시스템이 아닌 다원주의 플랫폼으로 초연결을 이루는 것만으로도 법과 제도를 간소화하고 행복을 보다 많이 추구할 수 있을 것이다.

● 지금 우리는 무엇을 해야 하는가

과거 벼, 보리 등의 이삭에서 낟알을 자동으로 떨어내는 탈곡기가 개발되었을 때, 이 기술에 대해 거대한 반대여론이 일었다. 여기엔 탈곡기가 영양소를 파괴한다고 하거나 기계적 사고를 부추긴다고 하는 등 다소 비합리적인 논리도 포함되어 있었다. 그러나 결과적으로 탈곡기는 수백 년 동안 별 탈 없이 잘 사용되어왔다.

현대에도 인공지능 기술에 대한 반대와 우려의 목소리가 높다.

인공지능이 인간의 존엄성을 앗아가며 결국엔 인류를 멸종시킬 수 있다는 주장과 같은 것들이다. 이러한 목소리는 충분히 합리적이며 귀중한 의견이다. 인공지능 기술에 대한 합리적인 비판과 견제는 필요하다. 그렇지만 막연한 두려움과 반대는 우리가 풀어야 할 과제이다. 핵무기가 개발되었을 때 사람들은 인류의 멸망을 초래할 것이라며 두려움에 떨었다. 그러나 역사적으로 인간은 인류 전체를 말살시킬 수 있는 무기를 언제나 지녀왔다. 인간은 무기를 개발할 수 있는 능력과 그것을 통제할 수 있는 이성을 늘 동시에 보유했다.

인공지능도 마찬가지다. 인공지능의 설계 및 개발에는 깊은 윤리적 고민이 수반되어야 하며, 우리 삶에 깊숙이 들어올 때는 신중한 관리가 필요하다. 그리고 우리 인류는 그것을 충분히 수행할 능력이 있다.

4차 산업혁명이 들어서고 기술 패러다임이 빠르게 변화하면서 사람들 사이에 불안감이 팽배해 있다. 그러나 지금 우리가 해야 할 일은 기술을 이기는 것이 아니라, 인간으로서의 본래 역할인 '창조적 활동'과 '행복을 추구하는 것'이다.

이러한 창조적 업무를 하기 위해서는 자유롭게 쉬는 시간이 꼭 필요하다. 베토벤은 매일 한 시간 이상 산책을 했고, 잭 웰치는 매일 한 시간 동안 창밖을 내다보는 시간을 가졌으며, 빌 게이츠는 인적 없는 오두막에서 매년 두 주씩 보냈다. 지식을 쌓고 일만 하는 것은 창의력을 억제하는 행위다. 우리는 뇌에게 지식을 연결할 시간을 주어야 한다. 더구나 기술의 발달로 인해 우리는 창조성을 개발할 시간과 여유를 갖게 되었다.

그리고 창조성보다 더 중요한 것은 개인의 행복이다. 지금은 정말로 무엇이 우리에게 중요한지 생각해봐야 할 시점이다. 지속 가능한 행복을 얻는 데는 큰돈과 노력을 필요로 하지 않는다. 과연 경쟁에서의 승리를 위해 기술을 좇고 부를 얻는 것이 정말 행복을 가져오는 것인지 곰곰이 생각해볼 필요가 있다. 세상은 우리 개개인이 바꾸는 것이기 때문이다.

현재 인류는 과거의 성장강박증에서 벗어나 새로운 시대를 준비하는 과도기적 단계에 있다. 큰 위기처럼 보이지만 실제로는 무한경쟁의 시대를 종결짓고 인간성을 회복하는 과정이다. 오늘날 초연결, 초지능 기술의 발전에 힘입어 인류에게 고유하게 내재되어 있던 공동체의식이 수면 위로 드러나고 있다. 지금 우리가 해야 할 일은 자연스럽게 변화에 몸을 담는 일일 뿐이다. 우리 모두는 이 시대의 주인공이기 때문이다.

chapter 12 돌 아 보 기

- 우리는 시대정신이 만든 세상에 살고 있다. 시대정신은 우리 자신이 만들어간다. 다양한 사람들이 있고 공동체의식에서 차이는 있겠지만 결국은 같이 가게 되고, 함께 부담하며 함께 누리게 된다.
- 자본주의 시장의 순기능은 경쟁에 의해 인류의 이성적 능력을 최대한 끌어올리는 것이다. 하지만 글로벌 생산과잉의 시대를 맞아 독과점이 발생하고 자본주의 시스템의 한계가 드러나기 시작했다.
- 물질과 정보가 생산과잉에 다다른 오늘날, 인간의 심리적 약점을 이용하는 기업이 많아지는데 이러한 현상은 본질적 가치창출과는 거리가 멀다.
- 현대에 발생하는 글로벌 독과점, 기후변화, 구조적 실업 등의 문제는 결국 시스템의 문제이며 범세계적인 노력이 필요하다. 심각한 위협이 수면 위로 떠오를 때, 시스템 변화의 필요성에 대한 글로벌 공감대가 형성될 것이다.
- 미래시대를 이끌어갈 사회시스템으로써 자유와 안전의 기본적 욕구

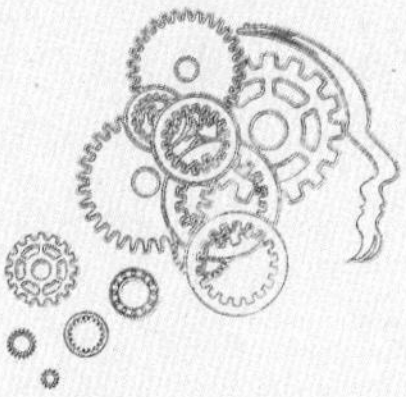

를 해결하고, 자아실현을 위해 각자가 하고 싶은 일을 하며, 공감을 통해 타인과 감정을 나누고 정신적 발전을 하도록 보장하는 것이 필요하다. 이를 위해 집단지성 플랫폼을 구축해 정보를 공유하여 수요와 공급을 맞추고 인공지능으로 효율화해야 할 것이다.

- 우리가 할 일은 기술을 능동적으로 받아들여 우리가 창조적 활동을 하고 행복을 추구하는 데 사용하는 것뿐이다.

| EPILOGUE |

초연결 초지능 미래시대에 우리는 무엇을 준비해야 할 것인가

오늘날 많은 사람들이 '자신의 삶'을 살지 않는다. 세상이 안내하는 대로, 또 단순한 자극에 끌려 다니며 살고 있다. 무엇보다 주체적으로 생각할 시간과 여유가 없다. '나에게 행복이란 무엇인지', '왜 우리는 불안한지' 이러한 고민은 현대사회를 살아가는 데 아무 도움이 되지 않는다고 여긴다. 또 오늘날 경쟁문화는 갈수록 심해지고 있고, 네트워크가 발달하면서 나를 향한 포위망은 점점 좁혀지는 것처럼 느껴진다. 각종 사회적 압박감과 성장강박증으로 인해 우리는 점점 위축되고 있다. 경쟁사회를 살아가면서 겪는 어쩔 수 없는 현상이다.

이 책은 현대기술을 실제적으로 활용하거나 개개인 역량의 성장과 변화를 유도하기 위한 목적으로 쓴 것이 아니다. 또한 많은 인문학·소설 분야 서적처럼 현대 경쟁사회의 스트레스를 해결해주는 힐

링Healing의 역할도 기대하기 어렵다. 솔직히 말해 책 한 권으로 현대인의 근원적 고민을 해결할 수 있다면 그것은 거짓일 것이다. 우리의 행복은 뇌의 보상회로에 의해 지배받고 있다. 그러나 뇌의 보상회로는 사람이 혼자서 해결할 수 있는 종류의 것이 아닌, 인류 진화의 결과이다. 인도주의자인 테레사 수녀조차 사회적 번민과 개인적 좌절로 인해 평생 신의 존재를 의심하면서 괴로워했다. 집단의 정신적 성숙이 꾸준히 이루어져야 비로소 우리의 몸과 뇌의 행동원리가 변화하기 때문이다.

이 책의 가장 큰 목적은 막연히 떠오르는 현대의 불안감을 솔직하게 대면하고 그 본질을 이해하는 데 있다. 기본적으로 니체의 '권력에의 의지'와 '초인' 사상 그리고 비트겐슈타인의 '사실의 총체로써의 세계'와 '유아론solipsism'을 토대로 하였다. 이것을 각각 진화·엔트로피와 행복능력, 그리고 데이터론과 관찰자효과로 확대하였다. 이에 더하여 필자와 밸류매니지먼트그룹이 분석한 현대산업의 변화와 현대과학의 흐름을 소개하고 미래 변화를 연구한 결과를 사실대로 기술하였다.

데이터론을 주요하게 다루고 있기는 하나, 처음부터 데이터를 염두에 두고 시작한 것은 아니었다. 그저 인간을 이해하는 데 있어서 현대과학과 연계하여 알기 쉽게 설명하고 싶었다. 그럼에도 불구하고 데이터가 그 중심에 서게 된 이유는 여러 학문 간 융합의 구심점이기 때문이다.

현대과학기술의 가장 주된 흐름은 여러 학문 간의 융합 그리고 산업과 학계와의 융합이다. 소비자 행동심리나 자율주행 기술처럼 비즈니스 사례나 연구 조사가 학문으로 발전하기도 하며, 양자역학이나 진화생물학처럼 물리학, 생물학, 사회과학, 수학, 철학 등의 학문 분야들을 통합하여 해결해야 하는 경우도 늘어나고 있다. 또한 블록체인 기술, 인공지능처럼 산학 간의 융합이 필수적인 분야들도 급증하고 있다.

우리가 사는 세상은 에너지이며 파동으로 구성되어 있다. 정보는 파동으로 얽혀 있기 때문에 파동을 정보로 이해할 수 있다. 결국 정보는 세계를 구성하는 기초물질인 것인데, 이러한 정보는 각 학문의 미지의 영역임과 동시에 최종 종착지가 되고 있다. '데이터

전체론dataholism'은 이러한 융합 학문의 허브로 태동하기 시작한 이론이다.

심리학자 칼 융과 물리학자인 볼프강 파울리는 공동 연구를 통하여 '자연과 정신의 해석'을 내놓으면서 오랫동안 인류는 정신과 물질이 각기 달리 작동한다는 믿음 즉, '정신-물질 평행주의'를 키워왔다고 주장했다. 오늘날 유물론 기반의 객관적이고 연역적인 방법은 한계에 다다른 상태이며 양자물리학, 현대생물학 등에서는 다양한 관찰자의 시각을 필요로 한다. 현대에 전체론이 등장하는 배경이 바로 이것이다.

현대과학은 과거에 주로 사용했던 대전제로부터 연역적 논리를 펼치는 하향식top-down 방식뿐 아니라, 현상들을 한데 모아 원리를 추정해 나가는 상향식bottom-up 방식을 병행한다. 스무고개 놀이처럼 연구를 거듭하며 이전의 논리와 모순되지 않는 논리를 계속 쌓아 나가면서 하나의 개념으로 답을 수렴시키는 것이다. 우주의 실체나 본질은 없다는 전제로 질문과 답, 측정과 정보만을 쌓아 나간다. 이런 관점에서 이 책은 현대과학이라는 모자이크를 데이터전체론이라는 가설에 따라 맞춰본 하나의 시도로 이해했으면 한다.

물리학자 막스 플랑크는 "과학은 장례식이 한 번 있을 때마다 한 차례씩 발전한다."는 말로 기존의 패러다임을 유지하는 막강한 영향력의 과학자들이 무대를 떠나야만 새로운 패러다임이 등장하는 현상을 비유했다. 새로운 패러다임이 인정받기는 매우 힘들다. 그러나 소비시대에 들어서며 새로운 패러다임이 등장하는 것은 필연적인 수순이다. 그 과정에서 전통적 입장과 진보적 입장은 상보적으로 조화를 이뤄가야 한다. 이 책에서는 매우 진보적인 개념을 이끌어 가지만, 가능한 한 전통적 입장에서 선의의 비판을 시도하려 노력하였다.

이 책에서 소개한 실험과 연구는 많은 보완점이 존재한다. 유사과학으로 분류되는 연구도 있으며, 일관된 흐름을 위해 성급한 일반화의 오류 및 생존자 편향Survivorship bias 오류도 있을 수 있음을 밝혀 둔다. 그러나 필자는 최대한 과학의 편에서 집필하려고 했으며, 막연한 추론을 가능한 한 배제했다. 관점에 따라서는 미래를 바라보는 입장이 과하게 낙관적이라고 여겨질 수도 있다. 하지만 이것은 수많은 연구 결과를 고려한 필자의 솔직한 시각이다.

책을 통해 이렇게 필자의 의견을 공유하는 것도 하나의 필연적 과정이라고 믿는다. 인류의 집단지성을 쌓아 올린 이름 없는 모든 사람들에게 고마움을 전하고 싶다. 부족하나마 이 책이 이 분야에 관심 있는 단 한 명의 독자에게라도 앞으로의 연구 노력에 조금이나마 도움이 되었으면 한다. 덧붙여, 책에 대한 조언 또는 의견이 있다면 president@valuemg.com으로 자유롭게 전달을 부탁드린다.

References

PART 1. 빅데이터와 인간

http://www.sciencedirect.com/science/article/pii/0005796794E0023C

https://www.nature.com/news/prosthetic-retina-helps-to-restore-sight-in-mice-1.11164

https://www.nature.com/articles/nn.2897

http://nautil.us/blog/how-your-brain-gaslights-youfor-your-own-good

http://news.mk.co.kr/newsRead.php?year=2013&no=534213

https://www.frontiersin.org/articles/10.3389/fnbeh.2013.00107/full

http://terms.naver.com/entry.nhn?docId=3580022&cid=58943&categoryId=58966

http://www.kyobobook.co.kr/product/detailViewKor.laf?barcode=9788972202219

https://nopeoplestime.wordpress.com/2015/09/27/hominin-hearing/

http://terms.naver.com/entry.nhn?docId=2055333&cid=44415&categoryId=44415

http://www.theatlantic.com/science/archive/2016/07/music-to-our-western-ears/491081/

http://m.nautil.us/issue/19/illusions/when-bad-things-happen-in-slow-motion

http://terms.naver.com/entry.nhn?docId=2118634&cid=41991&categoryId=41991

http://www.hankookilbo.com/v/87c97351ad7d499f88da64314ba489d8

https://www.sheldrake.org/research/morphic-resonance

http://terms.naver.com/entry.nhn?docId=3577416&cid=59039&categoryId=59044

http://blogs.scientificamerican.com/not-bad-science/2015/01/13/can-pigs-empathize/
http://terms.naver.com/entry.nhn?docId=3568953&cid=58946&categoryId=58977
http://terms.naver.com/entry.nhn?docId=3409127&cid=58413&categoryId=58413
http://dongascience.donga.com/news/view/6389
http://www.theguardian.com/books/2014/dec/14/life-on-the-edge-jim-al-khalili-review-weird-world-of-quantum-biology
http://cafe.naver.com/twsci/2772
http://blogs.scientificamerican.com/mind-guest-blog/what-neuroscience-says-about-free-will/

PART 2. 우리는 어디에 서 있는가

https://www.newscientist.com/article/dn18371-brain-entanglement-could-explain-memories/
https://www.technologyreview.com/s/608041/first-quantum-secured-blockchain-technology-tested-in-moscow/
https://aeon.co/ideas/billionaires-say-theyll-end-disease-evolution-says-otherwise
https://aeon.co/ideas/there-is-nothing-inevitable-or-natural-about-chronic-disease
http://terms.naver.com/entry.nhn?docId=1719806&cid=42063&categoryId=42063
http://www.nytimes.com/books/98/12/06/specials/cronin-ant.html
https://www.sheldrake.org/about-rupert-sheldrake/blog/rat-learning-and-morphic-resonance
http://news.mk.co.kr/newsRead.php?year=2015&no=292252
https://blog.naver.com/ga2002/40088077879
http://www.insight.co.kr/news/129632
http://terms.naver.com/entry.nhn?docId=3578964&cid=59066&categoryId=59080
http://terms.naver.com/entry.nhn?docId=389057&cid=41978&categoryId=41985
https://namu.wiki/w/%EC%82%B0%EB%B6%88%EC%9D%98%20%EC%97%AD%EC%84%A4#rfn-1
http://ecotopia.hani.co.kr/172856

PART 3. 우리는 어디로 가고 있는가

http://bigthink.com/artful-choice/teamwork-good-until-its-not-when-working-alone-works-best

http://crypto.junod.info/2013/09/09/an-aspiring-scientists-frustration-with-modern-day-academia-a-resignation/

http://www.nytimes.com/2016/07/18/opinion/why-you-dont-know-your-own-mind.html

http://www.nytimes.com/2014/10/26/opinion/sunday/the-problem-with-positive-thinking.html?smid=tw-nytimes&_r=0

https://www.mckinsey.com/business-functions/organization/our-insights/why-diversity-matters

http://www.technologyreview.com/view/531911/isaac-asimov-asks-how-do-people-get-new-ideas/

http://www.popsci.com/article/science/has-end-banana-arrived?dom=tw&src=soc

http://aeon.co/magazine/science/imitation-is-what-makes-us-human-and-creativ/

http://www.kormedi.com/news/article/1217123_2892.html

https://news.samsung.com/kr/4%EC%B0%A8-%EC%82%B0%EC%97%85%ED%98%81%EB%AA%85-%EB%84%88-%EB%8C%80%EC%B2%B4-%EC%A0%95%EC%B2%B4%EA%B0%80-%EB%AD%90%EB%8B%88

https://www.theatlantic.com/science/archive/2016/12/self-control-is-just-empathy-with-a-future-you/509726/

http://blogs.discovermagazine.com/neuroskeptic/2015/10/21/the-selective-laziness-of-reasoning/

http://www.etnews.com/20170713000217

https://aeon.co/ideas/liberal-academics-are-open-but-are-they-truly-tolerant

http://www.theatlantic.com/health/archive/2015/03/for-a-more-creative-brain-travel/388135/?utm_source=SFFB

http://thephilosophersmail.com/perspective/the-great-philosophers-3-epicurus/

http://nautil.us/issue/48/chaos/the-case-for-less-solidarity

https://www.washingtonpost.com/news/wonk/wp/2016/02/12/how-to-learn-new-skills-twice-as-fast/?tid=sm_tw